"**温州最有权威的发言人**" 周德文告诉你

活下来是当务之急
转型是硬道理

如何救赎
中国制造？

周德文◎著

ZHEJIANG UNIVERSITY PRESS
浙江大学出版社

钱在哪里,我们该如何融资?

查　立

（乾龙创投合伙基金、起点创业营暨起点创投基金合伙创始人）

在大多数人的印象中,银行一向是"不差钱"的。可是,在流动性持续趋紧的影响下,银行的"钱袋子"一下子变得紧张起来,纷纷开始"找钱"。2013 年 5 月,光大银行和兴业银行的"拆借违约"事件,让人依稀嗅到一种别样的味道。此后,形势越来越严峻:2013 年 6 月 19 日,很多大型商业银行也加入到"借钱大军";6 月 20 日,资金市场局面几乎失控:银行间隔夜拆借利率在数天高企之后,飙升到了 13.44%,银行间隔夜回购利率也上升至 30% 的历史最高位。

银行"钱荒"来袭,引发市场震荡,股市再次被"屠杀",基金惨遭"滑铁卢",房地产可能是最后那张"多米诺骨牌"。反映在实体经济层面,制造企业融资难上加难,借贷成本屡高不下!

随着中国金融制度、资本市场的不断完善,无论是政府还是各类金融组织和个人,都在发力创业投资,制造企业的融资似乎不再应该是一个无法缓解的难题。但是,为什么我和身边的制造企业主都感觉融资依旧如此之难? 借用一位朋友的话说,就是"以前贷不到,现在也贷不到,一直都贷不到"!

有时,我会想:真的是我们无处融资,还是融资不得法? 我们真的知道应该如何融资吗? 到底什么样的企业、使用怎样的融资方法更能得到资本的青睐?

关于制造企业融资难的原因,有人归结为我国金融体制的不健全,有人归结为制造企业自身经营能力的不确定性,还有人归结为制造企业与银行之间的信息不对称。以上原因都不无道理,不过还需要加上一条,那就是制造企业的融资思路太狭窄。比如,一心想着银行贷款,当银行提出抵押要求而拿不出时,

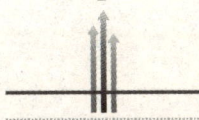

就觉得天塌地陷;又如,一心想着向亲戚邻居借钱,当遭到拒绝时,就难以承受。

这次银行"钱荒"恰恰说明,企业经营和发展需要创新,融资手段也不能墨守成规;眼睛只盯着银行是一件多么不靠谱的事,必须不断寻找新的融资机遇。

正如周德文会长在本书中所写的:融资,不一定非要拿到真金白银,也可以是技术或设备,或其他一切能促进中小企业发展的要素,可以使用融资租赁,也可以采取补偿贸易融资;融资,不一定单枪匹马求"孤独真经",也可以成群结队抱团进行"团购",比如企业联保贷款、互助担保等;融资,不一定向外伸手,也可以深挖企业内部"宝藏",比如出售不良资产、加快变现脚步……

对中国制造企业来说,与其抱怨融资渠道狭窄,不如积极开拓新的融资模式。2012年3月开启的温州金融改革,无疑给制造企业带来了希望,我们期待有更多的民间金融机构站出来,为制造企业提供金融支持。

但是,不难发现,尽管融资的道路有千条万条,对于成长性差、技术含量低、只会"以量取胜"的发展后劲不足的企业,却仍旧只有"死路"一条。

一家企业要想保持持久的发展动力和对外部资金较强的吸引力,归根结底要靠企业自身的发展,扎实的内功是最基本的保障。对于制造企业而言,更是如此。要想发展,首先要生存,制造企业苦练内功首先要严格要求自己,不放松资金投资和使用上的每一个环节。企业发展过程中不求快、但求稳,不求大、但求精,提高自己的"造血"能力,夯实各方面的融资平台。

本书为广大挣扎在"钱线"、受困于"钱荒"的制造企业打开了拓展融资思路的大门。企业要想获得发展,不仅要会"找钱",还要会"生钱",融资不仅要有道,更要有术。有道有术就能破解融资难的方程式,融化制造企业融资环节上的坚冰。

诚然,谁都知道中国制造企业融资难,但正所谓"知难不难",当别人在喊难时,如果能够转变思路,掌握融资的艺术,发掘更多的融资方式,就可能先人一步走出融资困境,续写辉煌业绩。

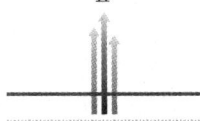

中国制造活下来，中国经济才有救

"中国制造"的名声越来越不好听，似乎它就是鸡肋，"食之无味，弃之可惜"。事实上，"中国制造"太重要了。

不妨先从"中国制造"遍布全球，使中国获得"世界工厂"的名号说起。

"世界工厂"是一种什么样的称谓？从曾被称为"世界工厂"的国家，就可以看出些许端倪。

在世界经济史上，有 3 个国家曾被明确冠以"世界工厂"的称号。按时间顺序，依次为英国、美国和日本。由此来看，"世界工厂"应该是对世界工业强国，尤其是对制造业强国的一种肯定和赞扬。

继 2009 年中国成为仅次于美国的全球第二大工业制造国后，2011 年，中国制造业产值超过美国，"跻身世界第一"。这一次，继英国、美国和日本之后，中国成为全世界公认的"世界工厂"——中国制造产品已经遍布全球，且有 210 余种工业品产量位居世界第一。

当"Made in China"遍布世界各地，成为全世界人民手里的商标，吸引着全世界的目光时，我们倍感自豪与荣耀。但很多人没有看到，当中国制造以低成本优势、更具爆发性的力量承载起中国 30 多年的经济增长时，中国制造光鲜表面之下的隐患已开始显现。

在 2008 年金融危机爆发时，中国制造业就已经尽显疲态。后危机时代，全球经济陷入低迷，中国制造业的脚步更加沉重。中国制造的颓势突出表现为由

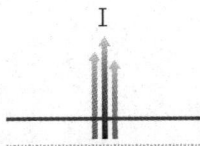

低成本优势消失、世界经济衰退、国际市场竞争加剧、人民币持续升值、贸易保护主义等诸多因素所导致的海外订单减少,以及跨国企业的迁离。越来越多的外资企业,如阿迪达斯、耐克、佳顿(Jarden)、卡特彼勒等,都开始奏起了"离歌"。

"潮水"退去后,我们看到了隐藏在中国制造"体内"的一根根软肋:生产力水平低,经济效益不佳;出口商品多是价格低、技术含量低、附加值低的"三低"产品,只能赚取微薄利润;高耗能低产出,重复建设导致产能过剩;产品质量堪忧,假冒伪劣现象严重……

中国制造"感冒",中国制造的主体——中小企业——处于产业链低端,技术含量低、毫无品牌与创新优势的中小企业,遭遇了一场空前浩大和残酷的大洗牌。它们游走在死亡边缘,不是已经倒闭,就是在咬牙硬撑,抑或像一头头困兽,找不到任何出口。

一时间,"中国制造"和"世界工厂"似乎已不再是对中国出口加工能力的一种溢美,而是成了对产品深加工能力差、原创性少、附加值低的一种嘲讽。于是,有人大声呐喊:中国没有制造业! 所谓的"中国制造"和"世界工厂"只是我们的一厢情愿。

这种看法客观吗? 我们显然不能因为技术含量欠缺、价格低廉、附加值低,就完全否定中国制造,置中国制造于不顾!

一个国家的制造业,决定着这个国家经济的兴衰成败。这种说法,没有丝毫夸张。当欧洲多国经济因债务危机而深陷泥沼、步履蹒跚时,只有德国一枝独秀,依然保持强劲态势,失业率甚至下降到几十年来的最低水平。当中一个不可忽视的原因,就是德国有强大的制造业作为支撑。

从日本的经济兴衰历程中,更是可以窥见经济走向与制造业兴衰的正相关性。20世纪80年代,背负日元升值的沉重压力,日本商品仍旧横扫全球,日本还能够跻身经济强国,这些都得益于日本制造在全球的所向披靡。而20世纪90年代,随着日本制造业国际竞争力的下降,产业向海外转移,日本经济进入了

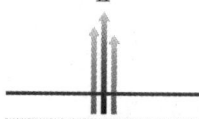

所谓"失去的 10 年",即长达 10 年之久的经济低速增长与停滞相互交织的时代。

　　一直以来,中国经济都由出口和投资两驾"马车"来驱动,而驱动这两驾"马车"的引擎正是制造业。

　　改革开放 30 多年,中国制造以势不可挡的草根韧性打破计划经济的堡垒,盘活了整个中国经济。约有一半的国内生产总值增长都由中国制造贡献,中国制造提供了大量的就业机会,也造就了一大批有实力的本土制造企业;中国制造生产的商品,以价格低廉为"舟",远渡重洋销往海外市场,为中国 3 万多亿美元的外汇储备立下了汗马功劳;中国制造生产的"硬货",如钢铁、机器设备、水泥等"原材料",支撑着中国的桥梁、机场等各项基础设施建设。

　　可以肯定的是,中国经济离不开中国制造。缺乏制造业的支撑,中国经济必然会在"泡沫"中迷失方向。最近两年,中国经济增速开始放缓,客观上给中国制造增添了大量压力。但是,谁又敢肯定,导致中国经济增速放缓的原因中,没有中国制造不振的"身影"呢?

　　同样可以肯定的是,中国经济要想持续稳步发展下去,一定离不开中国制造的平稳和健康发展。

　　目前,中国制造正在经历的种种阵痛,中小企业正在经历的残酷挣扎,就是要告诉中国制造和中小企业,"以廉取胜"的道路已经走不通,是时候和过去的辉煌说声再见,切实加快转型升级的步伐。

　　现如今,从中央到地方各级政府,都已经制定了一系列产业调整、提升、转型方面的政策,鼓励企业加快转型。对中国制造需要转型升级,笔者无疑深感赞同,但关键问题是,中国制造要如何实现转型升级?

　　笔者认为,对既缺乏技术、资本和人才又奄奄一息的中国制造来说,切不可盲目转型升级,生存才是当务之急。只有先活下来,中国制造才能够自我调整,并推进转型升级。而中国制造要活下来,除了解决市场萎缩、用工荒等难题外,

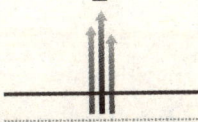

还要学会找钱,利用一切创新金融中的融资机会,提高融资能力。

活下来后,中国制造要在整合的基础上,再想办法推进转型升级,从生产低档产品转为生产中高档产品,靠"质"的提升来赢得竞争。只有这样,才能提升企业利润,增强自身竞争力,将企业做大做强。

此外,仅靠中国制造企业自身的努力尚不够,还需政府部门的有力支持。为配合中国制造完成自救,相关政府部门要行动起来,融资、减税、减费、减息等政策多管齐下,为它们营造更好的转型氛围。只有这样,才能真正治愈中国制造的"重病",帮助中国制造恢复元气。

中小企业活下来,中国制造才有希望,中国经济也才有希望!

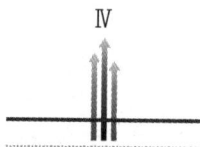

目 录 | Contents

Chapter | *1*

第一章 订单少,就走投无路了吗? / 19

Chapter | *2*

第二章 越没钱,越要会管钱 / 45

Chapter | *3*

第三章 "用工荒",更要守住团队 / 69

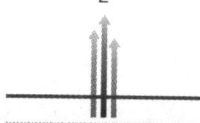

Chapter | *4*

第四章 银行"钱荒",到哪里找资金? / 95

Chapter | *5*

第五章 创新金融中的融资机会 / 129

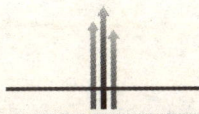

Chapter | *8*

第八章　"寒冬"来临，创新也是自寻死路？ / 199

Chapter | *9*

第九章　产业转型，就要更换产业？ / 221

Chapter | *10*

第十章　塑造自我品牌，不甘于为人做"嫁衣" / 237

Conclusion |

Introduction 序 章

中国制造遭遇比金融危机
更可怕的挑战

世界经济正在经历衰退

自 2008 年金融危机爆发后,以美国为经济增长引擎的世界经济集体陷入了衰退。原本隐藏在繁荣后面的危险因素,如通货膨胀、房地产市场崩溃、金融海啸、债务危机等,一一浮出水面,蚕食着世界经济多年积累的成果。几乎所有的人都想知道,世界经济该何去何从?

翻开任何一个国家的"经济报表",上面的数字大多不能让我们对未来一段时间的世界经济抱足够的乐观。

在这场世界性的经济大考验中,美国除了吞下世界经济减速的苦果,还要承受着更为残酷的经济压力。

2008 年之后,美国经济毫无争议地进入"严重衰退期"。金融危机像一个放大镜,彻底放大了疲态百出的美国经济。变"穷"之后,美国政府开始"举债度日",财政赤字大幅上升,国债记录屡攀新高。2011 年 5 月 16 日,美国国债规模创下历史新高,达到国会允许的上限——14.29 万亿美元,超过 GDP 的 90%。2012 年 8 月 5 日,美国主权信用评级首次被"降级",由 AAA 级下调至 AA＋级。为避免突破国家债务上限而引发债务危机,美国政府提高了债务上限。但是,2012 年 12 月 31 日,美国政府的债务额度又再次达到"新上限"——16.4 万亿美元。

为应对越来越高的财政赤字和债务总额,美国两大党民主党与共和党在2013 年年初通过了提高家庭个税税率和减少政府开支的议案。毫无疑问,这一议案会降低民间投资的积极性,重创美国经济,因此也被称为"财政悬崖"。

单纯提高税收、减少开支并不能解决"美国病",反而可能导致美国财政赤字和债务危机的不断恶化。对此,美国全国制造商协会发出警告,声称"财政悬崖"如果不能解决,将会令美国经济和就业形势元气大伤,其影响可能要到 2020

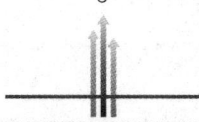

年才恢复。由此可见，在无法化解财政困局的情况下，美国经济仍难在短期内走出低迷。

与行走在"财政悬崖"危险边缘的美国相似，受欧债危机影响，欧元区经济复苏前景黯淡无光。2008年9月，金融海啸肆虐，让大量购买了美国银行衍生产品的欧洲银行饱受煎熬，欧元区噩耗不断，越来越多的金融机构进入了金融风暴的"黑名单"。2009年12月，希腊主权债务问题凸显，彻底推倒了多米诺骨牌，欧债危机爆发，并进一步发酵蔓延。

2012年，为"尽其所能捍卫欧元"，欧洲央行出手"救市"，结果仍旧不能挽回颓势。据2012年11月欧盟发布的数据，欧元区经济在2012年第三季度环比萎缩0.1％。欧盟失业率居高不下，仅年轻人失业率就在25％左右。

与美国和欧元区相比，英国的经济表面上看起来要景气得多。2013年7月25日英国国家统计局公布的数据显示，英国第二季度GDP初值环比增长0.6％，同比增长1.4％，创下自2011年第一季度以来的最大涨幅。

这份数据是否就能说明英国经济已经摆脱阴霾，实现了复苏？没这么简单！此前英国经济之所以出现衰退，一方面是因为深受欧债危机引起的欧元区衰退之"牵连"；另一方面则源于英国国内的矛盾，如基础设施投资无力、福利改革举步维艰、银行业丑闻不断等。

自2008年经济"停滞"状态被打破并出现负增长后，随着2012年年底安倍晋三内阁的上台，日本开始推行极端冒险政策：利用日元贬值来提振股市和出口。这种量化宽松的政策，虽然会起到一定成效，但从长远来看却蕴藏着更大的风险：日本政府承担着巨大债务；欧美经济疲软使日本出口成为"老大难"；再加上日本过于依赖进口能源，削弱了企业竞争力……

经济周期循环往复、金融危机余波未了，再加上频繁曝出的债务危机，使整个世界经济如履薄冰。在全球性的经济风暴中，由于全球化和一体化的深入推进，没有哪个地区可以产生免疫力，筑起避风港，中国当然也不例外。

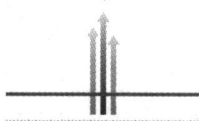

放缓的中国脚步

尽管已有"国内生产总值增长 7.5％"的预期作铺垫,当 2014 年 1 月国家统计局公布,2013 年中国国内生产总值为 568845 亿元,比 2012 年增长 7.7％时,引起的震动依然不亚于任何一场地震。

当同时期美国、日本等经济大国的 GDP 增长不到 2％时,为什么人们却对中国 7.7％的增长率感到失望? 这与人们已习惯于中国高达 10％的经济增速有关,也与人们对中国经济的高度信心有关。

在 2012 年中国经济增速减速的前提下,很多国际经济机构对 2014 年中国经济依然看好,并且作出乐观的预测。高盛公司预计,2014 年中国经济会复苏,国内生产总值增速可能提升至 7.8％。

在所有的经济机构中,澳大利亚的麦格理集团较为谨慎。其认为中国高层领导不会出台大规模财政刺激或货币宽松措施,所以,2014 年中国经济的增速可能会放缓至 6.9％。

无论国际经济机构如何各抒己见,一个看得见的事实是,中国经济的脚步确实在放缓。根据国家统计局发布的数据,2014 年第二季度中国经济增长率为 7.5％,低于多家国际经济机构的预测。

中国经济增速放缓,从工业生产等宏观层面可以看出端倪,从奢侈品市场消费等微观角度,也能看出一些蛛丝马迹。

2004 年,意大利设计师乔治·阿玛尼前来上海为中国旗舰店揭幕时,称上海为"全世界最受瞩目的城市"。当时,他肯定没有料到,10 年后这家店会悄然停业。随着奢侈品对人们的吸引力越来越弱,除阿玛尼之外,其他位于上海外滩的奢侈品专卖店也选择了关门。杜嘉班纳、百达翡丽、宝诗龙等高端奢侈品牌一家家先后撤离上海外滩。

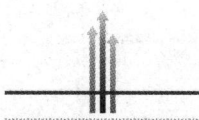

种种迹象表明,中国经济高速运行的"好日子"已经结束,中国经济乘坐的"交通工具"从天上的"火箭"变成了地上的"火车"。

中国经济增长之所以放缓,与危机重重的国际经济不无关系,同时也是国内经济结构调整和转型的必然要求。

世界性的经济停滞,让中国感受到了瑟瑟寒意,一旦"西边下雨",中国也不可能心安理得地"东边日出"。改革开放30多年,打破了我国与别国的藩篱,也加强了我国对世界的依赖。早在1997年,亚洲金融危机便已为我们提供了前车之鉴。

高盛的预测模型显示,全球需求每下降1个百分点,将会导致中国的出口增长率下降6.2个百分点。而中国的GDP增长在很大程度上依赖于贸易顺差。早在2007年,中国的对外贸易顺差就达到2622亿美元,位居世界第一,成为推动中国经济增长一驾强有力的马车。

过高的贸易顺差意味着中国经济增长因子过于单一,中国经济的增长过度依赖于对外贸易。研究表明,只有"安内"才能"攘外",一个经济健康发展的大国,国内消费往往是促进经济发展的主要支柱,应占GDP的70%左右。中国的贸易顺差一枝独秀,远远高于其他国家,这意味着中国的经济增长对经济全球化的依赖性被严重扭曲。一旦全球经济的某一节链条出现差错,中国的经济很难不受牵连。

世界经济出现衰退,会极大地削弱消费需求,尤其是会削弱对中国出口产品的需求。一旦全世界的消费者由于经济紧张而捂紧钱袋,中国制造就要唉声叹气了。世界开始拒绝中国制造,而国内由于投资过热所催生的大规模中国制造,却不得不靠向海外输出大量产品来维持生存与发展。

在世界产业链条上,中国制造出现了避之不及的经济悲剧——产能过剩。消费者这块"蛋糕"变小了,吃的人却依旧不少,反而增多,这样一来就必然会有人挨饿。需求在全世界范围内缩减,具体到企业,就是关乎自身生存的订单的

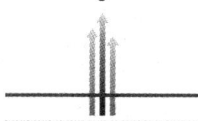

减少以及提高产品价格的无能为力。

从国内来看,近年来中国经济始终保持高速增长,但在此过程中也积累了很多问题,如产业结构不合理、收入差距越来越大等。此前,这些问题被追求经济快速增长所掩盖,现在已一一凸现出来。如果不花时间和精力进行调整,未来中国经济可能会遭遇更多的不测。

目前,产业结构不合理已成为影响我国经济增长的突出问题。首先是产品结构不合理,高科技产品缺乏,低附加值产品过多;其次是投资结构不合理,低水平重复建设现象严重,在传统行业和高科技产业,"一哄而上"的现象时有发生;再者是资产配置不合理,国有企业效率低下。

产业结构不合理所直接导致的后果是,资源利用效率低,经济效益难以提高,这反过来造成了我国经济运行中的恶性循环,即高投入低产出、高消耗低效益。

除此之外,收入差距越来越大,社会财富分配不公,导致国内需求不足,进一步使中国经济发展过度依赖于出口。因此,一旦出口放缓,内需不足的弊端立即显现,经济发展速度也就降了下来。

尽管经济增速放缓,但值得庆幸的是,中国政府已经认识到消费这块短板,采取一系列措施,如提高城乡居民收入、启动农村消费市场、完善居民保障体系等一系列措施来拉动中国消费增长。

中国制造的独特优势在于,身处中国市场腹地,不但可以"近水楼台先得月",还能避免本土化的麻烦,更能为中国消费者的消费心理把脉,生产出迎合消费者需求的产品,在第一时间内占领市场高地。

如果倒在"盛世"来临前,那么无疑是一种遗憾。我们不能坐等政府推出刺激消费的政策,眼巴巴地靠中国政府"拯救"市场,很有可能熬不到中国市场全面开花的美好时节。中国制造与其被动等待,不如主动出击,与中国政府一道在中国市场探索"突围"之路,享受财富创造果实。

"三荒"遭遇"两高"

宏观经济走势影响到中国每一家制造企业,尤其是出口依赖型中小制造企业,危机带给它们的是残酷的生死考验。

2008年国际金融危机蔓延时,经济形势一路下滑。民营企业家调侃说,自己正在遭遇"4把刀子和1根绳子",所谓的"4把刀子"是指原材料价格上涨、人民币升值、劳动力成本提高和外贸困境,"1根绳子"是指信贷收紧,企业主拿着"这根绳子"在等死。在"5种压力"之下,一些难以支撑的民营企业家,开始自寻死路以求得到"解脱"。

相比于2008年的国际金融危机,今天的中小制造企业又陷入了"三荒两高"的困境中。机构调研发现:目前,大约有10%的中小企业正在升级,20%左右的企业处于转型中,60%~70%的中小企业面临严峻的生存困境。

但是,中小制造企业的困境却与2008年有所不同。当时,金融危机导致很多中小制造企业根本接不到订单,加上没有钱,它们只好被迫停工甚至倒闭。这一次,企业并非完全接不到订单,而是有订单却不敢接、不愿意接。

例如,一家温州打火机行业的龙头企业,共有500多名员工,年出口额达上千万美元。这家企业规模不算小,但是据老板李先生说,每年的企业利润还不如儿子一个小小的蛋糕店。打火机出口订单的结算周期是3~6个月,其中蕴藏着汇率波动的高风险,资金周转还要耗费时间。

经受住国际金融危机严重冲击的中小企业,艰难地度过经济寒冬后,尚未享受春天的温暖,却又遭遇人民币汇率不断升值、劳动力价格和原材料价格大幅上涨、国家货币政策收紧、融资难上加难、用工荒用电荒问题加重等重重困境。

企业的生产成本大幅提高,利润空间被层层挤压。尤其是从事轻工产品加

工制造的中小企业,平均利润空间仅为 3％～5％,一些企业甚至处于零利润或亏本状态。在这种困境下,企业要走出困境,路在何方?

概括起来,中国制造企业,尤其是中小制造企业目前所面临的困境,可以用"三荒两高"来形容。

融资荒:资金链告急

大多数中小制造企业,尤其是小微企业很难从银行获得贷款。全国工商联的调查表明,规模以下中小企业有 90％未与金融机构发生任何借贷关系,小微企业中有 95％没有从金融机构获得过贷款。

银行"钱荒"虎视眈眈,中国政府屡屡亮出货币紧缩的"金牌子",以防中国经济因过热而陷入雷区。货币紧缩提高了银行的贷款门槛,小企业根本入不了银行的"法眼",陷入贷款无门的困境。所以,对于大多数中国企业来讲,银根紧缩并不是好消息。银行过紧的信贷政策,会对那些劳动密集型、资本需求量大的企业产生较大冲击。它们正处于生存发展的寒冬,稍有不慎就有可能倒在资金链断裂上。

同时,身处国外出口第一线的外商,因受牵累也会出现资金链紧张或断裂等财务危机。在国内的采购商,则可能由于无法偿还债务而破产或溜之大吉。

宏观局势日益严峻,外商又频频在资金链上栽跟头,这些都使中国企业的日子更加难过。

资金链是企业的生命线,"企业之死"大多死在资金链断裂上,销不出货、贷不到款、拿不到货款,使企业的资金链绷得紧紧的,长此以往,"企将不企"。

用工荒:人工成本越来越高

近年来,中国劳动力成本呈现上升趋势。据统计,2001—2010 年间,全国城镇单位就业人员年平均工资从 10834 元提高到了 36539 元,年均增长约14.6％。一家农副产品加工企业的老总对笔者坦言:2008 年时,他们企业员工的工资还是每月 800 元,2013 年已经涨到 2500 元,而且员工们还要求加工资,

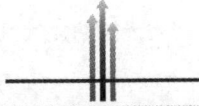

否则他们就辞职。

不言而喻，劳动力成本上涨背后的原因是生活成本的上涨，而生活成本的上涨又提高了工人们的工资预期。一位工人给笔者算过这样一笔账：每月，仅房租和水电费差不多就要 300 元，一家三口人吃饭要 1200 元，再加上手机费、抽烟等开支，最起码要找一份月薪在 3000 元以上的工作才能过得去。

在什么都涨的年代，劳动力成本上涨不可避免。但是，对制造业尤其是处于困境中的中小制造企业来说，上涨的劳动力成本就像压在身上的又一座"大山"，让它们喘不过气来。如果答应员工的工资要求，原本就微薄的利润就将所剩无几；如果不答应员工的工资要求，员工辞职后，企业就会面临"用工荒"难题。

中国虽然人口基数庞大，照理说不会出现用工荒，但在各种成本都不断上涨的年代，用工荒和就业难的悖论也就出现了。

市场荒：海外市场不断萎缩

大多数中国制造企业不愿也没有能力走多元化道路，所以它们给自己定义的市场可能会非常狭窄，某些中小制造企业的企业家甚至会有些"偏执"，要穷尽一生来耕耘这一小块市场。这种市场专注令人钦佩，但也埋下了祸根，一旦市场由于某种原因出现急剧萎缩，这些单一市场开拓者将无所适从。"次贷"危机导致的国外需求锐减，已经让很多制造企业尝到了过度依赖出口市场的"苦头"。

例如，在广东东莞大岭山镇，这个扛起"中国家具出口第一镇"大旗的地方，大多数企业正步履维艰，一家家具公司的董事长这样倒苦水："现在有一句话是，做得越多就亏得越多。"

需求减少还不是导致市场萎缩的全部因素，美元贬值甚至欧元贬值都让这些中小制造企业不堪重负。一家灯饰有限公司的老板深有感触："不光是美元贬值，北京奥运会后欧元对人民币汇率也从 10.6 跌到了 8.07。现在外商过来

拿货,在计算器上噼里啪啦一算,发现前几年可以赚的钱今年已经赚不到了,于是就不买你的产品了。"

成本高企、出口退税下调、加工贸易政策变化,几乎把中国制造的低成本优势榨得一干二净,很多贸易商把目光瞄准了成本更低的印度、越南等地,毕竟他们也不想把鸡蛋放在同一个篮子里。

一家做蒸汽机做到全世界最好的企业,在今天也难以存活,因为他们在市场已无立足之地。经济萧条时期,再完美的奢侈品也可能无人问津。同样的道理,海外市场萎缩让中国制造承受着切肤之痛。

高成本:高成本挤压利润

用工荒带来劳动力价格上涨,用工成本涨了 20％～30％;融资荒带来资金成本大幅增加,银行贷款通常是基准率上浮 30％～50％,加上各种费用,实际贷款成本接近基准率的两倍,这也推高了民间借贷利率。

在金融危机的打击下,金融机构也是泥菩萨过河——自身难保,趋利避害的资本纷纷流入商品市场,导致成本大幅上涨。除了涨得离谱的原材料成本及大势所趋的用工成本外,还有巨大的运输成本。据美国劳工部统计,40 英尺标准集装箱从上海运到美国东海岸,平均成本已从 2000 年的 3000 美元上涨到 8000 美元。

运输成本的暴涨,剪断了外国进口价格与中国廉价劳动力之间的套利关系。其中,家具、制鞋、工业机械等价值与重量比率偏低的行业受到的冲击最大。在高企的运输成本压力下,一些国家不再舍近求远,而开始加快推进进口市场的本土化战略。

例如,美国与墨西哥的贸易日益密切,墨西哥出口到美国的贸易总量正在以每年 7％的速度增长。美国加利福尼亚州一家专门制造航天、激光、医疗科技与钻油设备等的公司,过去习惯于从亚洲采购零件,但被运费所逼,已转而采购美国本土制造的零件。

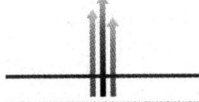

高税费：高税收加大负担

一位服装行业的老板说，一件报价 75 元的衣服，其中有将近 7 元要交税。据中国企业联合会的初步统计，向中小企业征收行政事业性收费的部门有 18 个，按收费项目分类有 69 个，子项目则有上千个。在高税赋压力下，企业平均利润只利 1％～3％。中小企业税收之高，由此可见一斑。

人民币升值、生产资料和原材料涨价、劳动力成本上升，把企业的利润都吃掉了，高收费、高利息、高税收，压得企业喘不过气来。这当中，沿海企业各项成本更高，它们大多属于资源依赖型企业。而小微企业的命运更加悲惨，除以上诸多因素外，它们还面临着低价的怪圈。

中国制造能在短短几十年的时间内迅猛崛起，并成为"世界工厂"，一方面源于中国改革开放所产生的巨大推动力，另一方面则源于中国制造的低成本优势。

随着成本不断上涨，许多中国制造企业已无法承接低成本的订单。价格被外商压得太低，使它们几乎没有利润可赚，而一旦提价，外商便会转向越南等低价产品区域。

例如，广东的一位玩具厂老板，拥有 800 名工人，每年出口价值达 1000 万美元的玩具和儿童家具。但是从 2006 年开始，他的产品成本每年上涨 30％，却提不得价，"我们的利润已经没有了。如果今后几个月里情况没有改善的话，工厂只好关门大吉了。"

浙江一家出口服装的贸易公司，不再接沃尔玛的订单了，因为沃尔玛出价太低，工厂根本无法盈利。沃尔玛也"不在一棵树上吊死"，把 20％的服装订单转移到了越南、柬埔寨等地。

国外采购商也感受到了中国制造的寒气，中国制造这块"肥肉"已经没多少"油水"可榨，他们开始处处撒网，给自己留一条后路。德国零售商 TKI 有限公司，在孟加拉、印度都有工厂，哪里便宜就在哪里下订单，所以他们表示绝不会

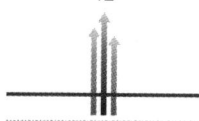

买"中国企业提价的账"。

利润下跌使一些企业为了生存而被迫偷工减料以保证微利,结果在质量上卡了壳,又给外商坚持报出低价提供了把柄。转来转去,中国制造还是走不出"低价怪圈"。

当低价遭遇高成本,中国制造的日子无疑更加苦不堪言。

"倒闭潮"比想象的还要严重

2013年6月底,一场"钱荒"席卷中国金融系统,搅得银行业胆战心惊。银行"钱荒",中国制造企业更慌,尚未从融资难困境中解脱出来,又跌入更深的"泥沼"。世界经济萎缩带来的外贸订单减少、国内经济增速减缓等多重因素的影响,使本轮中国制造企业遭遇的危机也许比任何时候都要危险。

在温州,已有许多中小制造企业破产,只是没有像金融危机爆发时和2011年"跑路"那样广受媒体关注和报道。笔者的亲身感受是,这轮危机比2011年还要严重!

"活着,还是死亡,这是一个问题。"我们不断听到企业倒闭的噩耗。尤其是在被称为中国经济增长两大引擎的珠三角和长三角,那里企业密集倒闭的现象更是让人瞠目结舌。

我们发现,"死亡册"上的企业多是中小制造企业,它们在享受"船小好调头"优势的同时,也承担着更大的风险。一旦危机发生、成本上涨、市场萎缩同时袭来,它们将因抵抗能力和生存能力差而迅速灭亡。中小制造企业在这轮危机面前的表现,无疑会更加慌乱无措。

有人说,"改革进入了深水区,已无法摸着石头过河;市场战车驶入了冰河区,已无石头可摸;这是发展的代价,也是进一步发展的要求"。三十年河东,三十年河西。中国经济走过春夏秋,出现分水岭,严冬酷寒袭来,瞬时进入祸福两

相倚的冰火交织局面。

成本起伏不定，企业叫苦连天，陷入了"涨，企业苦，跌，企业苦"的恶性循环；人民币升值将中国制造的低成本优势侵蚀得所剩无几；银根紧缩的大势已成为绷紧资金链最沉重的"稻草"；资本市场的神话泡沫被戳破，"熊相"尽现；绵延 30 余年的改革力、创造力、执行力能否继续焕发生机……企业在爬坡，却又有如此多的障碍横亘其中，稍有不慎就可能会坠落万丈深渊。

然而，经济体往往会遭遇"屋漏偏逢连夜雨"的尴尬，中国企业已面临重重考验，经济颓势又给了它当头一棒。

萧条是繁荣的终点站。市场肆无忌惮地延伸到世界各个角落，连道德、法律都开始用金钱称量，政府管制形同虚设，贪婪成为促进经济发展最重要的催化剂，这必然会带来经济指针的剧烈摇摆。于是，经济形势开始以不可遏止的速度发生嬗变。整个世界遭遇了"世纪之难"——经济衰退，其破坏力与杀伤性呈摧枯拉朽之势。

好日子短得令人恍惚，而大萧条时代的来临只是一瞬间。金融危机、债务危机等各种危机为世界经济带来了噩梦：股市一片惨绿，大型金融机构措手不及，接二连三倒闭，"高失业时代"悄然回归……

蝴蝶效应的渗透，让中国难以高枕无忧。经济危机的阴影越来越重，中国企业不可避免地被危机风暴的魔咒所缠身。中国企业是否已构筑起铜墙铁壁？严峻的现实让许多人的乐观变得如此苍白无力。

"水来不能土掩，兵来不能将挡"成了许多企业的生存现状。它们或以不可避免的姿势倒下，或选择以极端的方式逃避。在经济困局面前，它们的招架之功，表现得如此苍白无力。在经济繁荣时期，它们争抢蛋糕的步伐铿锵有力，而一旦经济变脸，它们丧失领地的速度却一日千里，甚至再无翻身的余地。"浅水一抽见底，深井中的水却是抽不完的。"中国制造的水池竟是这样浅，被经济危机一搅，就见底了。

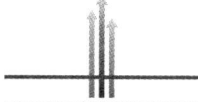

世界经济衰退确实给中国企业带来了外伤,但外伤带来的冲击力往往是以内伤作为突破口的。弊病,在内,也在外,归根结底,还是内伤。的确,当头顶上飘满无数乌云时,我们完全不能做出准确的预测,到底什么时候哪片云底下会下雨。唯有练好内功,才能真正做到"泰山崩于顶,我自岿然不动"。

未雨绸缪,以不变应万变,才是我们在困局年代中最需要坚定不移所坚持的。

怎么办？先活下来！

各种生存挑战扑面而来,中国制造已经到了生死关头,活下来才是硬道理。

近几年来,一直顺风顺水的中国制造遭遇了诸多发展瓶颈。其中,一个老生常谈的问题是成本上涨。原材料价格普遍上涨,劳动力成本也扶摇直上,且上涨速度之快让不少中国制造措手不及,它们根本来不及建立预防经营危机的防火墙。原材料成本、劳动力成本高企,大大压低了中国制造企业的利润空间。此外,人民币升值也让中国制造企业苦不堪言,它们不再具备低价优势,因而接到的订单越来越少。

"成本上涨,利润偏薄"的生存困境,更加凸显出了中国制造企业在发展中的瘸腿效应——过分注重数量、低价,忽视品牌、技术与创新,从而导致自身在市场中的话语权与竞争力不断被削弱。

令人遗憾的是,一直困扰中国制造企业的"融资难"问题,还在继续发酵升级,且早已经演变为"钱荒"。不但银行缺钱,连民间借贷也开始闹"钱荒"了,这导致中国制造企业的融资之路更加迷茫和艰难。

多重因素齐发力,中国制造企业正面临一场残酷的大洗牌。

或许有人会说,弱肉强食是丛林法则,也是市场铁律。经过这一轮大洗牌,一些技术落后、创新能力弱的企业恰好被淘汰,反而是一件好事。可是,不要忘

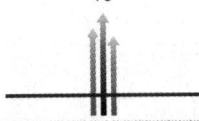

记，当前中国制造企业的生存环境太残酷了。洗牌的结果是什么？很可能是全军覆没，并导致整个实体经济遭受重创。

一旦经济形势急转直下，再优质的企业也很难独善其身，因为企业破产会带来连锁效应。以信贷为例，有不少企业家因为企业经营不下去、负债累累而破产，这导致银行坏账增加，同时企业家本人的信誉也大大降低，银行不仅不敢再借款给企业家，甚至还提前收回贷款（"抽贷"）。如今，一些地区已形成了很不健康的信贷文化，即按时还款的企业家成了"傻瓜"，因为一旦他们还款，银行便不会再贷款给他们了。

如今，中国制造企业连生存都困难，再一味要求其转型、转型、再转型，恐怕也不太现实。因为，要是企业连活路都没有了，那就更没有资金和能力实现突破和创新。

中国制造企业活下来是第一要务。

中国制造企业要学会自救，选择"跑路"和"自杀"是最不明智的行为。自救的方式包括企业内部自救，如鼓励员工士气、动员内部员工"抱团"，共同渡过难关；此外，也不要忘了向外部求救。企业与企业之间可以"抱团"取暖，企业还可以向政府呼吁，请求政府部门出台更多的优惠政策。

相关政府部门，则应把着眼点放在中国制造企业的资金困境上。

一是应加快金融改革步伐，积极拓展融资渠道，为民间资本创造更多的发展空间，为中国制造企业提供更多切实可行的融资方式；二是应继续推进中国制造企业减负工作，通过各种方式减税、减费，真正让中国制造企业轻装上阵。

现如今，中国制造企业已经患了重病，俗话说：重病还得重药医。

高高在上、任其自发洗牌的不作为方式并不可取，这样会毁掉民营经济的根基。当中小制造企业已经爬不起来时，还盲目鼓励其涅槃和创新，无疑是不切实际的做法。

一些人虽认识到中国制造企业先生存下来的重要性，但政策出台不温不

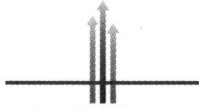

火,很难有立竿见影的效果。中国制造企业已经处于水深火热中,"不痛不痒"的政策并不能让它们熬过这个冬天。

中国制造企业处于深度危机,相关部门需下重药,融资、减税、减费、减息等政策多管齐下,并切实付诸实践,才能真正治得了重病,帮助中国制造企业恢复元气。中国制造企业走出危机,中国的实体经济才能更好发展,中国经济也才能更快发展,我们千万不能再掉以轻心了!

Chapter *1*

第 一 章

订单少, 就走投无路了吗?

我国有 13 多亿人，为什么内需还是不足？

中国市场潜力巨大，大在 13 多亿的人口基数上。某件商品，即使每人只买一件，乘以 13 亿，就是一个令人咋舌的天文数字，不得了。

几乎所有的企业，所有的商品，都对中国市场充满信心，而"潜力巨大"则成了人们描述中国市场惯用的专有名词。

对中国厨卫行业的调研显示，未来 10 年，中国将有 33％的住户迁入新房，平均每年有 260 万个以上的厨房家电需要更新，未来 5 年内整体厨房的市场潜力将达到 580 亿元，整个中国厨卫业将会有 1000 亿元的市场份额。

被誉为 21 世纪朝阳产业的孕妇、婴童用品行业，更是前景广阔。《中国人口与劳动问题报告》指出，2005—2020 年间，中国将形成一个生育高峰，人口增长数量将保持在每年 1300 万～1500 万，孕妇用品每年有超过 1 万亿元的市场规模。这不能不说是一个很有诱惑力的数字。

中国农村更是我们不能忽视的"大块头"。中国农村人口约有 8 亿，农村家庭占我国家庭总量的 67.6％，是中国最大的消费群体。虽然中国的农村居民相对贫穷，与城市居民相比，购买力要低很多，但他们也在不断调整生活结构和转变生活方式，具有巨大的消费潜力。苏格兰皇家银行首席中国经济学家贝哲民（Ben Simpfendorfer）说，中国政府和国内制造商首次将摆脱经济困境的希望寄托在中国农村居民而不是美国消费者身上，这拯救不了全球经济，但却有可能在未来 10 年内重塑世界经济。

中国人民银行行长周小川称，消费在中国的变化是从 20 世纪 90 年代，特别是亚洲金融危机后开始的，其占 GDP 的比重在迅速下降。从过去接近 60％的水平逐渐降到了接近 50％，甚至有可能略低于 50％的水平……这基本上是在 10 年左右的时间发生的变化。

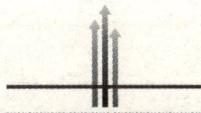

经济学家保育钧说过，"我们这些年的消费为什么不足？储蓄率占50％多，超过了一半。剩下的这一半当中政府占20％，老百姓占30％多一点，13亿的人口消费只占30％多一点，这是世界上消费能力最低的国家之一"。

英国《金融时报》首席经济评论员、全球著名经济学家马丁·沃尔夫也有这样的感慨："让人感到惊奇的是，中国公开的数据显示，中国人民的可支配收入只占中国国民生产总值的40％。这当然不能和西方国家的70％做比较，英国的比例是70％，日本则接近60％。首先，我们要找到为什么中国可支配收入占国民生产总值份额那么低，为什么人们要存那么多钱？这有可能是因为社会保障制度不健全，人们担心健康保障、社会保险等。"

的确，很多时候中国的这块大蛋糕看着诱人，但其实却并未有"大碗喝酒，大块吃肉"这份爽快，当中很大程度上源于中国居民的消费能力较低。国民收入中分配到最终消费者的份额较少、社会保障体系不够完善、居民不得不存钱应付养老和医疗等问题、节俭的消费习惯、缺乏稳定的中产阶级等，最终导致中国居民的消费能力低下。

与"国富"相比，"民富"并不那么显山露水。国家财富不断积累，在"大富"的路上策马狂奔，而民富则被远远落下，出现"国富而民不富"的财富分配格局。

导致收入分配错位的因素有很多，其中初次分配格局是决定国家与个人财富分配的重中之重。在中国，相对于其他要素所得，仍存在劳动力成本较为廉价的事实。工资占企业运营成本的平均比例还不到10％，而发达国家则高达50％左右。

政府的财政支出比例过高，也导致了财富分配失调。我国的财政收入逐年上涨，且增速高于GDP的增速。2009年全国财政收入68477亿元，同比增长11.7％；2010年全国财政收入83080亿元，同比增长21.3％；2011年全国财政收入10.37万亿元，同比增长24.8％；2012年全国财政收入11.72万亿元，同比增长12.8％；2013年全国财政收入12.91亿元，同比增长10.1％。政府财政

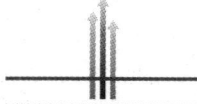

支出偏高也不完全是坏事，因为政府可以通过二次分配合理进行资源配置，从而实现各种利益关系的平衡。从当前的数据来看，政府把相当大的一部分收入用于直接投资、基础设施建设、城市建设、行政支出，在教育、医疗、养老、就业等方面的支出比例过低。

国富固然可以增加民族自豪感，但缺乏民富支撑的民族自豪感并不足以决定个人的真正幸福，真正的幸福感需建立在"国富民富"的财富分配基础上。经济不断发展，人们却未能真正享受到收入提高带来的福利。收入差距不断扩大，加深了很多人的挫败感，使他们逐渐产生了与富有者的对立情绪。长期收入分配不公，会削弱人们的幸福感，整个社会也会处于混乱甚至崩溃状态，进而陷入"中等收入陷阱"（指一个国家的人均收入达到中等水平后，由于不能顺利实现经济发展方式的转变，导致经济增长动力不足，最终出现经济停滞的状态）。

深化收入分配改革是大势所趋，已经迫在眉睫，政府也认识到了必须加快收入分配改革步伐。十八大报告指出，发展成果由人民共享，必须深化收入分配制度改革，努力实现居民收入增长和经济发展同步、劳动报酬增长和劳动生产率提高同步，提高居民收入在国民收入分配中的比重，提高劳动报酬在初次分配中的比重。

收入分配改革的立足点应放在"让利于民"上。让利包括两类，即企业对员工的让利和政府对民众的让利。

企业对员工的让利表现在提高员工的工资待遇，增强劳动者在企业中的话语权，不断完善工资共决机制。这既需要劳资双方之间不断进行磨合与博弈，又需要政府在制度、法律方面提供相应服务与支持。

政府对民众的让利表现在实现政府的角色转型上，政府由经济的参与者切实转变为服务者。降低部分政策性垄断企业收入在国民收入中的比重，为各种经济成分的发展提供更为公正、公平的市场环境；降低行政成本，精简结构，有

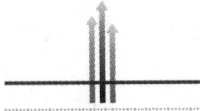

效控制公款吃喝、公款旅游、公车消费等现象，加大反腐力度；提高科教文卫支出，提高社会保障和公共服务在二次分配中的比重。

收入分配制度改革已进入深水区，改革难免会触及各阶层的利益，在改革过程中也会遭遇重重障碍，但不管这块"硬骨头"有多硬，都是不得不去啃的。收入分配改革已箭在弦上，不得不发。

中国政府已经认识到消费这块短板，并采取了一系列措施，如提高城乡居民收入、启动农村消费市场、完善居民保障体系等来拉动中国消费增长。

善于发现，寻找市场盲点

> 我们并不觉得这样的市场没有机会。现在要做的是去发现，什么行业、什么地区、什么样的客户群依然存在需求，我们集中精力去突破。另外，还需要根据客户在这个时期的需求变化，来调整产品的重点。
>
> ——戴尔公司亚太和日本地区总裁史蒂芬·菲利斯

企业被市场搅得焦头烂额，主要原因在于企业的商品销售市场过于狭窄，一旦自己的"弹丸之地"遭遇风雨，它们就会无所适从，只能眼睁睁地看着自己的市场缩水而束手无策。

改变单一的市场模式、避免市场过于狭窄化，是中国制造企业的当务之急。只有"狡兔三窟"，才能分散风险。

俗话说，东方不亮西方亮。世界市场是一块大蛋糕，触角再多的企业也往往只能把握世界市场的冰山一角。即使世界经济普遍不景气，但是与重灾区的欧美市场相比，俄罗斯、中东、南非等国家和地区的市场仍要平和许多，如果稍稍改变市场的风向标，也许便能在海外市场站稳脚跟。

例如，在义乌市，虽然有大批制造企业倒闭，但也有逆势飞扬者。很多制造

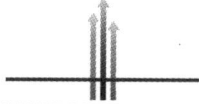

企业嗅到次贷危机的苗头,转而开拓俄罗斯、德国、西班牙等国家的市场,为自己留下了"华丽"转身的空间。

外贸出口素来是福建泉州石狮纺织服装企业的重头戏,石狮对外贸的依赖度高达50%以上,每出口1000万美元的货物就能增加700多万的税收,还能解决1000多人的就业问题。美国市场难以撬动,他们就转向俄罗斯、欧洲、南美等市场。

石狮人认识到,在中东、东南亚等国家徘徊终究成不了大气候,尤其是拘泥于低端市场,将会受到更大的冲击。"生产成本增加了,若卖价上不去,生意就会更加难做。而提高卖价,一是要有更好品质的产品,二是要设法打入发达国家市场。"于是,石狮几位企业家找到了突破口——罗马尼亚,在他们看来,"罗马尼亚刚加入欧盟不久,有着诸多初'入伙'的优惠条件,国外产品进入的'门槛'相对较低,石狮及中国的服装等轻工产品完全可以从这一'缺口'进入,并以此为据点,继而辐射东、西欧其他国家"。

虽说"隔行如隔山",但"隔国却不能隔山",几乎所有的企业都无一例外地认为,市场的疆界就是整个世界,或许任何企业都有漂洋过海的雄心壮志,但关键是它们是否具备漂洋过海的条件。它们的产品是否质量过硬,可以经受住国家、语言、肤色及文化不同的消费者的考验,它们的营销战略是否足够精确,能够博得各国"上帝"的欢心。

双向胶片拉伸系统的世界顶级供应商布鲁克纳公司的总裁纳戈尔曾这样说过:"我们充分了解世界各地的客户,我们有的同事去过中国不下100次,我们什么都自己干。有时候别人问我,你们不过是一家拥有280名员工的小公司,干嘛不找个销售代理算了?但我们就是不喜欢代理商。我们有些最优秀的员工,每年大约80%的时间都在世界各地出差,而这正是我们今日能征服世界的奥秘所在。"

如果一家企业生产的产品同质性过高,全球各地都遍布顶级企业的同类产

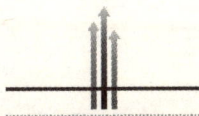

品,在它们紧锣密鼓的布阵下,自身所提供的同质产品已经很难见缝插针,那么不妨多多考虑行业盲点。根据日本经营学家长岛总一郎提出的"市场缝隙战略"理论,市场中永远存在着这样的盲点。

如果发现自己很难找到和开辟新的战场,那么不妨听听伟大的"上帝"——客户的声音,他们的声音往往是世界上最动听的声音。有很多产品,都是消费者需要甚至迫切需要但企业并没有意识到、也没有提供的,如果哪一家企业发现了这个盲点,并成为消灭盲点的创始者,那么它就能占有一大片市场。

掌控一个市场最好的办法就是开拓它,如果某市场因为新产品的诞生而浮出水面,那么开拓者很可能会获得持续不断的收益。道依茨发动机公司(DEUTZAG)的老总舒尔茨这样评价他们生产的空冷柴油机:"它们是真正的奇迹。若干年前,因为环保的原因,我们想放弃这个产品。但是我们又知道这类发动机对于某些特定的场合、特定的用途来说是无可替代的。比如在极度高温、高寒的地区,在沙漠里,在荒无人烟、给养困难的地方,人们都需要它。后来我们就逐渐成了全世界唯一能够批量化生产这类发动机的公司。"

能够被一家企业独自开拓的市场,往往是比较狭窄的市场,也就是我们平常所说的"冷门战略"。企业要懂得出奇兵,"别人做的我不做,别人做得好的我更不做,我做的应该是别人所没有的,我做的就不叫别人追上"。在全世界各个角落,有很多被称为"隐形冠军"的企业,它们虽默默无闻,但却有着令人难以想象的市场份额。例如

德彩:如果你养过金鱼,或许你听说过德彩这个名字,因为它拥有全球热带观赏鱼饲料50％以上的市场份额。

哈里波:凭借可爱的加米熊,成为全球糖果市场的领军者。

巴斯:有无数厂家在争先恐后地向消费者推销它们的啤酒,但消费者往往不知道,这些啤酒所用的主要原料之一——"啤酒花"大多数来自于这家不为人知却又实实在在是啤酒花生产冠军的巴斯公司。

布利塔：开拓了用水点处理净水器市场，它生产的产品占据了85％的市场份额。

比亚迪电池：它生产的手机、电动工具、无绳电话、电动玩具电池等，已经伴随着这些消费品进入全球无数家庭。

……

开拓新市场，也可以考虑"反其道而行之"，即偏偏在竞争对手望而却步的地方下手，这样做可能会取得意想不到的效果。就像"小马过河"的故事那样，河水可能既没有别人说的那么深，也不像别人说的那么浅，索性自己去尝试。

在无限广阔的市场中，存在着数不胜数的经济狭缝，隐藏着纵横交错的生财之道，这就是市场盲点。如果能够发现市场盲点并切实采取行动，那么就等于占领了新的市场，也就等于在危机中开辟了一条新的生路。

"定制"生产，成为下一个"例外"

随着中国经济步入深度调整期，和其他传统制造行业一样，服装行业也不可避免地进入了"严冬"：除了原本的利润微薄外，出口订单骤减、原材料和人工成本上升、销售低迷等多支"冷箭"一起袭来。

利润下滑、现金流紧张已经成为服装行业最普遍的难题。这种前所未有的挑战，让服装企业的生存更加艰难，尤其是中小服装企业，被推入了残酷的"洗牌运动"中。

据温州服装商会会长估算，温州的服装行业正在以每年10％以上的速度"死掉"，仍旧存在的大部分服装企业，也大都是在苦苦支撑。

有研究报告指出，自2012年以来，纺织品服装零售行业就出现了全面的库存危机。在网络上和在民间，也开始流传起一句话：如果中石油服装公司停业，仅库存量也够在服装市场上销售3年。

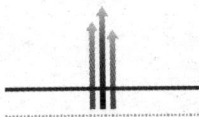

不是倒闭就是硬撑，忙着甩卖积压库存，中国服装企业已处于瑟瑟寒风包围之中，在它们面前到底还有没有生路？瑟瑟寒风中，大多数服装企业举步维艰，犹如困兽一样，找不到任何出口。但凡事都有例外，服装企业中也不乏行走顺畅者，它们丝毫不受"严冬"的影响，反而在瑟瑟寒风中寻找着属于自己的温暖。

"定制"的"例外"

2013 年 3 月 22 日，当随同习近平主席出访俄罗斯的彭丽媛出现在机场时，她优雅得体的服饰旋即引起了外界的关注和赞叹。与此同时，一个默默无闻的国产服装品牌——"例外"（EXCEPTION），一夜之间成了人们关注的焦点，火遍全国。

紧接着，"例外"在全国各地的门店变得火爆异常，顾客们纷纷前来询价购买。短时间内，店内服装便被抢购一空。人们纷纷访问其官网，甚至导致网站因访问量过大而陷入瘫痪。根据淘宝网的数据，一周之内，"例外"的搜索指数上涨了 10 倍多。

其实，不仅是"例外"，国内还有很多本土服装品牌。它们在追求设计风格的同时，采取的是"定制"模式。正如受到热捧后"例外"发表的声明："此次设计及制作作为专项定制单品，不在任何公开场合售卖。"

通过"例外"的例子我们可以看出，"定制"生产表面上看似顾客群体受限，却是一种最为安全的生产模式。在恰当的时机，"定制"更能生产出"标准"生产所不能产生的效应。

"定制"一词来源于法国的高级定制时装，在法语中它有一个专门的词汇，即"Haute Cou-ture"。1858 年，设计师 Charles Frederic Worth 在"世界时尚之都"——巴黎开设了世界上第一家为客人量身定制的高级时装店，高级定制时装的概念也应运而生。

1868 年，法国高级时装联合会成立。当时，只有经过法国工业部下设的法

28

国高级时装工会审核并得到注册认可的品牌，才能称为高级定制。1945 年，法国政府从工作室设计和推出新款时装的能力等方面，为高级时装定下了严格标准，即所有高级定制必须同时满足四个条件：在巴黎设有工作室，能参加巴黎每年 1 月和 7 月举办的两次高级定制时装周；每次展示至少要有 75 件以上的设计是由首席设计师完成的；常年雇佣 3 个以上的专职模特；每种款式的服装件数极少，并且基本上由纯手工完成。最初，高级定制时装成了只有迪奥、夏奈尔等十几家顶级品牌才有资格生产的"梦幻时装"。

20 世纪 40 年代中期到 60 年代初，战后经济的飞速发展和人们对奢侈的追捧，使高级定制步入了鼎盛时期。当时，高级时装业拥有每年 35 亿美元的销售量，来自世界各地的 2 万名高级时装消费者，以及 53 家经注册获认可的时装屋。

但是，随着科技的进步，全球进入了机械化大生产阶段，各行各业都在运用一切手段追求高效率。高级定制所标榜的昂贵价格与繁琐工艺，开始成了其致命的缺点：从下订单到正式穿上，必须等待半年甚至更长时间，期间，除去设计、定稿再到确定面料、辅料等一系列环节，还要多次坐飞机前往巴黎试穿，裁缝还要不厌其烦地反复调整每片绣花和珠片的位置……

于是，实用主义便成了主流思潮，很少有人会为一件没几次机会穿出去的衣服而耗费过多的时间与精力。这种潮流直接导致了高级定制时装客户群的迅速萎缩，同时，作为工业化产物的成衣很快占领了绝大部分市场。

可见，经济环境的恶劣对高级时装业的冲击只不过是诱因之一，绝不是根本原因，其真正的原因是追求高效率的时代潮流。然而，大规模工业化生产及其所带来的海量标准化商品、消费品，让消费者只能被动地作出选择。从某种程度上而言，工业化生产虽然为企业带来了空前的繁荣，但是却扼杀了人类作为消费主体的根本属性。在人们接受面孔呆板的商品，陷入标准化带来的快速发展的经济社会进程中时，"定制"反而暂时成了人们的偏好。

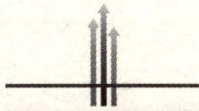

社会发展使人们的思想观念不断发生变化，企业的经营模式也不能一成不变，根据变化做一家"善变"的企业，才是最灵活的生存之道。"定制风潮"，从刮起到中断，经历了一段时代变迁，而随着网络技术的高速发展，"地球村"已成为现实，工业化大生产带来的负面影响日益明显，商品的极大丰富造成供大于求现象的普遍严重化，行业竞争压力巨大，寻求差异化竞争被迫成为企业生存发展的主旨。正是基于此，定制"绕了一个圈"后，又开始步入经济的"主殿堂"。而且，作为历史上最具人性化的经济形态，"定制经济"开始成为备受人们推崇的新经济模式。

一个时代有一个时代的特色，高级定制时装走过的路径，也是对"定制"的一种写照。时代发展到今天，虽然同是定制，但却已经呈现出不同特征。不仅仅局限于服装业，一场新的企业革命正在悄然改变着制造产品和服务提供的方式，拥有千百万客户的公司已开始生产专门为顾客定制的产品。

"定制"取胜之道

在国内家电市场，价格战依然打得如火如荼，在年终报表上，许多上市公司也出现了亏损。但海尔集团却是一个例外，不仅没有出现亏损，销售额和利润额反而大增，全球营业额高达49亿美元。海尔致力于为消费者提供最需要、最满意的产品，消费者也回馈海尔以理想的业绩。在其他企业热衷于打价格战时，海尔打得却是价值战。

在保证产品质量的基础上，海尔实行了定制冰箱模式，与正在发生变化的消费者偏好相契合，采取人性化的设计，最终打造出了一片属于自己的天地。采取定制方式，对产品进行个性化设计，主要体现在以下三点：

第一，富有特色的造型。在产品设计诸要素中，造型是最为重要的因素，设计的本质与特性都必须通过造型才能得以明确化和具体化，人们对产品的第一印象和使用方式也是通过造型实现的。此外，造型还能传达出一些寓意，进而引发特殊的情感体验和心理感受。

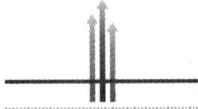

第二,色彩的丰富性。对产品设计而言,色彩是最能直接反映人们感受的一种因素,也是使设计人性化表达的重要介质。不同的色彩选择,会给人们的心理带来不同的感受,如红色易带给人们一种兴奋的情绪,黑色则代表一种严肃的情思。在设计产品时,可以根据不同人群的喜好,给产品增加适当的色彩装饰。

第三,材料质感的合理选择。材料的质感是影响产品质量的主要因素,材料的个性化选择主要包括以下几个方面:选用绿色材料使产品具备个性化特征;发挥材料的表面肌理特性以体现个性化;从文化与审美层面选择材料以体现个性化;从安全的角度选择材料以体现个性化;从环境适应性的角度选择材料以体现个性化,等等。

新的消费时代催生出了新的商业模式,在追求个性化的今天,定制模式应运而生,带来的是一场模式变革的盛宴。在这场变革盛宴中,能不能找到自己的一席之地,正考验着创业者或企业经营者的智慧。

定制经济显然不是商品经济早期量体裁衣式的简单重复,将定制经济理解成作坊式的生产无疑是社会发展的倒退。现如今的定制,是指为保证消费者个性需求而进行商品少量多样的生产模式。为此,企业应该采取一些必要策略,以保证定制生产的顺利实施。

首先,生产与产品策略。定制产品的个性化较强,交货时间短,品质要求高,这就要求企业的生产线能及时、迅速地调整以便于高效生产,建立敏捷的产品开发机制,才能对消费者订单做出快速响应。在宝洁公司,只要消费者提交头发的油性、酸性指标,就可以按照通常价格迅速为其定制专用洗发水。为此,企业要做好以下三项工作:

一是产品组合。尽管消费者按照自己的个性所要求定制的产品有所不同,但其主体性质基本上是相同的,企业可以在保持产品主体稳定的前提下,将消费者要求的特殊功能和爱好等特殊要求组合在主体上。松下电器公司推出的

家用冰箱的定制方法就是将设计不同的冰箱在消费者面前展示,由他们自由选择喜欢的色彩、门把手设计等,然后将此喜好写在订单上交给企业定制。无论怎样选择,冰箱终究是冰箱,其主体特征并不需要进行太大改变,而其产品组合只要在企业所承受的范围内,也就能极大地降低生产难度。

二是高科技的生产技术与设备。无论采取何种生产方式和商业模式,高科技的生产技术与设备都不可或缺,其可以提高定制生产的生产速度。例如,国外一些成衣制造企业,在采用一种电脑操控的激光裁步枪后,工作效率大大高于现有的普通裁剪设备。

三是产品"内在的"通用化。事实上,并不存在绝对意义上的定制,所谓的个性化定制也必须在一定的标准范围内。企业可以把产品的各个部分设计成通用规格,美国通用汽车公司的定制生产就是范例,虽然其产品种类繁多,但每种汽车的零部件规格却是通用的,各类汽车都适用,从而保证了产品多样化与零部件规模生产的效益。

其次,沟通策略。沟通既是企业内部员工交流的桥梁,更是消费者和企业交流的桥梁,是定制经济最不可忽视的因素。没有企业与消费者之间的沟通,就没有定制产品和定制经济的产生。

一是与消费者沟通,建立消费者关系管理系统。在定制活动中,消费者处于核心地位,其意见和需求是进行定制产品设计与生产的依据。因此,企业需要建立高效的消费者关系管理系统,收集来自消费者的建议和要求,并仔细研究其心理,从总体上把握可能出现的定制趋势,以便准确快捷地对消费者做出反应。

二是企业内部的沟通,内部各部门进行密切协助。生产并非单一部门的专属任务,定制生产更不是,需要各部门之间的交流和配合。营销部门需要将收集到的资料和分析结果及时传递给其他部门,设计部门会据此拿出产品设计方案,并反馈给营销部门征询消费者意见,同时采购与生产部门也要随时做好准备,一旦设计方案成熟或得到消费者认可后,就立即投入生产。

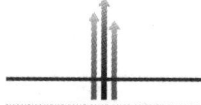

再者，方便的渠道策略。在新消费时代，不仅消费者需求个性化、多样化，他们对效率也有更高的要求，一般不会把过多的时间用在购物选择上。企业要尽量减少渠道环节，充分考虑到消费者定制和购买的方便性。

最后，品质策略。对企业来说，任何定制产品，其差错率都只能为零。这是因为与其他市场上可供选择的产品相比，消费者对自己参与设计的定制产品有更高、更强烈的预期，如果达不到消费者的预期，消费者不仅会要求退货，还会严重怀疑企业的定制生产能力。

电子商务是个好渠道

笔者认识一对"70后"夫妻，两人初中没毕业就开始外出打工。后来，他们不愿意继续为他人做"嫁衣"，成立了一家生产雨具的小公司。之所以说是小公司，是因为经过10多年的发展，他们的雨具公司销售额一直维持在几十万元。除了几位生产工人外，只有他们夫妻两人负责销售。2008年金融危机爆发，雨具公司订单开始减少。无奈之下，两人只有咬牙挺住。

2013年8月，在一次中国制造企业交流会上，笔者再次遇到他们。与很多中小制造企业主"眉头紧锁"不同，他们两人的表情却很轻松，原来他们的雨具公司销售规模已经突破百万元，名副其实地实现了逆势增长。

交流活动结束后，他们找笔者聊天，笔者才得知他们的突破之道。原来，在2008年金融危机失去很多订单后，他们听别人说起电子商务，开始尝试着在网上找生意。由于学历不高，平常不接触电脑，他们花了两个月才学会用电脑。同时，为了避免受骗，夫妻两人还花了上千元注册成为某电商网站的收费会员。

摸索了半年后，当网上一笔12万元的订单"飘来"时，他们还不是很相信。在客户把款项打入指定的账户后，他们才立即开始投入生产。此后，借助电子商务，他们又获得了更多订单，当年企业销售规模就达到多年未实现的100万

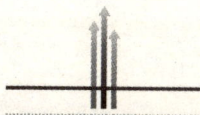

元的目标。

当其他企业因海外订单减少而叫苦不迭时，他们的雨具公司却接到了来自美国、意大利、日本等国家和国内许多大企业的订单。不仅如此，他们现在还可以主动挑选客户。如果觉得订单的利润太低、对方信用不够，他们便会选择放弃合作。

不管黑猫白猫，抓住老鼠就是好猫。只要是有利于企业生存的方式，都可以拿来一用。上文中的雨具公司，通过网络和电子商务找到了新的生存方式。如果中国制造企业都能从容地与"网"共舞，网络或许也能转动渠道大乾坤。

对于许多中国制造企业，学会用信息科技（如电子商务）武装自己，反而能够在危机中获得新的发展契机。

利用电子商务开拓市场，可以使企业摆脱时间和空间限制，不再拘泥于中国本土的时差和版图。轻轻拖动鼠标，订单就能从世界各地纷纷飞来，电子商务产业越来越凸显出其强大的生命力，成为企业降低成本、提高效率的灵丹妙药。

"覆盖范围广，低成本、高收益，效果直观"，电子商务所带来的这一系列优势，使越来越多的企业开始青睐电子商务这种"新活法"。企业"过冬"，既要节流，又要开源，但在瑟瑟寒冬中，开源与节流往往不能兼顾。开源的口子大了就无法节流，中国制造企业，尤其是中小制造企业可能会死在"铺张浪费"上，这可谓"找死"；过于节流难以开源，也就等于坐吃山空，血液总有断流的一天，这可谓"等死"。在电子商务时代，企业只要上线，就有销售渠道，而这样的销售渠道一定程度上可以说是公平的，不分品牌和规模。电子商务既能开源又能节流，何乐而不为？

电子商务突飞猛进的发展已不再是无源之水，其背后有一大批日渐升温的网民和网购热潮。现如今，"你网购了什么"似乎比"你吃饭了吗"更容易成为日常生活的口头禅。

据中国电子商务研究中心 2014 年 3 月 4 日发布的数据，2013 年中国网络零售市场交易规模达 18851 亿元，与 2012 年同期相比，增长了 42.8%。

网络购物交易额还在继续增长，因为网络购物用户规模还在不断增长。根据《2013 年年度中国网络零售市场数据监测报告》，2013 年中国网购用户规模已经达到 3.12 亿人，与 2012 年相比，增长了 26.3%。这份报告预计，2014 年年底，中国网络购物用户规模会达到 3.8 亿人。

俗话说"出名要趁早"，要想在电子商务中占有一席之地也要趁早。正如某互联网男装品牌的董事长所言："面对金融风暴，我们应抢先在网络上跑马圈地、主动迎击，就像在商场里抢占旺铺一样。但旺铺毕竟有限，企业搞电子商务要趁早。"

虚拟经济正在以越来越快的速度转化为生产力，起跑晚了一小步，就有可能落后一大步。以往，企业做网络营销多是虚晃一枪，做的是门面功夫，通常只占营销收入的 1% 左右。现在，越来越多的企业铆足了劲，在网络营销上深耕细耘，电子商务已成为很多企业代价最小的过冬"棉袄"。

从刀耕火种到精耕细作，电子商务越来越成熟，也越来越在营销中具备一呼百应的商业价值。

但电子商务显然不能算是标新立异，阿里巴巴、慧聪及环球资源等早就做起了电子商务。传统的电子商务是线上交流、线下交易的 B2B 模式，实际上也就是一个在线撮合平台。

以阿里巴巴为例，通常的生意流程是这样的：买家在网上发布求购运动鞋的信息，或者通过搜索和在线交流的方式找到一个或几个供货商，这时候网站平台就完成了其使命。接下来，卖家与买家的报价、合同签订、下订单、生产、发货、结款都与网络平台没有关系，为线下交易。但即使是 B2B 这样的线上与线下交替的交易方式，仍有不少企业感受到了电子商务带来的巨大好处。

例如，某电器有限公司负责人告诉笔者："B2B 电子商务帮我们开启了广交

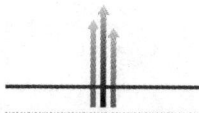

会之外的另一条产品推广销售的重要渠道！为了推广公司产品，我们每年都要到各地参加四五个展会，人累不说，效果也越来越差。后来我们在专业的 B2B 商贸搜索引擎'一呼百应'开通了自己的商铺，借此来推广销售产品，生意逐渐比以前好了许多。我们算了一下成本，一个展会至少要 1 万多元，而在'一呼百应'看商铺和排名推广的费用不到 1 万元，每年不仅节约了好几万元费用，效果也比以前更好。"

敦煌网是继阿里巴巴、慧聪之后，又一个在 B2B 模式上舞刀弄枪的交易平台。它突破了国内中小企业与国外中小企业的交易瓶颈，直接实现了在线交易。海外买家可以通过发送站内短信的形式给敦煌网上的卖家发订单，卖家看到订单后发货，而买家收到货后付款。这种线上交易不但方便快捷，而且使中小企业节省了近 50% 的物流成本。敦煌网根据成交额来收取佣金，佣金比例一般在 7%～10% 之间。目前，敦煌网已成为服装、数码、玩具等小型批发贸易商的交易天堂。

笔者认识敦煌网的一个普通卖家，他主要销售数码产品和库存服装。他的交易模式为：海外买家通过发站内信的方式下订单，他看到订单后再备货和发货，买家收到货且对商品质量满意后付款，通过 Paypal 进行贸易结算。他的大部分买家是国外的一些零售店店主。线上交易方式非常适用了小额批发，甚至连报关程序都可以省去。

电子商务不会拘泥于单一的发展模式，除了 B2B 外，还有 B2C、C2C 等交易模式。B2C 是商业企业对个人的零售，人们足不出户，就能购买商品或享受咨询服务，已有不少企业把电子商务的落脚点盯在 B2C 上。

例如，某服装生产企业采取了"电子商务＋呼叫中心"的全新模式。在他们看来："我们之所以选择构建网上商城，一方面基于我们对电子商务未来的乐观预期，另一方面也是应对海外市场购买力下降的积极策略。确切地说，B2C 平台是我们在品牌战略发展新阶段的一个突破性营销渠道策略。经过严格的市

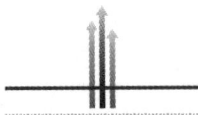

场调查，我们最终选择了讯鸟的 SaaS 型呼叫中心启通宝和金算盘的一体化电子商务平台。"

电子商务的核心在于"商务"而非"电子"，建立电子商务这一平台看中的不是概念而是利润。概念再好，若没有利润，早晚也都是"死"。

从 1999 年"8848"扛起电子商务的大旗起，电子商务的发展不过才经历了10 多年，这就决定了中国电子商务边行走边摸索的发展模式，它不可能是灵丹妙药，可以治百病，其自身也必定存在诸多缺陷和不足。习惯的链条总是很难斩断，很多电子商务现象仅仅局限于较为松散的小额交易，对于大宗交易，人们更愿意使用看得见、摸得着的真金白金，他们对线上交易的安全性仍然持怀疑态度。

另外，一些特殊商品如服装等，图片与实物之间往往存在差距，这些差距可能会让企业失去部分消费者。"货品种类不齐全，无处可找；价格体系不透明，信息孤岛；评论意见不自由，商家操纵；新鲜网站不敢去，厮守到老。"这是网易某位负责人对 B2C 商城购物的评价。

著名财经作家吴晓波认为："无法在百度上搜索到的公司将很难生存。"不论如何，电子商务仍是很多制造企业尤其是中小制造企业不错的选择。即使电子商务存在种种问题，它在各大企业中的快速扩张仍足以证明其实用性与可行性。"临渊羡鱼"不如"退而结网"，如果你只想做渔翁，冷眼空等电子商务的成熟稳定，那么即使真的等到了那么一天，恐怕你连插针的缝隙都找不到。

绕开欧美，到海外成本"洼地"建厂

诺贝尔化学奖得主伊里亚·普里戈金曾提出了著名的"耗散结构理论"。即，在一个封闭的系统中，有效能量会越来越少，为了维持正常的系统运行，社会和生物的结构都必须产生于一个开放的系统，以便与周围的介质进行物质和

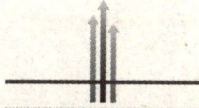

能量交换。单个生命体如此，企业亦然。

虽然来自海外的订单正在减少，但对于海外市场，中国制造企业也不能"一朝被蛇咬，十年怕井绳"。毕竟，海外市场也为企业的前期积累立下过汗马功劳，如果把所有的海外市场一股脑儿都转到国内，这将意味着在海外市场多年的辛苦积累瞬间化为乌有。

同时，对于没有"内战经验"的企业，这意味着彻底断奶，也有可能"一着不慎，全盘皆输"。最好的办法是海外市场、国内市场都要抓，把鸡蛋放在两个或多个篮子里总比放在一个篮子里安全得多。

受债务危机、人民币升值、中国劳动力成本上涨等因素影响，一些外资企业开始搬离中国，向成本更低的印度、越南等国家"逃亡"。

对这些外资企业来说，选择撤离中国同当年选择迁入中国一样，更多的是出于成本因素的考虑。其中，劳动力成本上涨无疑是重中之重。

数据显示，中国制造业的劳动力成本已经开始转向东南亚等国家：在泰国和马来西亚，劳动力成本比中国略低；在菲律宾、柬埔寨、越南、印度尼西亚，劳动力成本只有中国的 1/2；在老挝、缅甸，劳动力成本还不到中国的 1/3；此外，非洲国家的劳动力成本都要比中国低很多。

在低成本的诱惑下，一些外资企业已经开始转向柬埔寨建造企业。例如，美国著名的珠宝公司蒂芙尼在柬埔寨建造了钻石抛光厂，一些日本制造企业也在柬埔寨首都金边设立了触摸屏配件生产企业，许多欧洲品牌制造企业则在柬埔寨设立了舞鞋和墨镜套制造企业……

对于同样备受成本上涨煎熬的中国制造企业，是不是也可以考虑顺应产业迁徙规律，在成本更低的海外地区设立工厂？

美国著名经济学家阿瑟·刘易斯认为，发达国家和地区由于人口自然增长率下降、非熟练劳动力不足，劳动力成本趋于上升，这种成本变化导致劳动密集型产业比较优势逐步丧失，从整个转移曲线来看，是经济发达地区向不发达地

区之间的转移。

产业的战略转移也反映出了资本流动的规律性,即蓄水池原理。资本流入地往往是比较优势得天独厚的地区,这些区域有充足的资源,如充裕的土地、人力等,但面临资本不足问题,急需获得资本补充以创造巨大的经济效益。于是,外来资本源源不断地涌入,等到资本积累到一定程度,蓄水池已满时,资本便会再次输出,流向经济欠发达或不发达地区。

20世纪末,劳动密集型产业在沿海地区扎根,大量投资蜂拥而至,主要是源于这些区域具有巨大的成本优势和相应的优惠政策。但随着地区经济的发展,劳动力和土地逐渐成为稀缺资源,成本升高、人民币升值、税收也不断提高。

对中国制造企业来说,产业迁移也是一种变相的转型。为了降低成本,企业不妨把工厂迁移到非洲、越南、菲律宾等生产成本更低的国家。

除了成本因素外,中国制造企业迁徙海外,也更容易争取到订单。时至今日,中国早已是名副其实的贸易大国。为了与中国制造抢夺"饭碗",追求贸易平衡等,欧美等国同中国的贸易摩擦越来越多。在它们刻意减少中国进口的同时,势必需要从其他地区进口。中国制造企业到海外建厂,成为名义上的"他国"企业,反而可能会接到更多的订单。

相比于中国,东南亚或非洲国家对招商引资的迫切程度更高。为了吸引外资流入,这些国家必然会给予外资更多、更大的优惠政策,如减免进口设备关税等。中国制造企业把工厂搬到那里,就能够享受到这些在国内无法享受到的优惠政策,有利于企业更好地经营。

笔者认识一位在越南经营一家代工厂的小企业主,他是温州人。在国内时,他做五金生意。2008年,一个偶然的机会,他来到越南河内做生意。此时,他才发现与国内相比,在这里企业经营更加顺利。不仅更容易接到代工订单,接到之后还能够拿到比国内更高的利润。

在一次聊天中,他向笔者透露:"国内的五金制造业近年来一直受到反倾销

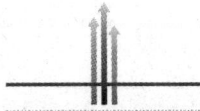

调查的限制，很多工厂由于没有进出口权，只能靠贸易公司帮忙，各种费用算下来有时甚至会超过货值本身。因此，很多商人都把越南作为一个进出口的中转站。"

他在越南河内设立的这家工厂，主要业务是对原材料进行简单加工。经过加工之后的产品，既可以出口到欧美市场，又可以在越南当地市场销售，有些甚至可以运回中国进行深加工。

其实，早在中国明末至清末时期，广东、福建一带的人们为维持生计，开始到南洋（明清时期对东南亚的称呼）地区谋生，史称"下南洋"。现在，随着经济全球化趋势的加强和中国生产成本的上涨等，中国制造企业"下南洋"再次成为一种趋势。

尽管拥有低成本、政策优惠等有利条件，中国制造企业去海外建厂并不能掉以轻心。毕竟他国不同于本国，作为"客人"，中国制造企业要学会在异国生存，学会规避当地政策风险。

每个国家都有自己的政策，而且会出现政策变动，由此便可能会带来政策风险。目前，越南等东南亚国家的经济环境，大概类似于我国20世纪六七十年代，存在很多不确定因素。例如，越南的商业法律较不完善，所以经常更改。法制不健全的环境容易导致的一个问题是合同的约束力低下。因此，在越南，中国制造企业签合同时要保持高度警惕，千万不要一次性付清款项。

此外，在越南，进出口申报的法律表述也往往很模糊，可能会出现每位海关官员的解释和处理都不相同，而且最终解释权全都归越南方的情况。一些中国企业，由于缺少报关经验，货物被扣在越南海关长达一个多月。

出于安全考虑，很多中国企业在越南投资设厂的同时，也没有放弃在中国投资设厂。先在越南利用低廉的人工成本进行基本的原材料加工，然后运回国内进行深加工。中国制造企业在海外不断变动的经济环境中经营，一定要学会规避风险，保护好自己。

因为,即使中国制造企业可以处理好当地政策风险,在成本更低的国家设立工厂,也并非就万事大吉了。随着这些国家的发展,它们的低成本优势终将会消失。现在,越南的制造业也承受着通货膨胀和地租上涨、劳动力成本上涨等压力,正如一位小制造企业主所说:"2005 年,只要 70 万越南盾就可以招到员工,现在已经涨到了 300 万越南盾!"

中国已经从以往的成本洼地发展到今天的成本高地,若中国制造业如果一味寻找成本洼地,仍旧受制于成本,那么缺少品牌和技术优势将始终是悬在中国制造头上的一把"达克摩利斯之剑"。

海外开店,近距离接触客户

德国著名管理学家赫尔曼·西蒙在《隐形冠军》一书中提出这样的建议:隐形冠军是怎样成为全球市场领袖的呢? 肯定不是在家里坐等客户上门,它们必须深入世界的每一个角落。哪里有客户,它们就要在哪里扎根落户。

对中国制造来说,要活下去,接更多的海外订单,开拓更大的海外市场,就必须实现蝶变,而拓展海外新市场已是大势所趋。

一直以来,中国制造的致命缺陷都是处于国际分工模式——"微笑曲线"的底端,即制造环节部分,赚得是低利润的辛苦钱。而"微笑曲线"左边的研发和右边的营销,附加值都比较高。

中国制造现在面临的问题是,不但利润越来越薄,市场也越来越低迷。

首先,受金融危机和债务危机影响,全球消费需求受到抑制,海外市场萎缩。中国制造企业和劳动密集型企业,要接到海外订单并不容易。它们觉得生意越来越难做,客户越来越挑剔,往往同时向几百家国内工厂问价,还不断压价。很多时候,一些小企业为了留住客户,不断压低价格,甚至零利润接单。

其次,海外的产业结构和产业布局也发生了很大变化,不少发达国家开始

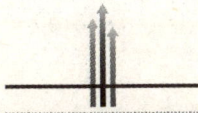

反思实体经济与虚拟经济不协调的结构性问题,向实体经济回归。例如,美国总统奥巴马就在多个场合提到要振兴美国制造业。美国的"页岩气革命",则很有可能会带动美国制造业复兴,因此美国制造业仍将是以中国制造业为代表的新兴市场经济体的强大竞争对手。

再者,贸易保护主义兴风作浪。市场的博弈牵动着大国的博弈和兴衰。经济形势恶化恰恰是保护主义滋生的温床,为了保证本国企业能够渡过难关,不少国家迫于政治压力而采取了保护主义做法,高筑贸易壁垒,限制他国商品的进入。尽管金融危机爆发已有 6 年之久,很多国家依然复苏乏力,但为了保护国内企业,仍旧会采取贸易保护主义措施。

此外,国内环境也发生了变化。由于原材料、劳动力等成本的上涨,大量外资开始从中国市场撤离。处于产业链低端、技术含量低、品牌与创新优势较差的代工企业,无疑正遭遇着一场空前浩大且无比残酷的大洗牌。

可见,"低价取胜"的时代已经一去不复返,"外资为市场之媒"并不靠谱,中国制造企业还需自力更生。

中国制造要改变利润低、市场话语权弱的劣势生态,积极推动转型,就要在"微笑曲线"的两端下工夫,既要注重品牌、技术与创新,又要多渠道拓展营销链。其中,拓展海外市场是中国制造走出"微笑曲线"底端的关键步骤。

市场越大,企业赖以呼吸的氧气就越充足,企业的生命力就越强。庞大的海外市场不断缩水,便会成为企业的生存瓶颈。要打破这一瓶颈,就要学会深度耕耘,突破旧市场的界限,开拓新的市场空间。企业被市场搅得焦头烂额,主要原因在于企业的市场过于狭窄。只有改变单一的市场方式,避免市场过于狭窄化,才能有出路。

中国制造在营销方面的弱势具体表现在渠道单一,且过多依赖于第三方。企业自营出口,不仅能收回分给中间商的那部分利润,其进出口退税还可以抵作税收。

同时，与海外市场近距离接触也更有利于企业准确把握当地消费者的消费习惯。企业之间的竞争归根结底是对顾客的竞争，顾客已成为现代企业最重要的稀缺性资源。形形色色的客户由于性格、习惯和生活环境的差异，对产品的需求也是五花八门。为了满足苛刻的客户需求，企业必须接近客户。只有使自己深入到目标顾客的生活中，不断与他们进行互动沟通，才能真正了解他们的需求，提供价格合理、价值匹配、服务周到的产品。

中国中小制造企业在海外单打独斗往往很难形成大气候。在海外，中小制造企业可以继续发挥"蚂蚁雄兵"的力量，抱团建立海外营销渠道，如建立商贸城等。

当然，拓展海外市场是渠道方面的转型，转型能否成功还取决于企业能否提供质量过硬、品牌叫得响的产品。自2013年以来，并非所有企业的海外订单都在下滑，也有不少知名企业的海外订单有反弹趋势，根本原因是它们的品牌知名度高，产品信誉好。

拓展海外市场只是手段，只有提供高质量的产品，提高品牌知名度和美誉度，中国制造才能真正经受住不同国籍、语言、肤色和文化的消费者的考验。

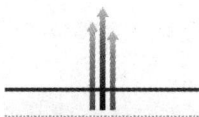

Chapter 2 | 第二章

越没钱,越要会管钱

资金链紧张，不能光抱怨大环境不好

笔者有次在参加中国中小制造企业论坛时，结识了一个在广州经营钢材生意的年轻人。当时，虽然起步资金只有 100 万元，不到 30 岁的他雄心勃勃，一心想要创建广州甚至全国最大的钢材企业。后来，笔者听他说，他已经和一家亿元级企业实现合作，踏上了通往目标的第一步。为了能够长期合作，他以低于市场平均价的价格把产品供应给该亿元级企业。

2013 年后，笔者每天感受着中小制造企业"订单缺乏症"和"资金饥渴症"，有一天突然想起这个年轻人，想了解一下不缺订单的他状况会不会好一些。没想到，一拨通他的电话，就听到他满腔的"苦水"。

原来，他的日子也不好过。和他合作的那家亿元级企业，资金链早已经断裂，老板在欠下他和其他供应商将近 3000 万元货款后"跑路"了。这家企业是他主要的合作商，对方"跑路"，他的企业账上资金也就"空白"一片。没办法，他只好等着。终于等到"跑路"老板被抓获，他却还是连一分钱都没能拿回来。没有资金，年轻人又得不到银行贷款和其他机构的投资，工厂只能被迫停工。

这位年轻人的遭遇并非个案，不仅在广州，全国各地很多中小企业的资金链都在紧绷着，濒临着倒闭。2013 年 6 月 17 日，中小企业协会会长李子彬给国务院副总理马凯写了一封信。在信中，李会长向马总理反映了中小企业面临的生存困境，尤其是紧绷的资金链让众多中小企业的经营难以为继，在此背景下融资难、融资贵的问题也愈发突出。

中小制造企业资金链紧张，显然与各种成本上涨、银行惜贷等经济大环境不无关系。外部恶劣的环境导致制造行业的空间越来越薄。例如，自 2005 年以来，人民币一直处于升值状态，通货膨胀也导致原材料价格不断上涨，推动企业生产成本上涨，此外，还有劳动力红利时代的过去、加薪潮的来临等都不是企

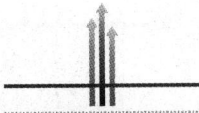

业自身所能解决的问题。

但是，在引起事情变化的因素中，内因永远比外因重要。在外部环境恶化的同时，资金链紧张，企业和企业家本身也有一定的原因。例如，企业家心态的变化。在积累一定的资产后，很多企业开始耐不住寂寞，变得急躁起来，想涉足一些"短平快"的投资项目，如房地产、股市等投机性强的行业，想轻易就能赚到大笔的钱。

但钱哪有这么好赚？中小制造企业想轻松赚钱，既要精通投资之道，又要练就使用财务杠杆和财务管理之道，否则一着不慎可能就会满盘全输。

财务杠杆越长，风险越大

物理学告诉我们，利用一根杠杆和一个支点，就能用很小的力量撬起很重的物体。财务杠杆是指企业在制定资本结构决策时对债务筹资的利用，简而言之，就是对负债的一种利用。

如果企业经营状况良好，投资收益率大于负债利息率，那就会获得财务杠杆利益；如果企业经营状况不佳，投资收益率小于负债利息率，那就会出现财务杠杆损失，甚至可能导致企业破产。

企业敢于进行多方面的投资，肯定是找到了财务杠杆：中小制造企业可以自留 10 元钱，借贷 90 元钱，最终赚到 20 元钱。如此一来，就可以拿到几倍的利润。

但是，投资市场总是机遇与风险并存，中小制造企业利用银行借贷的财务杠杆工具，很容易受到投资市场的影响，招致巨大的风险。

长期以来，温州民营企业杠杆率较高，其中短期负债比例更是偏高。除了部分自有资金外，主要来源于银行信贷和民间借贷。随着温州民营企业的多元化扩张，大批企业开始跳出主营业务，涉及矿产资源、房地产、造船和金融投资等资金密集型行业。

例如，温州平阳县水头镇就曾掀起过一股投资西部煤矿开采项目的热潮。

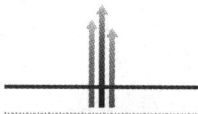

在大额的投资资金中,来自银行的借贷资金存量一度高达 40 亿元。

就银行方面而言,从理论上看,有限资金越集中,其经营成本可能就越低,因而越能规避信贷风险和实现规模效益。但事实上,温州银行业"垒大户"的行为往往会演变为盲目的攀比放贷,而从不遵循金融市场正常的操作规则。放贷之前,银行对企业缺少调查;放贷之后,银行对企业进行的跟踪管理就更是流于形式。

银行热衷于做"大客户","温州炒团"的大规模贷款和丰厚的利润自然受到了银行的优待,但"垒大户就像吹气球,越吹越大,乍看摇曳多姿,可只要用针轻轻一扎,瞬间就会化为碎片"。

投资领域有一句金玉良言:不要把鸡蛋放在同一个篮子里。在巨大的利益面前,银行很容易因禁不住诱惑而逾越"雷池"。同样地,"温州炒团"也没能禁得住利益的诱惑,大肆挥舞着财务杠杆,且将财务杠杆越拉越长,无形中便使风险越来越大。

在温州,借贷资金比约为 80%～90%,即财务杠杆为 5～10 倍。而与央行温州支行的统计数据相比,温州的实际民间借贷利率更高,远远高出了 12%。温州民间借贷月利约在 2～2.5 分之间,有些短期融资利率甚至高达 6 分,如果以年息计算,就是 72%。也正是因为民间借贷的丰厚收益,一些温州市民才会拿自己的房产作抵押向银行贷款,然后再将贷款用作民间放贷,以获取其中的利差。

随着民间借贷利率被抬高,温州人商业投资的预期收益率也被抬高。一般情况下,高收益预期也意味着高风险,有所警觉的企业家会及时悬崖勒马。例如,作为上海嘉石投资有限公司董事长,林先生是个成功的项目管理人,在 5 年时间内,他运作的私募股权投资基金年均收益超过 200%。但是,2007 年年底,当他准备募集一只新基金时,却临阵退缩。退缩不是看不到收益,而是投资者两三倍的收益"风险太大了",林先生只有选择放手。

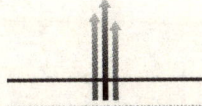

林先生无疑是一个有节制的企业家，当然也是明智的企业家。若财务杠杆和借贷利率过高，当风险来临时，投资实业的贷款损失就会被数倍放大。2008年金融风暴席卷全国时，在短短数月之内，经济环境急转直下，一些温州企业家做的实业投资，不仅没有收到预期中的高收益，还负债累累。

在经济形势一片大好时，温州企业到全国各地建工设厂，可惜"建"不逢时。对此，温州恒生资产管理公司董事长黄先生也表示："如果企业都是自由资金就会好很多，那些杠杆比例高的企业死得更快。我以前也贷款，现在不敢了。"

真可谓"兴也财务杠杆，败也财务杠杆"。温州人曾凭借财务杠杆的助力撬动了全国市场，但过长的财务杠杆也为其注入了更多的风险。不少分析人士甚至评论：温州"炒煤团"的疯狂，板子应该打在银行身上，正是银行让"温州炒团"有了巨大的财务杠杆，让温州人找到了一条新的发财之道。

但银行的财务杠杆全国都存在，只是温州人将其效用发挥到最大，与此同时也必然要承受其所带来的巨大风险。无疑，这种风险为温州资本与温州民营经济的发展增添了更多的不确定性。

不会管钱，增加了财务风险

要想赚钱，先要学会管钱，不要等到有钱时才去想着管钱，不管钱可能永远都不会有钱。

社会上流行的一句话是，"欠钱的是大爷，借钱的是孙子"。殊不知，这是双方已经把钱交接完毕后才出现的状况。在此之前，找别人借钱，即后来的欠钱者，才会呈现出一副求爷爷、告奶奶的孙子样。

只有对财务进行合理安排，建立健全的财务制度，才能保证企业的稳定发展。唯此，也才能让企业经营者放心。试想，如果你连手中的一点小钱都管理不好，又怎能管理好更多的钱？

在企业经营中，我们常常会遇到这种现象：由于人力财力等诸多因素的限制，忽视了财务制度的建立。一旦这种"无为"状态持续到企业中期，经营者就

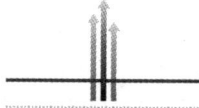

会明显感受到财务的混乱:花费大量精力"数"企业的资产、收支情况等,甚至还可能出现员工截流的现象,趁机揩企业的油、鼓自己的腰包。

如果企业经营者不能及时发现并解决相关问题,则很可能会导致公司财务管理失控,最终酿成大祸。《财富》杂志曾对 CEO 的失败原因进行过长期跟踪分析,最后总结出的六大原因之一就有缺乏财务知识。

有失败者的教训,同时也有成功者的经验。2010 年 4 月,四川徽记食品产业有限公司获得以兰馨亚洲为代表的四家投资公司 1.2 亿元的投资。3 个月后,其掌门人在一次中小企业融资峰会上,为中小企业融资支了三招:主业突出、财务规范和长远规划。

其中,他将财务制度放在关键位置:"财务制度健全,才能够取得别人的信任,投资机构才会放心把钱投给你,如果要上市,规范的财务制度更是基础中的基础。"

因此,要想更容易地获得融资,企业经营者必须高度重视财务管理,具备管人之外的管钱能力:

首先,学会看懂财务报表。

财务报表可以反映出企业总体的财务状况和经营业绩,包括资产负债表、损益表和现金流量表。资产负债表包括:企业的钱从哪里来,企业将资金投资于哪种资产上;损益表的内容是各类成本结构和利润的水平;现金流量表包括营运、理财、投资等三种活动的现金流入和流出状况。

看懂这三个报表,既能为企业经营者提供经济决策中所需的财务信息,也是经营者加强和改善企业管理的重要依据。

其次,多了解资金流转的控制方法。

大多数中小制造企业的资金状况都比较拮据,财务管理的基本目标应该是使现有资金产生最佳效果。为此,经营者要根据资金来源安排运用,不宜用短期借款购买固定资产,否则借款到期之日可能会出现资金周转困难;此外,必须

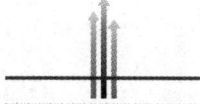

对流动资金和固定资金进行有效配合；为避免收支失衡，还要充分预测资金收回和支付的时间，对应收账款、进货时间等要了然于胸。

再者，具备财务风险意识。

如同刚出生的婴儿，身体抵抗力较弱，中小制造企业承受财务风险的能力也较弱，稍微一点财务差错就可能将其扼杀在成长的襁褓中。负债过多，不小心就会跌入资金周转无力的泥坑；负债过少，企业发展必定会束手束脚，不利于实现长期发展。

为了能在风险与收益之间找到一个平衡点，确保自身平稳发展，企业必须形成合理的资本结构，确定合理的负债比例，既要保持一定的负债，又不能举债度日。

任何人都不能掌握并精通全部企业管理知识，企业经营者也不例外，对财务管理缺乏了解也在情理之中。经营者大可不必花费全部精力在财务管理上，但对此也不能忽视，可以聘请信赖且专业的人员负责。

朋友的欠债、"三角债"，你还追不追？

"我在上海，急需 2000 万。"

"好的，没问题，钱马上到。"

五分钟后，钱就到账了。

在温州，只要是相熟的人开口借钱，就一定不会有迟疑。外地商人来到温州也都会感叹："借钱容易，口头协议，不用字据。"

然而在经济联系日益密切的情况下，借钱的人之间渐渐没有了原来的那种熟人关系，虽然相识，不过也可能只是一面之缘，或者只是通过朋友的朋友认识，在这种情况下，如果要借钱，温州人会不会同样爽快呢？

答案是"会"，因为这就是温州人的性格，只是相比一般的熟人，这样的借款

需要增加一个步骤——保人。保人在这种借贷关系中的主要任务就是帮助双方建立信任关系,而建立这种信任关系的方式很简单——承担连带的偿还责任即可。

借贷双方可能互不相熟,要借出钱的人不知道要借进钱的人的底细。不过这没关系,只需要借进钱的人找到一个要借出钱的人所信任的保人,保人答应"作保"(一旦出现借钱不还的现象,由保人负责偿还),就可以顺利地拿到钱。

尽管披着非法的"外衣",但由于中小制造企业融资困难,在全国其他地方,中小制造企业、中小制造企业主和朋友之间相互拆借也是很常见的事情。相互借钱,就是中小制造企业相互取暖的一种方式。

与一般常理相反,在没有生存压力、日子"好过"的时候,中小制造企业相互拆借没有问题,而一旦经济形势变差,则极有可能出现"三角债"。由此看来,债务可能是经济危机的原因,也可能是经济危机的结果。随着实体经济不振,越来越多的中国企业被卷入债务纠纷之中。

在危机之中,生存已成为第一要务。对于企业而言,要生存就先要保证资金链的安全,"现金为王,先把欠账收回来"成了许多企业心底分贝最高的呐喊声。

在恶劣的经济环境中,越来越多的公司为了渡过困难时节,正在千方百计地想从业务伙伴处讨回欠款。

工欲善其事,必先利其器。催债是一项技术活,在严格遵循法律条文的前提下,还要具备相应的催债技巧,才有可能事半功倍。

一是心态制胜。欠债还钱是天经地义之事,催债不是求人办事,催债者也并不低人一等,要心存底气,不要没上阵就表现出畏缩和怯懦,给人一种"好欺负"的态度。此外,要坚定信心,不畏困难。催债不是一件容易事,尤其是对待有赖账心理的欠债者。如果是为一家大公司催债,则应该将公司的强大表现出来,并以坚定的口气告诉对方:宁可花6万,也要将3万欠款收回!

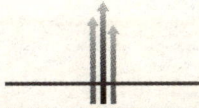

二是把握时机。应根据欠债者还债的积极性，选择催债时机。如果对方答应还债，则一定要在约定时间之前到达和对方约定好的场所，以避免对方反咬一口，"我等了你这么久你还没来"，将还债日期向后拖延。如果对方没有明确答应还债，也必须在约定日期前去等着，或者事先打电话催促其做好还债准备，并敲定还款金额。

到对方处催债时，还有可能会遇到有对方客人在场，此时一定要说明来意，并在旁边等候，千万不可轻易离去。因为，原本是你尊重他的行为，却可能被对方理解成过于倚重他，反而会怠慢你。

三是识破缓兵之计。有些欠债者表面一套、背后一套，常常对催债者使用缓兵之计。当你去催债时，他的态度十分友好，表现颇为积极，假意让你等候并去取钱，但最终结果往往是两手空空回来。很显然，这是缓兵之计。对此，催债者不要被其蒙蔽，要态度坚决，表示今天一定要拿到欠款，对负债者施行心理压迫。

如果欠债者确实有钱，却找出种种理由吊你的胃口，那么千万不要轻易相信对方所说的借口，除非真正发生了天灾人祸，在理解对方难处的同时，也要让对方了解自己的处境。要将心比心，在交谈时神情严肃，动之以情，晓之以理。

四是切忌在收债前与对方谈生意。有些欠债者为拖欠债务，往往会向催债者谈及下一次合作，届时还会拿债款作为讨价还价的筹码。此时，催债者一定不要中其"圈套"，要把催债看作唯一的事情，抱着如果不还钱就免谈生意的决心，避免受欠债者牵制。

五是杜绝呆账坏账。催债者既要将欠债者当上帝般尊敬，也要当"贼"一样防着，防止欠债者关门停止营业，到时欠款就会成为呆账或死账。因此，吹债者要时刻关注对方举动，一旦稍有风吹草动就要马上采取措施，防患于未然。

如果遇到拖欠时间过久的欠债者，催债者可向对方发出有效书面通知，表示银行对公司催收贷款，并规定了公司还贷期限，如果公司不能按期还贷，银行

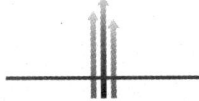

将会追加利息。因此,公司要求欠债者在限期内还钱,也属合情合理,如超出期限,公司只好对其追加利息。

六是见好就收。经历多少次心理博弈与无数个不眠夜的等候,如果你有幸追到了欠款,千万不要过多停留,应及时离去,避免对方产生后悔之意,或者向你追要"好处费"。

总之,催债是一项智力与体力都需要高度投入的事情,中小制造企业在经营企业之余,还需要好好练习这门"功课"。

每一笔钱都要花到利润增长点上

经营企业是一项追求利润的事业,同时也是一种需要花费金钱的活动。经营者会不会花钱,把钱花到什么地方,是纯粹的消费还是能够带来回报的投资……在企业顺风顺水、不缺钱的情况下,看不出有多大区别。

等到钱成为一种稀缺资源,经营者手里仅留有少量资金,且用掉之后可能就难以为继时,该如何对待每一笔钱就成了一个大问题。此时,经营者所要做是的不仅仅是能省钱,更要学会花钱,即要把每一分钱都花到利润增长点上。

首先,抓住转身的时机。

中国30多年的经济突起,催生了很多企业家"做大做强"的梦想,他们太想让企业枝繁叶茂甚至独木成林,把企业看成一个筐,什么赚钱就把什么往里装,却忽略了企业的根还不够深、还不够大,还只是流沙帝国。

企业经营需要企业家"做大做强"的梦想,但有了梦想更要脚踏实地,要时刻注重对成本的控制。正如某业界知名人士所言:在企业还没有完全到达高峰的时候就要去思考,到底市场会有什么样的转变,整个经济会有什么样的转变。等到高峰来临再转变就已经来不及了,这时就进入了死亡螺旋。

经营者要选择恰当的退出时机,不要被眼前丰厚的利润或者攻城略地的理

想主义所迷惑,飘飘然往往会让企业忽视潜藏的危机。在企业尚未驶入雷区时,一定要及时踩停刹车。

其次,学会低成本控制。

适时地在战略上实施收缩型战略。重新修正战略,砍掉一些辅助业务,集中主要优势经营主业务,避免摊子铺得过大。收缩型战略不是狼狈逃跑,也不是一蹶不振,而是一种良性调整,有利于中国制造企业保存实力。

降低生产成本。对原本就缺钱的中小制造企业来说,资金来之不易,稍有不慎就可能会面临资金链断裂的危机,锱铢必较地降低生产成本是极其重要的。

降低人力成本。在不违反《劳动合同法》的前提下削减人力成本。削减人力成本需要把握好度,减薪和压缩差旅支出都是常用的降低人力成本的方法。为了提高企业员工团队的凝聚力,减薪时应尽量只动高管的工资;做出减薪决定不能过于武断和急躁,要与员工开诚布公地沟通,以免减薪引起军心动摇。

提高管理水平。有效的管理不但可以削减企业成本,还能提高劳动者的素质,解决"优秀人才荒"的难题。

对员工的管理要先制定合理有效的管理制度,把所有员工都纳入整个管理范畴内。即使只是一家很小的企业,也不要忽视合理完善的制度的建立。"无规矩不成方圆",没有制度约束会使员工滋生惰性。

加强管理层和员工之间的沟通。不要把员工当成没有感情的机器,倾听他们的心声甚至比听取某些经济学家的长篇大论更有现实意义。多听听来自一线的声音,知道员工需要什么,满足员工的需求,就等于拴住了员工的心。

再者,买"最好"的设备。

有人可能会质疑,我们制造企业这么缺钱,哪有这么多钱买最好的设备?在这里,也许大家搞错了一个概念,即最好的设备不等同于最贵的设备。

之所以说中国制造企业要买最好的设备,是因为设备是企业生产中必不可

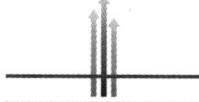

少且使用最频繁的,也是为企业带来利润的"功臣"。磨刀不误砍柴工,只有买到性价比高的机器设备,制造企业才能在接到订单后,开足马力顺利完成生产。

笔者经常有机会接触一些中小企业家。由于他们大多从事制造行业,利润不高,在花钱方面也很节约。有些人虽然已经是老板,买衣服吃饭等总挑选最便宜的。这种做法无可厚非,但在购买机器设备时,如果还是一味讲求价格便宜,分厘必争,最终很可能不仅没省到钱,还花了很多冤枉钱。

有句俗话叫"占便宜吃大亏"。对中小制造企业来说,虽然口袋很拮据,可是越是钱少,越不能为了蝇头小利而给以后的生产埋下陷阱。

笔者认识某台湾制造企业的老板,在生活上也很"抠门",但是具体到企业运营上却很大方,从机器设备到员工办公环境,再到原材料采购,都坚持用"最好"的。结果,尽管员工工资不算很高,用着高效率的机器设备使员工的工作积极性还是很高。每次企业接到订单都会按期交付,这样一来,企业接到的订单越来越多,企业越做越大。

再者,舍得花钱对员工进行培训。

在员工培训方面,很多中小制造企业并不是很重视。在他们看来,说不定员工哪天就"跳槽"了,花钱对他们进行培训并不值得。

但是,员工的素质高低往往决定着企业的绩效高低。我们经常说中小制造企业要创新,靠谁创新?只靠企业家本人吗?恐怕不够,创新的主力还是企业员工。

一家小型电子制造企业,因为某员工的尝试,即重新排列线圈之后,发现每件产品可以节省 2 克铜,每月就可以节省十几万元。

一个具有创新力的员工,就可能挽救一家濒临死亡的企业。任何一家企业都想拥有这样的"宝贝"员工,但须知这样的员工不是平白无故就能得到的。

可以肯定的是,大脑空空、只会简单操作的员工,肯定不具备任何创新能力。只有那些具备专业知识和技术的员工,才有可能为企业的生产和发展提供更多既

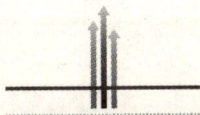

实用又有新意的点子。而要提升员工的创新力，就要舍得花钱对员工进行培训。

当然，中小制造企业资金实力有限，不可能为每一位员工花钱，这时可以选出几个有基础、工作认真的"好苗子"，送他们去接受培训。企业为员工培训花费几千元或几万元，等他们技术能力获得提升后，便可能得到几十万元甚至更高的回报。

没有钱就越要学会花钱，学会正确的花钱对中小制造企业来说是另一种意义上的省钱。

房地产、资源、股市，都不要碰！

对勤勤恳恳赚辛苦钱的中国制造企业来说，高利润的诱惑是难以抵挡的。在利润的诱惑下，它们最容易变得三心二意，开始"转战"煤炭、石油、房地产等"水草肥美"的行业。

人们常说"富贵险中求"，利润高的行业往往聚集着最多的风险。更何况，中小制造企业"身不强力不壮"，缺乏对其所涉足行业的全面了解，等"潜"下去之后，才发现已误入深渊。

温州中小制造企业一向善于寻找"利润焦点"，并擅长择机而动。2002 年，煤炭市场一改三年来的低迷，出现了蒸蒸日上的回暖势头。铺天盖地而来的电荒、煤荒，不断驱散笼罩在煤炭市场上的阴霾。一时间，山西煤炭业脆弱的资源开采力，难以应付全国喷涌而出的煤炭需求，不少山西地方政府开始绞尽脑汁吸引外地商人。

巨大的利润召唤，使得市场"春暖花开"的信号格外强烈，温州中小制造企业迫不及待地挤上通往煤炭市场春天的地铁。这些高调来到山西"淘金"的温州商人，不懂煤炭开采行情，对煤炭市场的变幻莫测也只知皮毛，但是却出手阔绰。蠢蠢欲动的市场、急需上马的煤炭扩张和某些游走在灰色地带的交易，为

温商在山西安营扎寨提供了便利之门。一些年产 3 万吨、6 万吨的小型煤矿成为温商眼里的抢手货。温州资本进驻山西，不外乎光明正大的承包和私下承包两种。

2003 年，在山西承包一个 3 万吨以下的小煤矿的启动资金约为 500 万元。按照当时的行情，每吨煤炭的成本为 40 元，市场卖价平均为 300 多元。一个煤矿若日产 300 吨煤，每天便可进账 9 万元，投资 10 年以上就能获得 1 亿元以上的利润。

诱人的利润吸引了大批温州资本源源不断地涌向山西。为了筹资，温州商人"八仙过海各显神通"，向亲朋好友借钱、借高利贷、抵押房产贷款等，越来越多从山西卖出的煤炭打上温州资本的烙印。到 2004 年年底，温州商人在山西煤矿业已成风起云涌之势，山西境内约有 400 座煤矿由温州商人承包，投资总额高达 40 多亿元，年产总量高达 8000 万吨，约占山西省煤炭产量的 1/5，全国煤炭产量的 1/20。

然而，正所谓"树大招风"。温州煤老板的风光不仅导致了其他投资者的跟风效应，也很容易成为政策特殊关注的地带。温州商人在山西煤炭的投资越大，就越有控制权与话语权，影响力也就越大。在很多人看来，煤炭的控制权落在追逐暴利的民资尤其是外地资本——温州民资手中，是一个非常危险的信号。

政策有张有弛，国有资本往往是紧缩政策的受益者，而民间资本则寄希望于在政策放松时施展拳脚。

2004 年 11 月底的山西迎来了该年的第二场雪，在皑皑白雪不经意地装饰下，散落在煤厂角落里的黑色煤炭也分外耀眼。同时，不乏恶意的"噩耗"接踵而来，"到 2005 年年底，山西省将全部淘汰年产能力低于 9 万吨的小煤矿，将关闭 1200 家小矿"。这无疑意味着几乎所有投资煤炭生意的温州老板都难逃厄运。

2005年到2006年，尽管煤炭政策已经对温州资本颇为不利，但如果投资煤矿的规模足够大，符合煤炭政策的条条框框，则仍然是有利可图的。在这期间，还是有人前来投资。温州人黄先生就是其中的一位。他投资近5亿元收购了山西3座核定年产15万吨的小煤矿。投资煤矿后，黄先生花了一年多时间办理相关开采证件，到2008年3、4月份证件终于齐全后，正准备大干一场时，却遇到"奥运会前山西所有小煤矿临时性停止开采"的特殊政策，只好一等再等，却又等到了被收购的终局。黄先生投资5亿元的煤矿，矿井仅仅运转了3个月。

2009年，在政策阴晴不定中不断沉浮的温州资本并没有守得云开雾散，兼并重组的消息频频传来，结结实实地给了温州资本当头一棒。当被收购已毫无商量的余地时，温州煤老板博弈的空间也只有赔偿额的多少了。

但是，少得可怜的赔偿额却让温州商人"心冷"至极，也直接导致他们资金告急。当初温州商人投资煤矿时，恰是煤矿前景被渲染得天花乱坠之际，为了抢得"聚宝盆"，他们往往以高于资源价款几倍甚至几十倍的代价收购，而基础建设和工人工资，也都是大把大把投出的钱。

结果，温州商人得到的赔偿额与投资额相比只是"九牛一毛"。以一种不乏调侃味道的表述来说，即"以'白粉价'买入的煤矿，再以'白菜价'卖出"。温州煤老板价值几个亿的煤矿，评估到最后也就几千万。

在对赔偿价的斤斤计较和博弈中，一份份合同摊在煤老板面前，这些醒目地标着赔偿价格的合同或者让他们痛心疾首，或者让他们泪流满面，但不管如何，句号总要画上。看似一本万利的煤炭资源生意，却让温州商人憋得内伤，以至于"大出血"——资金链紧张。2009年10月31日，30多位温州煤老板一同出现在杭州召开的一个浙商论坛上，他们希望有关部门能够援救浙江煤炭投资者在山西总额高达500亿元的民间资本。

除了煤炭投资外，中小制造企业还热衷于投资房地产，尤以温州中小制造

企业为甚，所以才有"温州炒房团"的称谓。在"疯涨"的房价中，很多企业看到了"赚大钱"、"赚快钱"的机会，纷纷把钱投到房地产中。

随着中国经济增速的减缓，对于和国家紧密相关的行业，尤其是以煤炭为主的资源、房地产行业，以及股市，中小制造企业在没有把握的情况下，应该尽量不要涉足。等到经济形势明朗或国家政策明文提倡时，尤其是在资金实力完全可以承受投资失利的时候，中小制造企业再去尝试也不晚。要知道，很多时候，中小制造企业不是死于自身所经营的行业中，而是死于东突西奔的盲目投资上。

一粒种子能否长成参天大树，取决于它的根是否扎向土壤深处，它的茎叶是否朝向阳光。如果根茎颠倒，那么再好的种子也长不成参天大树。困局年代，企业到底是扩张、收缩还是按兵不动？是立足国内市场还是去海外试水？是一个产品一竿子到底还是多元化遍地开花？这些都是值得严肃思考的问题。

对企业来说，扩张是一种成长图腾，同时也是导致无数企业葬身的罪魁祸首。在摊开的馅饼下面，很多时候就是一个个深深的陷阱。

盲目扩张只会加重企业的资金链负担，使融资难企业雪上加霜。即使在经济形势较好时，倒在资金链上的企业，大部分也都是因为盲目扩张所致。

说到底，企业扩张是一项砸钱、烧钱的买卖，也是一场高风险的豪赌。扩张有道，或许能气冲云霄，赚得喜笑颜开、盘满钵满；扩张无章，则会肉包子打狗——有去无回，导致血本无归，使自己深陷资金匮乏的泥潭。

别说是资金实力薄弱的中小制造企业，即使是资本黑马，如果扩张无度，也可能会遭遇资金链断裂的诅咒。在这个危机四伏的年代，在迈错一小步都有可能遭遇灭顶之灾的时候，中小制造企业若"翅膀"都没有发育成熟，就应该避免涉足房地产、资源和股市等"深水区"。要知道，天下没有免费的午餐，那些看似很容易赚钱的行业，不仅是对资金链的巨大挑战，还潜伏着更大的政策和时机等风险。

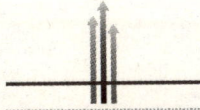

对此，中国制造企业应该保持清醒和理智，千万不要抱着"机不可失，时不再来"的心态，忙不迭地去抓住看似很美的机会。当"肥肉"来到身边时，先别忙着吞进去，科学、理性而谨慎地算算自己的家底到底有多厚实后再出手不迟。

薄利多销，也是个好办法

前段时间，某小制造企业的老板向笔者咨询了一个问题："现在我厂子里堆积了很多产品，卖不出去，大家以前经常说薄利多销，可是我们制造业的利润这么低，有时候都不赚钱，还能薄利多销吗？"

这个问题挺有意思，它反映了很多中小制造企业的现实状态和矛盾心理。

利润低是事实。和全国各地从事传统产业的企业相似，很多温州中小企业，尤其是制造业中小企业，挣得的确都是辛苦钱，而且都是"碎银子"。例如，几十元一双皮鞋，十几元一件衬衣，几元一把指甲刀，等等。价格这么低，其中的利润能有多少？

在原材料、人工等各种成本普遍上涨的今天，利润更是可能低到"尘埃"中。以在温州规模最大的东方打火机厂为例，虽然这家企业的全球市场占有率已经高达70%左右，但是从规模来看仍然是一家中小企业，原因就是利润太微薄。

自20世纪90年代至21世纪初，温州中小制造企业处在黄金期，东方打火机厂的利润也仅有15%～20%。随后，利润率一直处于下降状态。2008年金融危机之前，已经下降到8%～10%。自2011年以来，8%都已经成为"美好的往昔"，实际利润率已经降到了1%～3%。

同房地产、金融等行业动辄百分之几十或百分之百的利润率相比，制造业的利润率可谓"寒酸之极"。低利润逼迫着一些中小制造企业转向其他产业，或者匆匆倒下。

通常，经营企业讲求"做生不做熟"，除非有很大把握，如已经掌握了某项核

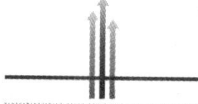

心技术，且这项技术被证明是市场所需的，否则盲目转型更具危险性，还是停留在现有产业更安全一些。

谁也不想看见自己亲手创建的企业倒闭，而要想让企业不倒闭，不断生存发展下去，创新无疑是最行之有效的治标治本之道。但是，创新是一项需耗费大量金钱、时间和人力且难度系数较高的活动，对生存都成难题的中小制造企业来说，创新谈何容易！

因此，即便利润再微薄，为了使资金链不断裂，保证现金流畅通，让企业能够"呼吸"，对于有大量库存的企业来说，没有什么时候比现在更需要薄利多销。

保持现金流畅通

现金的魅力无法抵挡，尤其是对缺钱的中小制造企业。现金流的充沛与通畅，是企业得以立足和健康经营的前提，很多企业就是因为难以控制现金流，不能判断资金流转的周期，而导致最终崩盘。

坚持现金流畅通也是任何一家企业的应该追求的，有时甚至比利润还重要。

在华尔街，有一条永恒的信念，即"变现为王"，这也是"股神"巴菲特最为尊崇的处事准则。2007年，伯克希尔公司的收购活动寥寥无几，但却积累了高达443.3亿美元的现金，其中仅出售中石油H股就回流40亿美元现金。2008年，在许多公司股价大幅下跌之时，巴菲特怀揣着满满的资金，从容抄底，捡了个大便宜。

作为讲求"百赊不如五十现"的潮汕人，香港首富李嘉诚一生曾经历过无数次经济危机。一直以来，他对"保守的态度"矢志不渝，他曾说："用各种各样的办法创造稳定的现金流是一些企业多年积累的成功经验，我把这句话送给大家。"2008年金融危机时，李嘉诚不断通过精简投资计划、加快资金回笼、大举抛售股票资产等手段"抓钱"，以把"长和系"的资金维持在平稳的状态。

当然，赢利是企业的天性，没有那家企业愿意眼睁睁地看着自己的资金白白在银行里睡大觉。但是，我们又不得不承受这样的现实，如果单纯为了赢利，

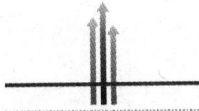

盲目扩大企业规模，一旦资金被"洗劫一空"，企业就失去了可持续发展的能力，最终丧失赢利的机会。因此，无论是"现金为王"还是赢利都应有一个度，企业要把握好两者之间的平衡。

融资环境较差时，企业应把手伸得短一些，多留一些过冬的粮草以备不测。宏观环境较好时，则可以胆子大一些，手也可以伸得长一些。在投资时，应注意现金流是否为正值，对现金流为负数的经营活动要提高警惕，寻找原因并找出应对之策。

积累人气，带动其他商品销售

薄利多销能最大程度地为企业换回现金，维持企业正常运转。但是薄利多销的效用并不仅限于此，它还能帮助企业吸引更多"眼球"，积累人气，带动其他商品的销售。

例如，国美开店之初，就使用过这个招数。当时，国美从电器厂家进货后，便会以"进货价"销售，一分钱的利润都不留。这样一来，国美不是会亏钱吗？交房租，付员工工资，交水电等杂费都要花钱。

殊不知，国美"零利润"销售电器，虽然没有赚到钱，但却的的确确赚到了人气。人们纷纷涌到国美店里购买便宜的家电，为了配套使用，难免会购买家电配件。例如，买录音机就可能要买磁带或耳机，买电视机就可能要买天线，买随身听就可能要买电池……

国美明白，买得起电视机、录音机等家电的顾客，肯定买得起家电配件，而且相较于价格稍高的家电来说，配件的价格会低出很多。所以，购买家电的顾客一般不会太过于在意配件的价格。

国美利用"零利润"的家电产品，吸引大量顾客前来购买"有利润"的家电配件。长期积累下来，仅配件销售就带来了可观的利润。除此之外，国美和家电生产厂家签有年底销量返点的协议。国美"零利润"销售家电，还能获得丰厚的返利。

薄利多销，甚至是"零利多销"，就是国美能迅速发展成为国内家电连锁巨

头的秘诀之一。

国美的成功固然不可复制,中小制造企业也不用刻意模仿,但薄利多销的做法却可以带给我们很多启示。

许多中小企业身处制造行业,在对外销售时,不一定非要在每一款产品上都获取利润。不妨选择一款或几款"零利润"产品销售,以吸引更多顾客,获取市场占有率。等顾客前来购买"零利润"产品时,说不定会看上另一款有利润的产品,此时企业就能获利了。

也许有人会说现在已经不适合薄利多销,也许有人会说不是每家企业都适合薄利多销。以上说法都不无道理,我想说的是,在企业最困难的时候,听起来再有前途、再像真理的道理,都需要在学会生存之后再去尝试。

出售不良资产,把"死钱"变"活钱"

对于中国制造企业,尤其是中小制造企业来说,"贷款难,难于上青天"已经成为无可争辩的事实。银行的门槛越来越高,即使很多大型制造企业,银行也不肯给面子,中小制造企业更是无从谈起。但如果中小制造企业无法顺利获得融资,也并不意味着它们不能"独善其身"。

既然无法开源,中小制造企业就要学会节流,即保持合适的企业成长发展控制力,锻造更为健康的资金链。唯有使资金链保持顺畅,中小制造企业才会有未来。而要保持资金链顺畅,中小制造企业不妨考虑出售不良资产。

什么是不良资产?很多人头脑中的第一个想法,可能是银行的不良贷款,即银行客户不能按期或按量归还的贷款,也就是呆账、坏账。银行出现大量不良资产,既制约了银行资金周转,给银行带来经济损失;又阻碍了资金被运用到最需要的地方,导致资金无法运用到收益较大的项目上,降低国民经济效率和效益。

其实,银行有不良资产,企业也有不良资产。作为一种金融机构,银行资产

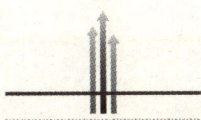

更多以资金的形式体现;作为一种商业经营机构,企业资产的表现形式更加多样化,如资金、商品物资、投资、房产等。

一般来说,企业不良资产指的是那些不能参与企业正常资金周转的资产,包括被长期拖欠的应收款项、积压的原材料、无法使用的设备或无法销售的存货以及此前进行的不良投资等。

例如,温州有一家制造商品 A 的小企业,见商品 B 在国外市场备受欢迎,生产商品 B 的企业经济效益更好。在企业经济状况允许的情况下,花费上百万元,购买了一批生产商品 B 的设备,想要进行多种产品经营。

正当这家企业信心满满地准备开工时,受国内外经济大环境影响,商品 B 的国外订单像被风扬起的尘沙,很快消失不见。没办法,生产商品 B 的企业纷纷停产,这家企业新购置的机器也只能被封存起来。

有一天,这家企业老板找笔者诉苦,说自己企业的资金链紧张,员工工资已经发不出来。眼看员工就要离开,他去找朋友借钱救急。谁知,朋友的企业也处于水深火热之中,也正为资金发愁,没钱可以借给他,他就没好意思开口。

看他如此着急和为难,笔者给他提了一个建议:现在大家都缺钱,与其想着借钱,倒不如把企业的不良资产卖出去,换回一部分钱。

"什么是不良资产?我的企业里有可以换回资金的不良资产吗?"他问道。

"就是你刚买回来不久的商品 B 的生产设备。你以后又不打算生产商品 B,现在又缺钱,不如赶紧卖出去。"

听了笔者的建议,他紧紧皱着的眉头有了一丝舒展。回去之后,他积极寻找买家,并在网上发布销售机器的消息。没多久,他就与一家想进军商品 B 生产的企业联系上,并将设备转手给了他。

虽然卖价只是当初的 85%,却仍旧为他换回近百万元的资金。更重要的是,这些资金对他来说就是救命钱,无异于在寒风大雪中带给了他一把温暖的炭火。

美国思想家弗洛斯特提出一个法则,被称为"弗洛斯特法则",该法则告诉

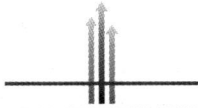

我们，在筑墙之前应该知道把什么圈出去，把什么圈进来。出售不良资产，最重要的就是把握好取舍之道。

从战略层面上讲，企业在作出选择时的难点是放弃，有时，连企业自己也不知道，壮士断腕后究竟会不会置之死地而后生，但必须要懂得，如果不断腕必将毒发攻心，自取其亡。懂得有所为有所不为，知进知退，使有限的资源聚集于核心业务，企业才能做强、做大、做久。确定不做什么往往比确定做什么，更需要智慧和胆识。

《拉封丹寓言》中有一头叫布利丹的毛驴，它面对两捆干草不知该吃哪一捆好，最后不但一捆没吃着，还竟然饿死了。其实，在企业经营过程中，每个人、每家企业也和布利丹毛驴一样，经常会面临如何在两捆干草之间作选择的问题。

对于取舍二字，王石有深刻的感悟，他用万科的经历做了详尽的诠释："实际上我们不是没有机会，而是机会太多，不是你会失败，而是你会获得各种各样的成功，什么都赚钱，这时候你反而会发现那些进入世界500强的公司，它们的成功是作出合理取舍的结果……

万科曾经做过进口录像机的生意，利润率达到200%～300%，这种超额利润使得许多公司都挤进这个行当，供过于求，利润急转直下。我对1984—1992年的贸易做过统计，赚钱的用黑字表示，赔钱的用红字表示，结果红字多过黑字，说明多年贸易的结果是赔钱多过赚钱，这也说明市场很公平，之前你怎么暴利，之后你都要给我吐出来。"（《王石：万科超过25%的利润不做》，《民营经济报》2006年5月8日）

关键时候该转向就要转，如果恋恋不舍、该转不转，很容易就会被拖死。

即使割肉也要会割，懂得取舍之道。说到底，割肉是一种消极的收缩型发展战略，但只有采取收缩战略才能躲开环境带来的重重危机，在最短的时间内实现资源的最优配置。企业在作出取舍时，取的是优势资源，舍的则是劣势或发挥作用较少的资源。

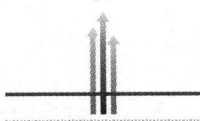

Chapter 3 | 第三章

"用工荒"，更要守住团队

"跑路"才是自寻死路

俗话说,商场如战场。从这个角度来讲,带领员工经营企业的企业主,相当于一支队伍的将领。行军打仗,最忌讳的是什么?除了粮草、兵马不足之外,还有队伍士气低沉。

当然,如果将领临阵脱逃,那就必败无疑了。

从创业时机上看,浙江天石电子有限公司的老板叶先生算不上是第一代温州人。直到1997年,这个名不见经传的小人物才创办了属于自己的企业。相比老一代的成功者,叶先生的经历缺乏一番"刺激"的味道,他的"天石电子"在行业中也不算有多么出众。然而,2011年,这样一个温州商圈中的"二流选手"却成了在温州地区家喻户晓的名字。

浙江天石电子,成立时的注册资金为3000万元,主营业务是电路板生产与销售。2011年之前,这家企业拥有三条电路板生产线,分别生产单面、多面和多层电路板,曾经研制出单相电子表模块、三相电子表模块、费率电子表模块、付费电子系统等颇具特色的产品。2010年,天石电子的全年产值达到了5000万,其中利润大约500万,利润率为10%。

从这些数据上看,天石电子虽不算很成功,但也不是一家赚不到钱的企业。但让人意外的是,2011年6月,这家企业突然倒闭了。这时人们才发现,早在天石倒闭之前一个月,这家企业的老板叶先生就已经不知所踪了。

天石倒闭引起了很多人的好奇,好奇的原因不仅仅是这家企业倒闭的原因和不知所终的老板,还有这样一家本来名不见经传的企业,却在倒闭的时候引来了上百名讨债的债主。很多人都感到奇怪:一家规模中等的企业,怎么会有这么多的债主?

其实,这个问题并不复杂。盲目扩大生产之后,资金链紧张,叶先生作出了

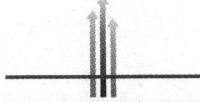

借高利贷的决定。后来，叶先生的"雪球"越滚越大，当他终于意识到自己根本不可能还得起这些"高利贷"时，便选择了逃跑。叶先生逃跑后，企业倒闭，原来的债主自然要找上门来讨债。

问题是，当公司经营不善、背上债务时，作为老板的叶先生为什么会选择"跑路"？诚然，中小制造企业老板"跑路"是一种无奈选择，在其背后，有被银行抽贷、高利贷"逼贷"等苦衷。但是，选择"跑路"就能解决问题吗？

可以说，"跑路"属于典型的逃避行为，对问题的解决于事无补，只能使事情更加恶化。对制造企业老板来说，没有比"跑路"更不明智的选择了，"跑路"才是自寻死路。

首先，"跑路"意味着主动承认失败，拒绝可能的机会和帮助，自断退路。

投资大师索罗斯说过，敢于承认错误是值得骄傲的。经营困难、资金链紧张，已是当前大部分中小制造企业的共同特征。但多数企业仍然保持一家企业应有的状态，等待迎接未来的机会。

正如马云所说：今天很残酷，明天很残酷，后天很美好。你在今天选择自动放弃，就等于自断退路，拒绝一切可能性。当某一天，大批订单出现，当国家政府为扶持中小制造企业提供大量资金，依旧"活着"的企业便会真正活过来，进而做大做强。

但是，如果你已经"跑路"，承认企业失败、倒闭，这些订单和资金自然不会作用到你的企业，那么，你和企业只会成为人们口中叹息或惋惜的谈资。

企业和企业之间的竞争，既是资金和经营实力的比拼，也是耐力和持续力的考量。面对同样一种困难，你先失去耐力，先倒下，即宣判了自己的死亡，又相当于为竞争对手腾出更多的市场。当有一天竞争对手"享用"着本该属于你的市场份额时，你当然也怪不得他人。

其次，"跑路"等于为企业和自己的信用和人品抹黑，丢失信用。

人生在世，没有信用不立。对企业而言更是如此，一旦失去信用，即使拥有

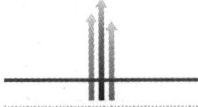

再多资金，生产出再精美的产品，仍旧可能得不到消费者的青睐，这样的企业也很难做大做强。

中小制造企业负债累累，既有来自银行的贷款，又有其他民间借贷。每天，都可能会接到银行的催债电话，或遇到登门催债的人。企业家要有勇气承认没钱还贷，同时承认借贷的事实，并承诺等到资金状况恢复良好时，会及时还贷。或者，企业家可以拿出自己的银行储蓄，先还掉其中的部分贷款。这样做，便能给人们留下一种"勇于担当"、"敢作敢为"的守信形象。

如果选择"跑路"，就等于不做任何努力，完全否认此前的欠债和贷款。如此一来，你和企业哪里还有什么信用可言？一个没有信用的人，在哪里都找不到立足之地。对于失去信用的人，谁还会与之合作？

即使企业家打算不再回来，留在异国他乡发展，无疑也是举步维艰。在互联网通信技术日益发达的今天，国与国之间的信息交流早已实现同步状态。一旦你登上中国的信用黑名单，也就相当于登上国际信用黑名单。国家与国家之间在风俗习惯上可能有所区别，但是在对待缺乏信用的人方面，却都有着惊人的一致，即都不愿与失信者合作。

再者，"跑路"回来之后，企业团队很可能会一拍即散。

中小制造企业往往是私人企业，即企业归创始人所有，企业员工都是打工者。今天，员工可能在甲企业打工；明天，就可能在乙企业打工。但是，企业老板却不同，不可能今天创立一家企业，明天又丢下这家企业创立另外一家企业。

员工虽然变动性强，但对于一家企业来说，却不能没有员工。员工，企业老板的想法才有人去执行；有员工，企业老板接来的订单才有人去开动机器，完成订单；有员工，其他企业也才敢于和你合作……总之，有员工，企业才能够成其为一家企业，企业老板才不至于沦落为光杆司令。

若作为一家之主的企业老板"跑路"，扔下一片企业不管不问，丢下烂摊子给员工。这样一来，员工当然不会留下"收拾"残局。他们会寻找其他企

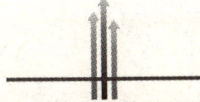

业,另谋高就。

当一家企业没有了员工,也就失去了作为企业最基本的、最重要的因素,企业老板纵有三头六臂,也必将无能为力。

最后,"跑路"回来,面临的可能是法律的惩罚。

根据最新修订的《中华人民共和国公司法》《中华人民共和国刑法修正案》等相关法律,债务人故意逃避债务属于非法行为。对债务人逃避债务行为,法院可以依法对其进行处罚。

无论什么时代,一个对企业、对员工、对家人不负责任的人,一个不讲信用的人,又怎么能够成功地经营一家企业？ 如今,"身体孱弱"的中小制造企业实在经不起太多的折腾,如果连企业主都逃跑了,企业可能就此断了最后一口气,另说迈过这道坎了。

信心是黄金:"世道"乱,队伍不能乱

2008 年金融危机席卷全球时,中国经济也未能幸免,遭遇了和今天相似的状况:GDP 增速减慢,外贸出口订单减少,中小制造企业陷入生存困境。当年 9 月 28 日,在参加夏季达沃斯论坛年会上,时任国家总理温家宝指出:"在危机中,信心比黄金和货币还要贵重。"

目前,一个非常危险的信号是,处于危机中的中小制造企业,随着中国经济增速放缓,对于经济复苏、未来融资、企业经营等方面的信心正在逐步丧失。

关于信心,笔者赞同温总理的看法。任何时候,即使走到最危险的边缘,缺什么都不能缺信心。信心就是最珍贵的宝藏。

有这样一个故事。一个年轻人因为是孤儿,无依无靠,对生活失去信心,感觉很不幸福。听说附近有一位得道高僧,他便向其请教寻求幸福之道。

高僧见他诚心诚意,便决定"点化"他,指着院子里的一块石头说:"你拿着

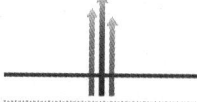

这块石头去集市吧，不过，无论谁来买，都不要卖给他。"看着普普通通的一块石头，尽管年轻人心里不乐意，却还是按照高僧的意思，拿着石头来到集市上。年轻人把石头摆放在面前，便开始等了起来。谁知道，第一天、第二天过去了，并没有人过来询问石头的价格。

到了第三天，年轻人不愿意再去集市卖石头。不过，想到自己无事可做，他还是搬着石头来到市场。当天，竟然有很多人过来询问石头的价格。到第四天，有些人愿意出高价购买这块石头。

到底该不该卖掉这块石头？年轻人向高僧询问。谁知道，高僧却对他说："你拿这块石头去石器交易市场上卖吧！"这一次，年轻人又照做了。在石器市场，前两天还是没有人理会年轻人和那块石头，到第三天就开始有人过来询问石头的价格。此后的几天中，很多人希望购买这块石头，石头的价格远远超过了石器的价格。

这一次，年轻人很是心动，他想要卖掉这块石头。不过，高僧又有了新的"指示"："你把这块石头拿到珠宝市场去卖吧。"类似于集市、石器市场的情况再次出现，几天后，那块石头的价格便高出珠宝好几倍。

事情发展到这里，年轻人心里有了深切的感悟：即使你是一块石头，如果坚信自己可以成为宝石，你就有可能真得变成一块无价的宝石。发生这种转变的关键就是信心。高僧的"点化"就是在挖掘年轻人的信心。

信心具有化腐朽为神奇的力量，让人能够产生应对一切的勇气和智慧。没有过不去的火焰山，没有无法解决的危机，有的只是因为没有信心而倒在了黎明之前的遗憾，有的只是被危机吓倒的"胆小鬼"。

一旦缺乏信心，你的眼睛只盯着困难和阴影，一味消极被动地等待，而不去采取行动。否定一切可能，也就相当于自己关上了一扇扇大门。

在寒冷的冬天，雪中送炭的意义远大于锦上添花。哪怕是一个鼓励的微笑，一份满满的自信，都是支撑企业成长的有力支柱。那么，在经济大环境不景

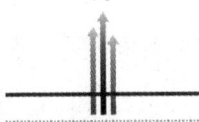

气，企业困难重重的时候，作为一家中小制造企业的老板，如何为员工和自己打气，使员工树立起对企业的信心呢？

首先，作为企业老板，要使自己对企业保有充足的信心。

任何时候，企业的管理者都是企业中一道独特的风景；尤其是在中小制造企业中，"老板文化"甚至是企业内部唯一的强势文化。

企业管理者在个人道德、知识、能力等方面的水平，往往决定着企业的成功或失败。原来衰败的企业，可能因为换了一个信心百倍的领导者，而变得蒸蒸日上，欣欣向荣；反之，原本成功的企业，也可能因领导者的消沉而陷入困境。

"一人兴厂，一人败厂"的情况是屡见不鲜的。企业家的个性决定了企业的风格，更决定了企业的未来。

作为企业掌舵人，无论遇到多么难以克服的困难，企业领导者心里也要存有一份真实的自信，确信企业会有渡过难关、做大做强的一天。

其次，企业老板要向员工展现自己的个人魅力。

很多时候，员工乐意跟随老板做事情，不仅是因为订单多，还因为在老板身上能看出企业的未来发展愿景。因此，要增强员工对企业的信心，就要让员工看到老板身上难能可贵的品质。

为了公司的合法利益，企业家要有不顾一切地冲向任何国家、任何市场和任何客户的魄力。当企业陷入困境时，企业家不能畏首畏尾，而要挺身而出，因为一旦领导者被恐惧"擒走"，下属必定会乱成"一锅粥"。

企业家要把创业当作自己的爱好，全身心地投入企业的经营之中。只有员工发现领导者对工作充满激情时，他们才会卖力工作，付出百分百的努力并积极承担责任。正如博世公司创始人罗伯特所说："我宁可丢失钱财，也不愿失去他人的信任。对我而言，如果我生产出来一些低劣产品让人指指点点，那简直无法忍受。"如果企业家本人都不重视自己所执掌的企业，那么整个团队将会承袭他的个性，员工将会效仿他的作风。

其次,企业老板要以身作则、身先士卒,把信心"传递"给员工。

企业老板不仅要在内心里充满对企业的自信,而且要将这种信心表现在言行举止中。遇到困难时,老板要以身作则、身先士卒,把"信心"传染给每一位员工。

有一位小企业老板,眼看着企业订单越来越少,企业利润越来越低,员工们却在生产时不注意节俭,原料堆放得满地都是。一些还没怎么用的原料,被当做垃圾丢弃在一旁。

针对这种情况,他没有直接教训员工,而是召开了一次会议。在会上,他坐在一把破得填充物都露在外面的椅子上,并向员工宣布以后他都会坐这把椅子办公。员工看到老板如此节约后,便不再随意丢弃原材料了。

要带领员工在市场里游泳,企业家自己首先要知道市场里的水热不热、深不深。只有对市场有深刻的洞察力,才能把握市场动向,作出正确决策,为销售人员及时导航。

如果在中小制造企业日子不好过、销售人员既苦又累时,老板依旧天天摆出高高在上的姿态,做甩手掌柜,那么必然会引起下属的不满。笔者认识一位中小制造企业的老板,基本上天天泡在公司,没有星期六、星期天,晚上约见客户,还要不断与各大区的经理沟通定价、生产、库存、资金链、营销手段等问题,为员工树立了一面旗帜。在他的带动下,销售人员自发在周末来公司加班,并提出不需要加班工资,只需根据销售业绩获得相应奖励就可以。

明智的管理者,在管理自己的同时,也能感召他人。企业领导者,要学会做"点燃他人,先点燃自己"的火种,只有这样,星星之火才能真正成为燎原之势。

再者,企业再小,也要培养一种自信的文化。

俗话说:书到用时方恨少。到需要用到信心的时候,也才会发现没有信心。所以,中小制造企业规模再小,实力再弱,也要注意培养一种自信的企业文化,以推动企业不断发展壮大,支撑企业渡过困难时期。

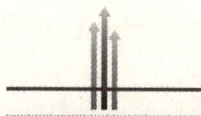

对中小制造企业来说，要培养一种自信的企业文化，需要不断强化企业文化中的核心价值优势，而不是过多地把时间和精力耗费在消除或弥补企业文化的劣势方面。例如，为了鼓舞员工，可以多向员工宣讲企业的优势，在困难时期则尽量少提企业的劣势。

一旦企业内部养成一种自信的企业文化，即使"世道"再乱，整个团队也不会散乱无序。企业老板和员工就能用信心来温暖彼此，挽手共同渡过经济低潮时期。

钱少，也要给员工发工资

笔者有位老朋友刘总经营着一家塑料制造公司，专为小家电生产企业提供外壳塑料和塑料模具。刘总在这家塑料公司上倾注了十几年的精力。发展到现在，公司已经拥有上百名员工，2012 年的营业额超过千万元。

2013 年 7 月，刘总向笔者透露，说公司财务紧张，账户上的现金少得可怜，马上就要到给员工发工资的日子，他真不知道该怎么办。经过一番详谈后笔者得知，刘总的公司之所以没钱给员工发工资，原因有三：公司订单减少，导致收入减少；客户没有及时付款；一些客户用支票结付，有三四个月的等待期。

没钱扩大生产规模，对企业不算危险事件；没钱给员工发工资，却的的确确让很多中小制造企业主伤透了脑筋。员工在企业工作，无外乎两个目的：一是挣得工资，养家糊口；二是发挥所长，做自己感兴趣的事情。不给员工发工资，员工的付出得不到回报，不能安身立命、养活自己和家人，又怎能继续安心工作？

所以，笔者给刘总的建议是，公司账户上的资金再少，也要给员工发工资。如果公司账户上现金不够，且又借不到钱的话，可以考虑给员工发"支票"。这里的"支票"不是所谓的"打白条"，而是客户支付给公司的支票。

听了笔者的建议后,刘总用支票给员工发了工资。对于公司状况不佳,员工们都有所了解。见刘总照常发工资,且没有因为公司业绩不好而克扣,即使领到的不是现金而是支票,当月不能使用,但放在口袋里,也是一种"心安理得"。

员工们都觉得刘总待人厚道,守诚信,在这样的公司工作心里踏实。即使公司遇到困难,也没有一位员工提出辞职。后来,当竞争对手以高薪来公司"挖"几位技术人才时,都遭到了拒绝。

在有些人眼中,员工工资可能只是一笔资金。不过,在笔者看来,它的功能并不仅限于此。它还意味着一家公司的行事作风和诚信程度,决定着一家公司的人心所向、员工稳定程度,并最终影响着一家公司的发展走向。这种说法丝毫没有危言耸听。

也许有些中小制造企业老板并不看重员工工资,甚至还会想:公司资金紧张,工资晚发几天,员工们应该理解。大有员工如果不同意,就是不通情达理的意思。

这种老板完全站在自己的角度考虑问题。公司资金再紧张,老板手里的钱肯定比员工要多,应付生活没问题,所以会认为工资晚发没关系。但员工不是老板的朋友,没有义务为老板承担经济压力。员工工资不是老板"赏赐"的慈善品,而是员工辛苦工作应该得到的报酬。

没有当月工资,员工可能就无法交房租、还房贷、给孩子交学费……一句话,如果没能及时领到工资,员工可能无法生存。员工在企业中无法通过劳动换来生活所需,自然就会另投他处。

有一家制衣企业,专门为品牌服装做加工。刚开业时,这家企业老板信心满满,一口气招了40多位员工。凭借与几大品牌老板关系不错,这家制衣企业确实接到不少订单。虽然每一单的利润不高,但是好在订单数量大,积累下来,这家制衣企业的每年利润大约有数百万元。

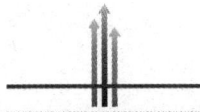

随着经济形势"由晴转阴"，品牌服装企业自己的日子都不好过，提供给这家制衣企业的订单也由多变少，而后又由少变无。订单变少，企业利润降低，却还要给员工照常发工资，一想到这种状况，老板心里就很不舒服。

他先是找借口解雇了一批员工，然后，每到发工资的日子，他再以出差拉订单为由"消失"。员工领不到工资，向企业财务人员咨询，后者让员工找老板。

某天，一位员工在企业门口看到了老板的宝马车，马上拦住老板催问工资的事情，得到的回答是："等下个月，我把厂里积压的衣服卖出去，就可以发工资了。"等到下一个月，员工依旧没领到工资，又得到同样的答复……

无奈之下，员工纷纷辞职，并向劳动监察部门投诉了这家制衣企业。在劳动监察部门的调解下，这家企业老板支付了拖欠的工资。当他请员工们回厂工作时，没有一位愿意继续留下。

等到员工一个个离开后，企业倒是不用再为员工工资发愁，但同时也就没有员工为企业付出劳动。等到经济形势转好，或企业时来运转接到一笔大订单后，就会发现，企业中只剩下冰凉的机器设备，没有员工去操作机器，生产产品。订单再大，也只是倒映在水中的一弯月亮，看起来美丽，却永远无法触摸到。

也许有企业老板会说，我们公司账上一分钱都没有，怎么发工资？天无绝人之路，办法都是人想出来的。公司账户上没钱，如果又没有支票等应急账款，作为公司老板，不妨考虑拿出自己的钱垫付员工工资。即使不能全额发放，至少也要发一部分，以保证员工的基本生活。

用自己的钱"贴补"公司这个方法听起来有些不合理。但是，在公司刚刚初创或者遇到资金困境时，这是很多老板都做过的事情。毕竟，老板的钱也是来自公司的盈利，如果员工离开，公司倒闭，公司没有盈利，老板也就失去了经济来源。

为了以后持续的经济来源，为了公司以后的盈利，老板先拿出自己的钱垫付员工的工资，等以后公司"活过来"，再将这部分钱"抽回来"，是一种有远见

的、有眼光的做法。

有老板也许会认为只要有订单,不怕没工人,再重新招聘就可以了。很显然,这是一种很幼稚的看法。对中小制造企业来说,招聘不是轻轻松松的游戏,也不是随心所欲挑选某种商品,而是一种高成本的活动。

首先,招聘需要付出经济成本,也就是说,招聘也是要花钱的。

在中小制造企业经营所需的各项成本中,原材料成本、人工成本等生产成本已为大家所熟知,对招聘成本则知之甚少。在各种成本都上涨的年代,企业的招聘成本自然也不例外。如果每年都重新招聘,就意味着每年都要投入这笔成本。

其次,招聘需要付出机会成本。

企业在招聘时,一般都喜欢有工作经验的员工,也就是所谓的熟练工。他们一进入企业就可以马上进入工作状态,产生效益。但是,在"招工难"、"用工荒"的形势下,普通工人都不容易招聘,更何况是熟练工?

企业重新招聘一批工人,势必要对他们进行培训,让他们熟悉工程流程、企业环境等。这些都需要耗费时间,也就是说企业需要付出机会成本。

2013 年,在东南沿海地区的中小制造企业中,员工的返岗率只有约 60%。企业陷入"招工难—不敢接单—经营困难—订单不稳"的恶性循环。拥有员工的企业,应该赶紧稳住员工,克服困难,及时给员工发工资。

以事业留人,用股权聚人心

人才匮乏已经成为阻碍企业发展的重要瓶颈,招工难已成为目前广大制造企业的共同感受。不但招聘工人难,招聘高层人才也非易事。

中国制造企业,尤其是中小制造企业,大都是从家族作坊发展起来的,实行的是家族式管理,企业的主要职务由家庭成员担任,经营决策权集中在企业主

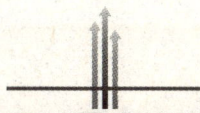

手上。由于历史的原因,中小制造企业主大多文化程度较低,更没有经过系统的现代管理知识培训。家族企业的"排异性",使中小制造企业对外来人才"天然地"产生了一种排斥。

一方面,企业主靠自身力量和经验,艰难地支撑着企业,日益感到吃力、疲乏和难以应付,也产生找人来"帮忙"的强烈念头;另一方面,面对自己辛辛苦苦创办的企业,靠血汗打拼出来的财富,又极不情愿交给"外人"来打理。

而且,在"钱堆"上站久了,一些企业家难免在人才管理上也沿袭生意上的功利主义和拿来主义。希望靠重金引进人才,以为他们就像流水线上的产品,可以直接拿来用,培养和开发人才资源的意愿较弱。

对外来人才防范过头和对人才磨合环节的省略,导致企业需求与人才价值相互脱节。企业需求与人才价值的错位,一方面使企业的高素质人才需求得不到满足,企业在人力资本上的投入与获得不成对比;另一方面,进入企业的人才,也空有一身功夫,却难有用武之地,造成人才浪费。

因而,中小制造企业大都缺乏人才,既缺专业技术人才,更缺经营管理人才,许多中小制造企业陷入"既想招揽人才,又怕使用人才"的无奈之中,严重制约了自身的发展。

"不足深忧,无饷不足痛哭,人亡政息,国无栋梁才堪忧。"人才始终是企业发展所必需的"维生素"。处于"营养不良"阶段的中小制造企业,更需要人才的"辅佐",更需要准确辨识人才,并通过良好的激励留住人才和培养人才。人才愿意为企业出多少力,企业就能获得多大的发展动力。

发现人才容易,但只是走完了第一步,中小制造企业如何让人才安心留下来,为企业发挥他们的才能,并不是一件容易的事情。一家小企业的老板曾这样叹息:"每家企业都想要人才,但是人才往往需要有高工资、高待遇来'伺候',我们现在连工资都快发不出来,'庙'这么小,怎么能留住人才呢?"

这位老板的叹息,反映出很多企业家的心声,也透露出很多企业家的无奈。

他们明白人才的重要性,尤其是在困难时期,人才能够"以一敌百",也希望能够挽留住人才。但是,由于资金缺乏,不能给人才提供令他们满意的工资;企业不大,提供给人才的职场上升空间不大;再加上正处于瓶颈期,企业一时难以找到发展方向,又如何留得住人才呢?

中小制造企业老板的种种担心是不无道理的,但这些担心却有些过重了。可以说,他们只是认识到人才的表面,对人才并没有更深刻的认识。因为不是每一位人才,都非要一开始就必须享受高工资的待遇;企业不大,处于瓶颈期,恰好可以为人才充分施展能力提供舞台。

在马斯洛需要层次理论中,与物质等生理需求相比,自我实现的需求处于最高等级,也往往是人才最看重的一种需求。他们虽希望拿到高工资,却更看重自己的想法和能力能不能获得体现或实现。当自己的想法有机会实现,被证明行之有效时,这种成就感是金钱所换不来的。

因此,对中小制造企业老板来说,在困难时期,即使不能提供高工资,想要留住人才,也不是不可能的事情。而要想留住人才,激发人才全身心地投入,中小制造企业就要全心全意为人才着想,给人才以最大的尊重。

如何才能给人才以最大的尊重?无论是在中小企业还是在大企业中,老板和人才之间关系的维系,思想上的认同都是一条柔韧的绳索。但是,说句大话,开始空头支票,固然能产生一种催人奋进的动力,却不能吃也不能穿,既看不见又摸不着。尤其是在企业发展遭遇瓶颈时,人才更是容易多想:"这家企业又不是我的,没必要如此卖命,和一艘快要沉没的船绑在一起?"

人要获得发展,首先是能生存下来,其中,利益是不可或缺的元素。因此,除"精神激励法"之外,中小制造企业主要想留住人才,还必须让他们得到实打实的好处,即用利益来挽留。当然,在工资待遇方面,中小制造企业与已经成长起来的大企业无法比较。不过,中小制造企业也有自己的"宝藏",那就是公司的股份。

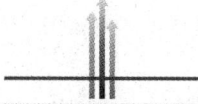

用股份或期权来绑住团队中的精兵强将,以慰劳一起吃苦、打天下的兄弟们,是中小制造企业得天独厚的杀手锏,也是吸引风险投资的一个招数。红杉资本中国合伙人沈南鹏认为,一家企业的发展最关键的是人才团队建设。怎样才能让高层、中层员工的利益跟公司利益完全捆绑在一起?这就是股权激励。

风险投资家在考察企业时,往往会关注公司股权中有无核心管理团队持股。对此,风投给出的理由是:创业者如果把股权都看成自己的,不愿意跟自己的团队分享,团队的稳定性和前景便会具有不确定性。

十佳本土创投之一的东方富海投资管理有限公司的董事长陈玮就曾遇到过这样一个案例。

一名80后工作狂创立了一家电子制造企业,他狂热地投入,带动核心团队一起向前冲,企业发展突飞猛进。当风投对这家企业进行投资调查,他被问到今后对创业团队有何股权安排时,发起人表示:不用,我们都是志同道合的一帮人,真心喜欢这个事,不要钱他们也跟着我干。这种态度显然是不列于企业今后发展壮大的。

在企业创立之初,收益寥寥,团队成员很容易会脑门一热,不要钱也跟着做。但正是因为有这样一支热情、勇于付出的团队,才更应严肃考虑分配给一定的股权,以保持团队的持久战斗力。一个成功的企业家,之所以能够成为团队的精神领袖,必定是因为他不吝与队友分享胜利果实,在尚处于艰苦奋斗的阶段时,就为成员规划出了光明的未来。

在投资者的建议下,这位聪明且颇具长远眼光的创业者,为企业建立了一套综合考虑长短期发展的股权激励机制。当然,也顺理成章地得到了企业发展所需的投资。

由此看来,股权分配是企业经营中不可忽略的环节。只是落实到具体环节时,把股权分给谁、分多少、以怎样的方式分等,却是摆在中小制造企业主面前的难题。

首先,将股权分配给核心员工。

中小制造企业虽然规模不大,企业员工可能也没有成百上千,却可能有数十个。你要把股权分配给谁?假如员工 A 平时工作勤勤恳恳,业绩突出,在你的企业里已经工作了 3 年;员工 B 则是刚招来不久的员工,工作拖沓,业绩并不突出。对于这两个人,你是否觉得都应该获得股权?

也许你从团结的角度出发,认为两人都应该获得股权。但是,在这里,笔者建议中小制造企业主:虽然你的股权现在可能不值钱,以后却可能无限升值,且对企业发展影响重大。股权珍贵,还是应该分配给企业的核心员工。而所谓的核心团队成员,即企业发展不可或缺或在企业中至少工作过 3 年甚至以上的员工,时间越长就越核心。

当然,如果在企业缺钱时,有人愿意拿钱帮助企业,也不妨考虑给予相关股权。毕竟,人家是用真金白银来换取未来的收益。

其次,股权的分配方式既是一门科学,又是一门艺术。

选定了股权分配人,接下来,你该决定如何分配。这一环节的重要性丝毫不亚于选择"核心团队成员"。

如果你把股权平均分配给每一个人,表面上看起来是"聚人心",实则"散人心"。试问,这与吃大锅饭、搞平均主义有什么区别?

在股权分配上,平均主义并不是切实可行的,即企业员工所持股权不宜平均分配,但要合理、公平且透明。

有这样一家企业:企业员工有 10 人,各自拥有 10％的股权。随着企业的不断发展,其中两位几乎没有做出贡献,对于这样不健康的团队,外部投资者纷纷亮起了红牌。

一般而言,在分配股权时,适合采取以下方式:与你一起创立企业者和主要贡献者应该拥有较多的股权,也可按照出资多少分享股权。除已分配的股权外,最好保留 10％左右的股权,用于以后对作出显著贡献的员工的奖励。

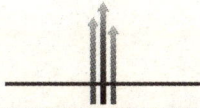

随着企业不断发展,股权分配有时会与后来企业经营过程中的贡献大小不相一致,发生某些作出显著贡献的员工拥有的股权数却很低,出现贡献与报酬不相一致的不公平现象。

此时,为了吸引和挽留住优秀人才,可以让他们享受相应的股权和分红权利,尤其是在新经济行业,这种方式更为实用,它也被叫做技术入股。

不过,无论怎样分配股权,对中小制造企业或者尚未实现盈利的企业来说,股权再怎么诱人,也都像一张张美丽的图画。在相信它的人看来,是定期存在银行里的真金白银,货真价实,让人兴奋且激动;在不相信它的人眼中,却与废纸没有区别,充其量只是一堆文字符号。

久而久之,手中拥有股权的成员也会心中生出波澜。为此,中小制造企业家要努力向人们证明:今天公司的股票,就是未来更多的钞票。一个简单的证明方法,就是通过公司的不断溢价融资,让团队成员看到公司的价值在不断增长,自己手中的股份价值也在增长。

企业家要让人才感觉他们不是在为你打工,而是在和你一起从事一份事业,公司也有属于他的一部分,他也是公司的老板之一。只有这样,他们才会心甘情愿地和你一起为公司努力,一起吃苦,你才能牢牢地将团队和优秀人才捆绑在一起,共同抵抗一段段难熬的艰难时光。

打"温情牌":人性化管理更能留住人

怎样才是对待员工的正确方式?在这方面,笔者同意著名营销策划人孙先红的说法:"经营企业就是经营人心,'抓眼球'、'揪耳朵',都不如'暖人心'。"

拿什么来"暖人心"呢?除高工资、股权之外,笔者认为最重要的是人性化管理。尤其是当中小制造企业深陷困境之中,员工对企业前途感到迷惑,犹豫着是否要"跳槽"时,如果老板再每天拿一幅冰冷面孔对待员工,使员工耳边充

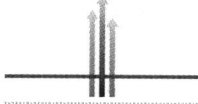

满着训斥之声,谁还愿意留在企业从事出力不讨好的工作?

那么,什么是人性化管理?我们不妨先看下面这个案例。

在很多企业中,都有一个不成文的规定,那就是禁止内部员工谈恋爱。一家小公司却反其道而行之,不仅不禁止,还在公司内部设置专门的"婚姻介绍所",为内部员工谈恋爱大开方便之门。

如果你是这家公司员工,而且又是单身,可以把诸如爱好、身高、体重、学历等个人资料输入名为"鹊桥"的网络系统中。在向公司提出"求偶"申请书后,就可以在系统中查看相关个人资料。当然,这些个人事务要在工作之余完成。比如在周末,你可以坐在公司的沙发上,泡上一杯咖啡,慢慢地去挑选。

当你找到满意的对象后,公司会有"联系人"将你的资料送给对方。在双方同意的情况下,公司会安排约会。但是,约会后,双方都必须告知"联系人"对约会对象的真实看法。等到双方决定要结婚后,公司的"月老"便会代为操办婚礼,公司同事也会一起参加婚礼。

有人说,公司只是工作的地方,而婚姻属于个人生活,不应该将两件事搅和在一起!但是,你有没有想过,当在公司这种"冰冷"的地方感受到家庭的温暖时,你的心里难道就没有一种备受重视和幸福的感觉?

毕竟,对员工来说,升职、加薪等物质奖励固然重要,贴合个人需求的个性化关怀和服务,更是容易"攻占"个人情感空间,"俘获"员工的"忠心"。在人性化的公司感受到家庭的温暖,员工定会一心一意扑在工作上,无形中也就会对他人产生正面影响。

人的工作状态可以划分为三种:卖嘴、卖力和卖命。

心理学家认为,人类的一切行为都有其原因和过程。凡是自己心甘情愿做的,大多不辞辛劳、不计后果、不计报酬、不惧艰难,更不可能不用心,在这种前提下,竞争力之高、凝聚力之强是难以想象的。所以,对管理者来说,要让他人卖力甚至卖命,无非在于"我愿意"。

然而，"我愿意"三字看似轻如鸿毛，实则重如泰山。"我愿意"三个字的关键在于以人为本。

俗话说：千金难买我愿意。对中小制造企业来说，在不具备天时地利的条件下——中小制造企业处于生存困境，不能给员工提供优厚的、具备诱惑力的待遇——一定要千方百计打"温情牌"，利用人性化的管理，努力使员工、企业达到"人和"。

首先，了解并帮助员工解决生活难题，排除其后顾之忧。

对方如何对待你，取决于你如何对待对方。如果你仅仅把员工当作可以随意更换的赚钱工具，员工也不会太把企业和老板当回事儿。如果你把员工当成朋友、家人，想对方之所想，帮助对方解决生活难题，员工也会投桃报李，"死心塌地"为企业工作。即使公司遇到困难，一般也不会弃公司于不顾。

对待员工，除了提供物资报酬——工资外，公司老板还要有更多的情感投入，关注他的非直接需求，如交友、家庭等。员工把大部分时间都放在工作上，用在个人事情上的精力就会少得多。但这些事情又恰恰是他们最为关注的。作为领导者，不能对下属的需求视而不见，要想办法帮助他们解决生活中遇到的各种难题。

其次，看到每一位员工的优点，容忍其无关紧要的缺点。

每位员工都有自己的优缺点。作为老板，都希望找到一群浑身优点、毫无缺点的员工，但在现实中，这肯定是做不到的事情。世界上没有十全十美的人，老板在看待员工时，首先要看到其长处，对于员工的缺点，更要学会适当地容忍。

有道是，士为知己者死。老板赏识某位员工的优点，对这种优点充分认可之后，才能够激发员工的积极性，让员工为工作贡献更多的能量。对待企业中的"问题员工"，也要给予一定的包容，杜绝一出现问题时就火冒三丈地严加指责，更要避免苛刻惩罚。否则，不仅会打击"问题员工"的积极性，也会在无意中

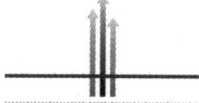

伤害其他员工的心。他们可能会想：假如有一天我出现了这样的问题，会不会也遭受这样的惩罚？

在企业处于困难时期，相互指责只会激化矛盾，将企业推入更深的矛盾区域，相互理解、相互包容，才能够团结更多的员工，找到更多解决问题的办法。

再者，给员工更多的主动权和自由空间。

员工不是老板的奴隶，而是老板的事业伙伴。员工就像手里的沙子，不能攥得太紧，也不能攥得太松，无论太松还是太紧，沙子都会漏出来。要给予员工适度的主动权和自由空间，不要强迫他们每一件事情都按照你的意愿来做。

这样一来，既能有效激发员工的责任感和创造力，又能最大限度地留住员工。没有任何人会想生存在被人监控的狭小空间，每个人都想要自由地呼吸，自主地决定自己的事务。

最后，如果条件允许的话，即使企业负担重，也不要轻易裁员。

很多人也许会觉得，"不裁员"这种方式有些书生意气。公司经营困难，没有多少订单，利润越来越微薄，如果再背负那么多人的工资负担，不是乘坐在一条有漏洞的船上，眼睁睁地看着大家一起沉下海去吗？

这种说法不无道理，但是，有时候看似最精明的、最理智的做法往往不一定最实用。企业遇到困难，就辞退跟随自己多年的员工，即使员工理解你的做法，也很难不会感到心寒。要知道，你辞退员工和员工自己请辞之间，是有着天壤之别的。

笔者认识一家打火机企业的老板，企业形势好的时候，有1000多位员工。随着企业经营状况不断走衰，只剩下200多位员工。其中，大部分都是几十年的老员工，这位老板觉得于情于理都不能辞退他们。

这些员工见老板对自己如此厚待，主动提出不要工资，一起坚守不去，等待企业状况转好。

人性化管理对任何一家企业而言都是必不可少的，对遇到"拦路虎"、前后

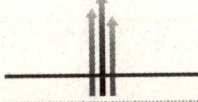

都被堵截的中小制造企业更是"必备良药"。企业家应学会人性化管理,用温情和技巧打造一支永不拆伙的核心团队。

"放水养鱼",给员工成长空间

不可否认,企业再小,对企业老板来说,也是在经营一番事业,是一件足以让人惊心动魄的事情,经常被人冠以"梦想的开始"。但真正实施起来就会发现,其实企业经营也是困难的开始。如陈毅元帅所言:"断头今日意如何? 创业艰难百战多。"

企业经营不像在单位里就业,能够预见一步步向上走的过程,而是像行走在黑夜中,看不清前方等待自己的到底是一只食人兽,还是一座金碧辉煌的宫殿。所以,千万不要一个人走夜路,最好有人与你一起携手前行,而且要保证这些人不会在半路上扔下你。

在中国诸多创业队伍中,涌现出了不少明星团队,携程"四君子"、万通"六杰"、新东方"三人组"……虽然现在他们已经各自为政,但不可否认的是,他们曾经都有一段心往一处想、劲往一处使的团结岁月,一段同舟共济、生死与共的经历。否则,任何一家企业都不可能走到今天,早已经被历史的大潮冲击得粉身碎骨。

虽然俗话说"铁打的营盘流水的兵",但是在中小制造企业团队中,必须有几个不离不弃、歃血为盟的"铁哥们"。他们的使命不仅仅是出卖能力来换取薪水,而是与你一起卖命打江山,可以在你钱包空空时倾囊而出,也可以在你深陷危机中与你荣辱与共,更是可以在你迷茫无助时为你指点迷津。

这样的中小制造企业核心创业团队中,固然有经济利益的成分,更有共同凝聚在一起的亲情、友情与责任,这种精神层面的力量往往更加强大持久:有福同享,有难同当,不离不弃,才能成为一体。

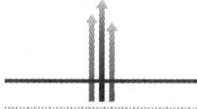

只是，这样亲如一家的中小制造企业并不是天生就存在的，任何人与人之间都不可能一见如故，情投意合、毫无猜忌地合作下去。更何况，中小制造企业现在这样困难，是一件费时、费力、费钱且不一定能讨好的事情。困难时，为生活所迫，企业员工难免会三心二意，当企业发展之路顺风顺水、日进斗金时，也不能保证每个人在利益面前不会胡思乱想，从而引发"兄弟阋于墙"的闹剧。

中小企业的人员流失率之高，已经是一个普遍现象。据国外一家研究机构对100家成长最快的小公司所做的调查，发现其中50%的创业团队无法在公司前5年中顺利存活。而1998年Chandler&Hanks在所研究的12个创业团队个案中发现，只有2家企业在创立的5年后，团队还保持创立初期时的完整性。

中小企业员工分崩离析，内部凝聚力丧失，这样的企业怎能走得久远？为保持企业团队的凝聚力，作为团队中的一员，中小企业主应该与员工建立稳定的私人友谊，通过感情、精神把公司员工凝聚在一起。

首先，建立共同的愿景。

一个美好而光明的愿景，是对中小制造企业未来的规划，既是企业的前途所系，也是中小制造企业中每一成员的未来。

只有中小制造企业中的每一位员工都将企业的未来视为自己的未来，才能把企业的事情当做自己的事情来做，才能真正建立起对企业的忠诚度。这样，即使企业遇到矛盾，因为有共同的愿景在前方，有成功的希望激励着大家，大家也可能会摒弃前嫌，继续携手前进。

反之，一开始就想着失败，并用"天下没有不散的宴席"等来"宽慰"自己，本身就为失败埋下了种子。你的精力都集中在失败上，就必然会遭到失败。正如学习自行车，如果发现马路前方有障碍物，你越不想碰上，偏偏最后越是会碰上。

其次，持续不断地沟通。

沟通是一把金钥匙，既能消除隔阂，又能增强亲近感，是维护中小企业员工

合作必不可少的一件"利器"。

中小制造企业的领导者要与企业中的每一位员工分享足够的信息，以保证每个人都有被尊重的感觉。如果当中有一两个人被忽视，而他们又从其他地方了解到这些信息，则难免会有被欺骗的感觉。

但是，企业中的不同员工肯定会有不同的看法，这时最好不要在公开场合辩论，将矛盾展示给他人。一来可能会影响员工信心，造成军心不稳；二来可能会被别有用心的人利用，破坏企业员工之间的关系。

再者，适当安排业余活动。

中小制造企业经营本身就困难重重，加上经济环境不佳，烦心事肯定防不胜防，企业员工在保持激情的同时，情绪上也往往会出现波动，在外界因素的负面影响下，某些员工很容易就会撂挑子，另谋其他出路。

当出现这种苗头时，企业领导者应该安排各种各样的业余活动，如聚餐、郊游等，暂时放下工作中的难题，放松员工沉重的心情，缓解员工紧张的情绪。在活动过程中，可以多讨论人生和休闲话题，将利益看淡一些，由此来拉近彼此之间的关系，也让每一位员工都能够感受到企业的温暖。

有时，人的苦恼很容易被驱散，部分爱钻牛角尖的人可能是因为没有得到适当的引导。一场外出郊游之后，你可能就会发现自己又变回了原来那个自信满满的人，每一位企业员工仍然是既可爱又可信。

第四，促进员工自我提升。

谈理想，谈未来，不能只是流于表面空谈，需要坚持不懈地努力。在此过程中，要使员工看到自身的成长和能力的提升，在增添员工个人自信之余，也能使员工看到企业走出困境的希望曙光。

适当的压力可以转化为动力。在日常工作中，可以让企业员工适当承担一些更具挑战性的工作，并授予他们更大的自主权，以满足他们自我实现的精神需要，同时促使他们不断提升自身能力。

在忙于日常工作之余,可以安排企业员工参加专业技能或销售技能等方面的培训,还可以不定期地开展管理方面的培训。

最后,不要太计较小事。

对于企业员工来说,明确责任与义务诚然重要,但有时"难得糊涂"也是完善自己心灵的鸡汤和企业运转的润滑剂。事实上,每个人都难免会犯错,已经发生的事实和错误,可以不用太计较。

与解决难题和弥补错误相比,斤斤计较毫无实际意义,反而可能会挫伤员工的积极性。如果员工犯错误之后能获得企业的宽宏谅解,则可能会生出感恩心和羞耻心,这两种情绪都会使员工以加倍的热情投入到以后的工作中去。

此外,中小制造企业领导者的真诚,也是打动人心和维持团队紧密度的一种无形筹码。在《赢在中国》中,史玉柱曾给参赛选手提出这样的忠告:领导者的内心真诚和对理想的坚定,是团队其他成员愿意不离不弃的真正原因。

一家企业的成功,绝不是一个人坚持奋斗的结果,而是一支目标一致、齐心协力的团队坚持奋斗的结果。将你的企业团队打造成一座坚硬的、无坚可催的城墙,就等于踏上了通往走出困境最坚实的道路。

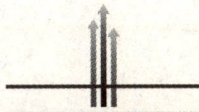

Chapter *4* | 第四章

银行"钱荒",到哪里找资金?

银行"钱荒"还会持续多久

"除非中国重新写出 500 年来资本主义金融历史的新篇章,否则令人炫目的高速增长带来的信贷泡沫终将破灭。"当英国广播公司播出这段警告时,并没有引起太多人的关注。但是,中国的银行却还是闹起了"钱荒"。

2013 年 5 月,光大银行和兴业银行的"拆借违约"事件,让人依稀嗅到一种别样的味道。此后,形势越来越严峻:2013 年 6 月 19 日,许多大型商业银行也加入到"借钱大军"。6 月 20 日,银行度过了最疯狂的一天,资金市场局面几乎失控。银行间隔夜拆借利率在数天攀高之后,飙升到 13.44%,银行间隔夜回购利率上升至 30%的历史最高位。

在他国看来,中国拥有极其丰富的外汇储备,属于"富有"国家,为什么会闹"钱荒"? 在大多数人的印象中,银行一向是最"不差钱"的"正牌"金融机构,为什么也会闹起"钱荒"? 如德国媒体所言:"中国面临资金匮乏的窘境,这听起来很荒谬。因为中国外汇储备高达 3.3 万亿美元,位居世界之首。"然而,德国媒体的一句话,却直指银行"钱荒"的"要害":"中国的银行系统显然正在陷入流动资金匮乏的危机。"

什么叫流动资金匮乏? 为什么银行会陷入流动资金匮乏的危机? 笔者用一句最简单的话来表示就是:"中国不是没钱,而是把钱放错了地方。"

根据央行公布的数据,2014 年 3 月末,广义货币余额为 116.07 万亿元,同比增长 12.1%。这项数据恰好证明中国经济并不缺钱。既然不缺钱,为什么会出现流动资金匮乏? 在笔者看来,这和"银子银行"不无关系。

影子银行泛指银行体系以外的金融中介所提供的金融服务,包括银行表外业务(如理财产品)、非银行类金融机构(信托公司、小贷公司等)、民间金融,笔者一直关注的民间借贷也在影子银行之列。

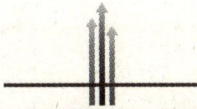

为何影子银行这两年风生水起？笔者总结为金融的"气球效应"。

一方面，为应对金融危机，国家出台了货币宽松政策，大量货币在市场上流动，就出现了大容量的资金池，这些资金四处流动寻找出口。

另一方面，到2010年年初时，极度宽松的货币政策终结，银行可借资金骤然减少，很多企业如中小制造企业，很难从正规融资渠道成功获得融资。此外，由于房产调控，政治敏感性很强的房地产行业借贷成为重点监控对象，作为一个"烧钱行业"，房地产行业急需找到其他输血机构。

同时，正规金融领域的利率也受到严控，只被允许在极为狭窄的区间浮动。按照市场逻辑，信贷紧缩，企业对资金的需求量猛增，利息也必定会相应提高。不过，有了利率管制这道紧箍咒，利息只能在小范围浮动，这便削弱了银行向私营企业贷款的积极性。私营企业抵押少，风险高，银行为了低利息而冒高风险放贷并不值得。

中国的储户也不愿意把钱存入银行。因为存款利率过低，算上中国的通货膨胀，实际存款利率为负值，即把钱存到银行是贬值的。与银行利率的不温不火形成鲜明对比，非官方金融机构的利率增长势头却正猛，储户更希望把资金交给各种影子银行以收取较高的利息。

过于丰厚的利润也让银行机构开始觊觎着淌水影子银行。许多银行纷纷推出理财产品，将理财资金交给信托公司，委托它们以信托贷款的形式贷给银行指定的企业。

有些胆子大的银行也打起了高利贷的注意，银行里的资金以各种暗度陈仓的手法，如联手担保公司做局放高利贷等进入高利贷链条。

影子银行是过度管制的产物。官方正统的融资受到严控，利率又低，同时融资市场的需求量激增，货币便会自发形成逐利的流动，大量资本"空气"挤到金融"气球"的另一侧——非官方金融市场即影子银行，影子银行规模就出现了迅速膨胀。

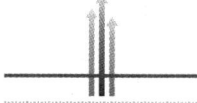

经过这几年的野蛮生长,影子银行规模庞大,已是不可小觑的洪水猛兽。它们不仅增加了金融领域风险,而且弱化了货币政策调控效果,如果不加以控制,最终必定会导致金融灾难。

但是,如何对影子银行加以管理? 在笔者看来,没有必要一刀切式地予以全部铲除。事实上,影子银行是把双刃剑,有利有弊。作为正规银行体系的补充,影子银行能为具有资金需求的企业或个人提供金融资源,同时也为投资者带来较丰厚的回报。如果没有这些形形色色的影子银行,很多中小制造企业恐怕早就破产了。

因此,管理影子银行宜疏不宜堵,只有为它们提供合理的泄洪渠道,找到更为合理安全的逐利方式,影子银行才能获得更为健康的发展。从长远来看,只有放开金融管制、消除金融领域的垄断,才能建立与中国经济发展相适应的金融体系,营造出更为公平合理的金融环境,促进中国经济更好的发展。

这是因为,在当前的中国,应对"钱荒"和管理影子银行是同一回事。放开金融管制、管理好影子银行,资金便能按照市场需求自由流动,也就相当于解决了银行"钱荒"问题。

从"钱荒"看中国制造融资困境

银行"钱荒",最受罪的当然是资金紧张的中国制造企业。中小制造企业家资金链紧张,四处求助无门。无奈之下,一些企业主为凑钱开始卖起了房子。例如,某企业主着急用钱,竟然把温州鹿城广场附近的一处房产,以 3.2 万元/平方米的价格卖了出去。要知道,这可是温州最贵的楼盘,曾经涨到 9 万元/平方米。

在温州,类似的事情不胜枚举。一家 500 多平方米的咖啡厅,刚刚装修完成,就要以每年 50 万元的租金和 150 万元的转让费转手;一辆原价近 400 万

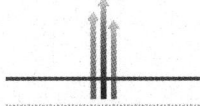

元、几乎全新的豪华跑车,要以 7 折出售……要不是着急用钱,谁会这样不惜血本地"大甩卖"?

为解决中小制造企业融资难题,温州市组织了一次"银企座谈会",呼吁银行对中小制造企业施以援手。但据笔者所知,很多银行不仅不愿意帮助企业渡过难关,反而大规模抽贷、压贷,导致企业资金链雪上加霜。银行的"逼迫",会不会成为压倒企业的最后一根稻草? 这并不是没有可能!

就在温州许多中小制造企业主纷纷感叹"'钱荒',中小制造企业更慌"时,东莞却有很多中小制造企业主表现得很淡定,并声称"钱荒"对他们没有影响。为什么没有影响? 说出来的原因颇让人无奈:"现在贷不到,以前也贷不到,一直都是贷不到!"

为什么一直贷不到? 其实,中小制造企业现在的融资困境,既和"钱荒"紧密相连,又和"钱荒"没有太大关系。

在我国,一直存在这样一种矛盾:一方面国民储蓄占 GDP 比例高达 45%,属于世界最高的国家,是典型的"不差钱";另一方面却是企业融资难,大企业融资难,有政府背景的公共基础项目融资难,中小制造企业尤其是民营企业融资则是难上加难。

对此,政府并没有视而不见、充耳不闻,由中央到地方、由行政到职能多次颁布鼓励加大对中小制造企业放贷的制度和政策。

市场上的资金不可谓不充足,但犹如漂浮在沙漠上空的一片片雨云,中小制造企业在翘首以待的同时,却发现自己连发梢都没有沾湿。在融资这条道路上,中小制造企业究竟踩到了哪些看不见的"地雷"?

首先,不健全的金融体系。

说一千道一万,中小制造企业融资难最根本的原因在于金融体系的不健全。金融体系是实体经济发展的结果和需要,是一个经济体中资金流动的基本框架,是涵盖了资金流动媒介、市场参与者和交易方式等各金融构成要素的综合体。

随着经济发展对资金需求的日趋旺盛,金融体系的融资功能备受关注。几乎所有的发达国家,都设有专门的政府部门和政策性金融机构,为中小制造企业发展提供资金帮助。例如,美国政府设有正部级的小企业管理局,在全国50个州中设有96个区域和地区性直属办公室,经国会授权拨款,可通过直接贷款、协调贷款和担保贷款等多种形式,为中小制造企业给予资金帮助;德国政府设有"马歇尔计划援助对等基金",专门负责直接向中小制造企业提供贷款,德国政府还对其政策性银行——德国复兴银行实行国家担保、不上缴利润和免税等三大优惠政策,鼓励其为广大中小制造企业提供良好的、甚至是低息的信贷服务。相比之下,我国在这方面的发展却仍旧差强人意。

一边是银行体系功能欠佳。在借贷结构上,银行信贷资金绝大部分贷款投向国有企业,一些机制灵活、效益好且效率高的民营企业却常常被银行拒之门外。

国有企业是银行放贷的青睐对象,而国有企业一般都采用中长期贷款,一些企业甚至将银行贷款用来炒股和投资,有些贷款企业还通过借新还旧等形式长期占用流动资金贷款。如此一来,银行只有通过减少中小制造企业的放贷量,来保证自身的资金储备。

另一边是资本市场稚气未脱。就股票市场来说,证券交易所主板市场规模较小,中小制造企业板还处于发展初期,规模小且行业覆盖面窄。交易品种和数量不够丰富、交易机制有待完善、收入模式单一等,都使得资本市场竞争效率有待提高。

在债券市场,公司债券品种缺乏无疑是最大的问题,目前只有少量的短期融资券、可转换公司债、可分离交易公司债和上市公司债,属于真正意义上的公司债仅约占债券市场总量的4.1%。

与前两者相比,商品期货与金融期货市场更是深陷规模小、品种结构单一的深坑,虽然也有大中型中介机构出现,但是其实力仍不敢让人恭维。

面对全球经济一体化的大趋势,中国市场终将完全被纳入全球经济体系。要真正破解中国制造企业融资难题,必须继续深化我国金融体系的市场化改革,建立以需求为导向的金融制度安排,并大力拓宽融资渠道,建立多层次资本市场,努力转变当前制造企业融资主要依赖银行和民间融资的局面,避免中国制造企业在外部环境不利的情况下出现资金紧张而引发倒闭潮。

其次,国民待遇的差别。

国民待遇,又称平等待遇,是指外国人同本国国民在享受权利和承担义务方面应有同等地位,即授予外国人所享有的权利不得低于本国国民所享有的同等权利。国民待遇原本是一种外交手段,具体运用到中国经济领域中,指的是国有企业与中小民营企业的地位差异。

改革开放的春风,吹开了中小制造企业成长壮大之花,却没有完全实现"翻身农奴把歌唱"的理想,中小民营企业仍饱受着诸多障碍与困扰。一些地方对中小制造企业仍存有偏见,中央政策落实到地方就完全变了味道,一些行业的市场准入还存在障碍;一些地方政府扶持力度不够,服务意识更是少之又少,有的甚至还对企业"卡、压、拿",致使中小制造企业融资难、人才缺乏、自主创新能力弱。

与根红苗正的国有企业相比,中小制造企业尤其是中小民营制造企业,像是"没爹没妈的一群野孩子",在国有企业与外资企业的夹缝中生长起来的它们,既缺少政策的"哺育",又缺少资金的"滋养",虽然"营养不良",却一直以顽强的生命力生长着。面对日益激烈的市场竞争,面对大型企业的强势进攻,中小制造企业因为力量的分散和悬殊,难免会发出哈姆雷特式的感叹:生存还是死亡,这是一个问题!

再者,正在缺失的诚信。

融资是一种互动行为,一头牵着企业,另一头连着金融机构,在抱怨融资难的同时,中小制造企业也不要只把目光投向不健全的金融体制、嫌贫爱富的银

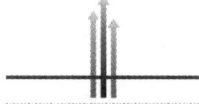

行等方面,还要看到自身的局限,而信用正是中小制造企业的软肋。

在市场经济条件下,企业融资是一种信用关系和信用行为,信用是企业跨入银行大门时的名片,是企业与银行合作的首要环节,只有"知根知底",银行等金融机构才有可能提供信贷,企业才能获得融资。

笔者一位在多家民营企业从事过财务工作的朋友王女士曾这样感慨:"毕业十多年来,我一直在企业做财务,对企业内部采取的一套做法熟透了。我换了好几次工作,就是想找一家不做假账的企业,但后来就彻底死了这条心。你不做假账,那只能走人。现在,有会计从业资格的人太多了,能接替你位置的人多的是。"

做假账只是企业缺乏诚信行为的一种,短期来看似乎有利于企业,可以获取高额利润,把眼光放长远来看,却为企业诚信抹了黑,为企业以后从金融机构获得贷款增加了难度。诚信缺失就像一把紧箍咒,套在企业头上,让企业在后悔的同时感受着无穷贻害。

温州某科技实业公司,是一家从事电子通讯产品、智能系统等相关技术开发和销售的高科技企业。公司抓住市场热点,发展得如火如荼,2006年即实现净利润3581万元,累计缴纳关税1.2亿元,因此也被评为"重合同守信用企业"。原本是"坐得正、行得端"的诚信企业,在2008年却发生了两次违规行为:一次是因少报多进而被海关罚款3万元,另一次是原产地申报不符被海关罚款1000元。此后,海关把这家公司列入"黑名单"交给银行,给公司以后的借贷留下了不光彩的一笔。

在诚信缺失的道路上,中国制造越走越远,也导致自身要获得其融资越来越难。中小制造企业将商业银行的歧视性待遇视为一种耻辱,同时中小制造企业还贷问题也是商业银行心中永远的痛。到期贷款不还或无力偿还银行贷款,是中小制造企业普遍存在的现象,有些企业想方设法还债,有些企业却在借贷时就没有还债的打算。

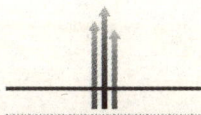

一家毫无诚信记录的企业，是很难赢得银行支持的，银行不是赌坊，不会拿资金去赌一家企业的未来。何况银行门前可谓车水马龙，面对信用等级高的企业，银行更是无暇顾及懵懵懂懂的中小制造企业。信用缺失，造成银行与中小制造企业之间的信息不对称，最终导致中小制造企业要凭信用获得贷款难上加难。

"钱荒"炙烤着中国制造企业，尤其是中小制造企业每一根脆弱且敏感的神经。我们必须正视"钱荒"对中国制造企业的影响，却也不能忽视现行金融体制对中国制造企业的束缚。否则，即使银行"钱荒"过去了，中国制造企业的"钱荒"却可能并未过去。

制造企业能不能融资，要看金融改革的口子有多大

距离 2012 年 3 月 28 日温州"金改"拉开帷幕已两年有余，期间围绕温州"金改"有共识也有争议，有希望也有焦灼……虽然温州金融改革已取得初步成果，但并未给温州民营经济和金融体系带来翻天覆地的变化，质疑声不断增多，拷问着破冰之旅能走多远。

过去两年多，温州"金改"的确做了大量工作，也初见成效。地方金融组织体系更为完善，建立了民间资本管理公司，引导民间资本投向，并发布了"温州民间借贷利率指数"；建立了民间借贷服务中心，为中小企业设立单独的制表考核体系，有利于提高中小企业的融资能力；此外，在监管体系上也有所突破，成立了地方金融监管局、金融仲裁庭、金融法庭等。这些成效拓宽了民间资本的流通渠道，有利于破解中小企业融资难、融资贵等难题。

不过，温州"金改"还在初步试水阶段，取得的成效依然十分有限。衡量"金改"能否取得成功的标准有三个：其一，中小企业融资是否依旧困难；其二，融资成本是否显著降低；其三，金融改革是否形成与市场经济相适应的完善体制。

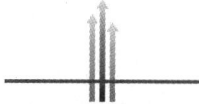

以这三个标准衡量温州"金改",温州"金改"的成果显然是不达标的。

当前,温州依然存在大量的融资难问题,企业家"跑路"现象也时有发生,同时银行的不良贷款率依然居高不下。根据官方公布的数据,温州市不良贷款率约为3.79%,个别银行甚至一度突破8%,远远高于全国银行业的平均不良贷款率。银行在权衡效益与预防风险时,其天平往往会向后者倾斜,选择从产生风险敞口地区抽贷、压贷,有些大银行的高层甚至表示可以"放弃"温州。银行抽贷、惜贷无疑使原先缺钱的企业更加步履维艰。

"温州危机"所带来的损失远不止经济伤害,更重要的是温州信用体系的削弱,企业与融资机构的信用度越来越低,银行不相信企业,企业也同样不相信银行。在温州,笔者每天最怕接的电话就是有企业家咨询贷款到期到底还不还的问题。笔者不知道如何回答。如果建议他最好不要还,否则银行就会抽贷,这等于让企业家失信;如果以信用之名劝导他还贷,他还贷后可能再也无法获得新的贷款。不仅银行与企业互不信任,就连企业与企业之间的信任基础也在不断削弱。

温州"金改"遭遇了瓶颈,有不少人便打起了退堂鼓,认为温州"金改"已经走进死胡同了。这种悲观的看法并不可取,我们应当相信:温州金融改革是大势所趋,也必将打破瓶颈,创造奇迹。

我国金融体制存在失衡现象,银行体系有钱,中小制造企业却拿不到钱,高利贷肆虐,导致了很多金融风险。这说明某种程度而言,中国的金融体系已无法适应经济发展的需要,急需改革。以温州作为"金改"试点意义重大。温州民间资本丰富,民间融资发达,同时游离于监管之外的民间融资利率高企,引发了高风险,也很容易成为社会关注的焦点。而且,民营经济发达的温州,受融资难等问题的影响,经济下滑令人担忧,所以中央选择民间金融和民营企业比较发达的温州作为试点,试图为打破金融垄断找到一个"突破口"。

在温州开展金融综合改革,能够切实解决温州经济发展中存在的突出问

题，引导民间融资规范发展，提升金融服务实体经济的能力。不仅对温州的健康发展至关重要，对全国金融改革和经济发展也具有重要的探索意义。

过去两年多温州"金改"之所以没能取得重大突破，缺乏可圈可点之处，在于胆子还不够大，改革的步子迈得还不够坚定。央行行长周小川曾提出，温州金融改革试验要允许"试错"。金融改革是深水区，牵一发而动全身，也会触及各方面的利益，任务相当棘手，这就需要更大的改革勇气和魄力，要允许"试错"，大胆地向前迈进，如果瞻前顾后、不敢越雷池半步，改革就成了一句空口号，自然难有大的突破。

当然，"金改"光有勇气和魄力是远远不够的，还需要理性和智慧，亦不能过于激进和鲁莽，应找到合适的改革落脚点，从合适的角度切入。

笔者认为，温州金融改革迟迟未取得关键进展的原因在于以下四个难点：一是民间资本在设立金融机构方面的融入度低；二是利率市场化缺乏试点，利率市场化改革推进难度很大；三是尽管个人资本、海外直投已经被列入试点条例，但远未进入实际操作阶段；四是地方金融监管身份尴尬，是否合法尚未有明确定论。要突破这四个改革难点，需要把握两个关键点。

其一，打破金融垄断，积极引导民间资本进入金融领域。

2012 年 4 月 1 日至 3 日，在宣布推行温州金融改革试验区 3 天后，时任总理温家宝同志在视察福建和广西时指出，解决民营资本进入金融领域，从根本上来讲还是要打破垄断。

不过，改革毕竟会触及既得利益阶层的利益，要想真正打破金融垄断，不在制度上入手是很难实施下去的。若金融垄断局面依旧得不到改善，金融改革也必将难以顺利向前推进。虽然金融行业是现代经济的核心，但其本身却也是一种高度虚拟的经济形态。金融行业要正常运转，必须依赖于各项金融制度。其中，最关键的两项制度就是自由、公平的交易制度和公正、公开的监管制度。

打破金融垄断，必须先从制度上入手，建立自由、公开和平等的金融交易准

入审核标准，并将之细化，使之具备可操作性。此外，还要强化针对垄断的监管制度建设。

一些监管者称，并未阻止民间资本进入金融领域，目前民间资本在一些股份制商业银行中也的确持有一定股份。但是，这些进入股份制商业银行的民间资本所占比例往往很低，属于没有话语权、经营权的小股东，还是强势的国有资本说了算。

引导民间资本进入金融领域，需要做到以下几点：

一是为村镇银行松绑，降低村镇银行的设置门槛，取消限制条件。民间资本和国有资本作为平等主体都可以充当主发起行，而不是只能由大银行来充当主发起行。二是打破垄断，允许设立以民间资本为主导的民营银行、社区银行等。三是取消"符合条件的小贷公司转为村镇银行"这一规定，改为"可以以小贷公司作为主发起人筹建村镇银行"。四是为民间借贷立法，允许民间资本放贷，并给予其合法地位，尽快出台《放贷人条例》，至今，该条例已六易其稿，但尚未出台；同时，建议在全国人大没有出台《民间借贷法》之前，地方政府可率先制定出台地方性法规，如在民间借贷最为活跃的温州，中央应尽快制定出台《温州民间借贷管理条例》。五是小贷公司实施备案制，由各省根据实际情况自行设立符合省内小贷公司运行的标准及数量规模，不能由国家"一刀切"；村镇银行、社区银行等小型银行的审批权下放到省一级人民政府，实行谁审批、谁负责。六是秉承"轻准入、重监管"宗旨，发挥地方金融管理机构的作用。

其二，坚定推进利率市场化。

作为金融改革的核心，人民币利率市场化改革已经谈了很多年，社会各界的呼声也很高。这场金融改革，若缺乏人民币利率市场化，便不能称为彻底的改革。

一方面，中央实施的人民币管制利率，大大低于市场利率，直接导致金融资源的配置流向国有大中型企业和政府扶持项目，即使民营企业愿意提供更高的

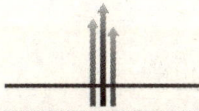

利率,银行资金也爱莫能助。另一方面,人民币存款的上限管制,带来的是"负利率"。与存银行相比,人们更愿意把钱以高利贷的形式贷给缺钱的中小制造企业,以获得更高的收益。

某种程度上讲,正是人民币利率管制加剧了高利贷的泛滥,把一些寻资金无门的企业逼上了绝路。2011年温州一些"跑路"的老板,正是被高利贷所逼迫。可以说,人民币利率市场化终将是大势所趋。

而且,利率市场化并不意味着利率一定会持续上升。如果正规金融机构信贷供给充足,民间借贷为了获得生存空间,未必会维持高利息,这将有利于为国有银行和民间资本创造一个公平的竞争环境。只有放开人民币利率市场化,才能带来充分的市场竞争,并最终形成一个合理的利率范围。

只有积极地推进利率市场化,才能真正解决中小制造企业融资难、融资贵的难题。

中小制造企业能不能获得融资,不仅取决于自身的实力、发展预期和融资技能,更要看金融改革的口子有多大。只有在金融改革的推动下,中国金融体制逐步趋于完善和健全,才能从根本上解决中国制造企业融资难题。

高利贷肆虐,民间资本还靠谱吗?

2011年9月,当有人告诉笔者"胡福林跑路了"的时候,笔者还觉得有些不可思议。

在温州商人中,"眼镜大王"胡福林是一个颇具影响力的人物;在温州企业中,信泰集团是一个颇有号召力的品牌。经过胡福林20多年的经营,信泰集团从一家手工作坊成长为集眼镜制造、太阳能、房地产等于一体的综合产业集团。2010年,信泰集团的产值达到2.72亿,2011年1—8月,虽然受到外部环境的影响,其产值有所下降,但是仍然达到了1.25亿元。

曾经,信泰集团因为极强的市场生存能力、良好的市场口碑和在同行业中的号召力而被看作是温州新一代企业的代表。作为颇具代表性的民营企业的老板,胡福林经常被政府部门、科研机构邀请为座上宾,人们几乎没有想过这样一个"眼镜大王"会出现什么财务问题。

胡福林"跑路",在温州掀起了一阵由高利贷主导的疯狂之舞,引发了一场声势浩大的温州老板"跑路潮"。此后,这股风潮由沿海向内地蔓延,民间资本丰富的鄂尔多斯地区,也出现了企业主"跑路"和自杀的情况,其"幕后黑手"也是高利贷。

既然"利滚利"的高利贷这么可怕,中国制造还该不该向民间资本融资?笔者认为,对于藏量丰富的民间资本,中国制造企业不能因噎废食,不能被其"高利息"的表象所吓倒,要认清其真实面目,然后加以恰当利用。

在温州,有这样一句流传较广的俗语,即"穷帮穷,富帮富,民企找民资"。如果说国有企业和大银行"门当户对",那么民营企业和民间资本可能就是"天生一对"。在民营企业和民营经济的发展过程中,民间借贷的作用举足轻重。

民间借贷,即指公民之间、公民与法人之间、公民与其他组织之间的借贷。民间借贷发迹于亲戚、朋友及邻里间的互惠互助,往往游离于体制之外,以人际关系为基础,具有很强的草根性。人们在进行借贷交易时,只需打借条,在借条上注明借贷双方的姓名和借贷金额即可。期限也不确定,随时可以收回。

民间集资的方式往往呈金字塔状。处在塔顶尖端的往往是"地下钱庄"、小额贷款公司和高级掮客、典当行、台会、担保公司等,处在金字塔最低端的则往往是散户。这些散户拥有的存款大小不一,几万、十几万甚至上百万元不等。

如今,民间借贷早已超出了最初功能,借贷人的范围也远远超出了亲戚、朋友及邻里范围,发展成为民间金融。工业、商业及学校、医院都有可能尝试这种民间投资方式。

民营企业,尤其是刚刚起步的中小民营企业,往往是"三无"企业——无资

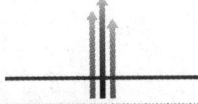

金、无技术、无市场，很难从银行获得资金支持。而民间借贷能弥补中国金融市场对中小制造企业扶持不足的缺陷，加之与中小制造企业的资金需求契合度较高，当然就成了中小制造企业发展道路上的助推器。

首先，民间借贷获取资金的条件相对较低。

换句话说，民间借贷没有银行放贷要求高。银行不会把一般的中小制造企业放在眼里，民间借贷却不同，门槛较低，不管企业经营规模或利润水平如何，只要商定好利率，企业具备一定的还款能力，就可以放贷。

其次，民间借贷的手续简便。

中小制造企业向银行申请贷款时，即使有幸得到银行的"垂爱"，也要历经千辛万苦才能拿到贷款。在办理过程中，中小制造企业需要提供繁多的资料，包括营业执照、会计报表、负责人身份证件、公司代码证书、验资报告、购销合同等；也要经过复杂的程序，如签订合同、办理公证等。

民间借贷则不必这么繁琐，往往在考察房产证明和还贷能力后，就可以签订合同，发放资金。

再者，民间借贷可以随时、随需借。

中小制造企业有其自身的经营特点，资金需求时间不确定，而且一旦需要，就必须在短时间内获得满足。

向银行提出贷款申请，按照正常贷款程序一切顺利的话，也需要一个月左右的时间。即便是同银行保持长期联系与合作的企业，也要经过约 10 天的等待。

相对而言，民间借贷的效率更高。一般只需要 3～5 天或更短的时间，中小制造企业就能拿到资金并投入到生产经营中。而且，也不用非要按照规定的日期还款，如果资金到位，可以随时提前还款。如果初次贷款后，因突发事件而再次需要，则可以再次借款。

最后，民间借贷的费用较低。

中小制造企业因为缺钱才去融资，如果融资过程要花费大笔费用，就有些

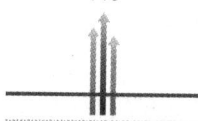

得不偿失。去银行等金融机构融资时,必须要经过公证、鉴定、验资、抵押登记等手续,这些手续的办理不仅需要时间,也需要支付费用。

民间借贷则不用,只要借贷双方交涉商量完成,花费较少的费用就可以完成融资。

正是具备以上优势,才使民间借贷市场日趋活跃起来。几乎每一家民营企业,都在发展的不同阶段或多或少地获得过民间借贷。

一位做了十几年服装生意的小老板,从来没有向银行贷款,企业发展所需资金或是向朋友借,或是企业之间互相拆解,或是向钱庄借钱。他的理由是:"做服装生意讲求的就是信息灵、反应快,现在社会上借给我的利息是8厘,而银行现在尽管利率降了,也要5厘多,还要审批等,太麻烦。"

温州德力西集团老总胡先生在企业经营之初,要建设一个产品检测中心,需要投入30万元,银行的高门槛让他望而却步,最后只得通过民间融资借了30万元,对其企业生死攸关的生产检测中心也最终得以建成。

但是,天下从来没有免费的午餐,到银行贷款有利息,民间借贷也有利率。加之民间借贷还没有被归入正规金融行列,没有正式的"身份",得不到法律保护,使得民间借贷的利率普遍较高。过高的利率为民间借贷蒙上了"趁火打劫"的阴影,对于一些还款能力强的企业,民间借贷可能是雪中送炭,而对于资金链脆弱的中小企业,则有可能是饮鸩止渴。

对于民间资本,一方面我们要采取谨慎态度,另一方面也不能把民间金融一棍子打死,一味采取堵、塞等简单粗暴方式加以打压等,不仅无济于事,还可能会催生更多的"草根银行"和地下钱庄。因此,最好的办法是改变民间资本的尴尬境地,通过法律手段为民间资本"正身",使其从地下走向地上,进行阳光化运作。

同时,中国制造企业在利用民间借贷融资时,一定要认识到民间借贷资金的特点和本质,合理合法使用民间借贷,以免重蹈"温州跑路老板"的覆辙。

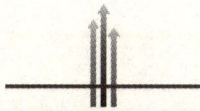

首先，要高度重视民间借贷的利率问题。

在民间借贷融资中，利率是一个核心问题。尽管《中华人民共和国合同法》第二百一十一条和《关于人民法院审理借贷案件的若干意见》中都有对民间借贷利率的规定，即"自然人之间的借款合同约定支付利息的，借款的利率不得违反国家有关限制借款利率的规定""民间借贷的利率可以适当高于银行的利率，但最高不得超过银行同类贷款利率的四倍"，然而却没有为民间借贷制定一个严格不变的利率。所以，每一次民间借贷的利率都可能不相同，可以由借贷双方商定。

在求助于民间借贷前，企业要先搞清楚计息的方式。计息方式有按年、按季、按月和按日计算四种，最常见的是按月计算。我们常常听说的"几分利息"，其实就是月息百分之几。最适合中小制造企业的计息方式就是按月或按季计算。

由于民间借贷利率一般较高，不适宜长期使用，按年计算不太合理。如果按日计算，则在借款时就开始付利息，即已经把利息算在借款本金之中，也不划算。

其次，使用民间借贷要考虑自己的承受能力。

中小制造企业融资难，却也不能见钱眼开，什么钱都敢用，一定要充分考虑自己和企业的承受能力。因为使用超过自身承受能力的资金，到时还不上将面临更致命的债务，企业发展势必会更加困难。

衡量自身能否承受，需将借贷本金、时间和利息三者结合起来。一般情况下，如果借贷资金在十几万或几十万元间，借贷时间在三个月内，利息在4分左右，对普通企业来说，偿还应该不会成问题。

如果借贷资金近数百万甚至上千万元，借贷时间又在一年以上，且利息也在4分左右，则本金和利息加在一起就不是一个小数目了。对普通企业来说，要偿还这种民间借贷几乎不可能。

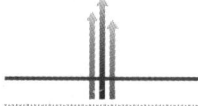

再者,无论如何,都不能把短期民间借贷当长期使用。

中小制造企业需要明白一个事实,即民间借贷的利率肯定比银行利率高。既然是高利息,拿来一时应急用可以,但是绝对不能长期使用。

在当前生产成本飞涨的年代,国内从事合法经营的中小制造企业,其利润都不会太可观。一年下来,可能连民间借贷的成本都不够支付。因此,长期使用民间借贷无异于自寻死路。

第四,严格控制民间借贷占企业总负债或总资产的比例。

在企业发展过程中,不可能没有任何债务,适度负债对企业也是有益的,但不能百分之百负债,否则便会深陷债务泥潭而无法自拔。

所谓适度负债,就是把负债比例控制在企业总资产的一定范围,比如50%之内。民间借贷的利率较高,对企业有较高的偿还要求。中小制造企业如果使用民间借贷,更要将其控制在适度范围之内,即必须控制在总负债的50%之内。而且,总体原则是越低越好。

最后,要按时还贷。

在使用民间借贷时,借贷双方会约定好还款日期。这种约定往往较为严格,一旦中小制造企业违反或拖延还款,后果很可能会是灾难性的。

如果在借贷时有抵押物,违约时抵押物便会被放贷人收走。此时,并不是按照抵押物的价值计算,而是以打折形式计算,通常是在5折之内,有时还会是2折甚至1折。本来价值10万元的抵押物,在放贷人那里,只能充当1万元或2万元,岂不是很冤枉!

如果企业在约定日期无法偿还贷款,那么还要支付放贷人赔偿率。赔偿率一般会远高于利息,可能还会采取复利方式。到时,中小制造企业面临的唯一结果就是破产。

中小制造企业使用民间借贷,一定要在还款日期前想方设法筹足款项,按时归还。

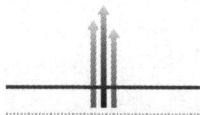

中国拥有海量的民间资本，它们为民间借贷的发展提供了充足的马力。随着国家在金融改革方面加大步伐，民间借贷必将被置于阳光之下，高利贷等不良影响也必会渐渐消退。到那时，民间借贷就会和中国制造企业光明正大地共生共存。

小微银行是门当户对的"资金池"

温州金融改革"十二条"中的第二条，为金融改革指明了一条大道，即成立小微银行，也即村镇银行。与此同时，也为想要融资的中小制造企业铺就了一条大道。其明确规定："加快发展新型金融组织。鼓励和支持民间资金参与地方金融机构改革，依法发起设立或参股村镇银行、贷款公司、农村资金互助社等新型金融组织。符合条件的小额贷款公司可改制为村镇银行。"

虽然都是为中小制造企业服务，小额贷款公司和小微银行并不完全相同。前者只贷款不存款，从性质上来说属于一般的工商企业，并不是金融机构。小微银行则属于正规的金融机构，既可以经营吸收公众的存款，又可以发放短、中、长三种期限贷款，办理国内结算、银行卡等业务，是真正意义上的"小银行"。

企业有大中小之分，根据资产规模、职工人数等元素，银行也有大中小之分。孟加拉国经济学家、2006 年诺贝尔和平奖得主穆罕默德·尤努斯，就创办了著名的"草根银行"——格莱珉银行，开展"微额贷款"服务，专门给无法从传统银行获得贷款的企业经营者提供贷款。

在我国，也有一些为中小企业提供服务的"草根银行"。

1979 年改革开放之前，我国的金融机构只有一家，即中国人民银行。此后，才逐渐恢复和新建了一些银行和非银行金融机构。除几大国有商业银行和集体银行之外，一些私人性质的股份制银行就是小微银行。它们须经银监会批准或国家金融管理部门允许，主要在城市或农村地区开展业务，一般规模较小，实

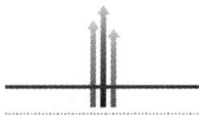

行独立核算,自负盈亏。

与国有银行和大型商业银行相比,小微银行的处境颇为尴尬。一味争抢国有大企业等"大客户",挤在独木桥上与大银行比拼,在大企业这片红海中搞同质化业务,显然不是明智的做法。从正确的市场定位出发,将战略发展重点调整为服务于中小企业,与中小企业站在同一条战线上,才是中小银行实现突破发展的合理选择。

与高高在上的国有大型银行不同,小微银行贴近所在社区,对中小企业经营状况更加了解,无疑具有为中小企业融资的相对优势。欧美国家近几十年的经济发展经验也表明,保留大量的小微银行、政策性资金支持、鼓励企业互助等,中小企业的融资环境便会获得大幅改善。

20 世纪 50 年代,德国就已经有 13000 多家银行,其中 80% 多是资产不超过 2500 万马克的小微银行;70 年代后,德国银行业开始持续兼并,现如今仍有 3400 家左右,其中 60% 以上仍是资产不超过 5 亿欧元的中型银行。中型银行由小微银行发展而来,与中小企业保持着业务上的密切联系。除德国外,美国也有 8600 多家银行,相比之下,中国却只有 300 多家银行。

小微银行数量有限,对中小企业融资造成了制约。我国银行机构密度、信贷服务机构的人口覆盖率和企业覆盖率远远低于国际平均水平。在中国,平均每两万人拥有 1 家银行,而美国是每两万人 5 家,德国是 10 家,意大利是 8 家;以企业而言,我国平均每千家企业拥有 9 家银行,而德国是 13 家,意大利是 44 家。

金融体系和经济现状,一定程度上折射出了我国经济发展的历史。小微银行的欠缺,与我国经济发展启动步伐晚不无关系。在计划经济时代,银行充当国家的"钱袋子",开办什么银行、开办多少银行,均由国家拍板决定,而不是由经济发展形势决定。

改革开放之后,小微银行开始浮出水面,但鉴于金融体系的不健全,国家在

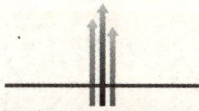

金融方面的管制没有完全放开，其发展还不能达到能够满足需求的速度。数量的缺少，表明小微银行发展潜力巨大，内部组织结构少、机构精简、管理成本低、经营灵活、交易成本低等优点，让其在助力中小企业融资时展现出了强劲的实力。

例如，注册资金为 50 万元的温州某机械厂，专门从事于制造称重传感器的钢制弹性体，由于采用了先进的生产工艺，产品在市场上销路畅通。但是，由于中小企业对环境尤为敏感，2012 年 7 月，经济危机还没有完全蔓延开来，该机械厂便已经感知到经济环境的恶化。为确保企业在恶劣环境下能够稳定发展，机械厂立即调整产品结构，谨慎引进新客户，但最终还是因为上下游企业的牵绊而出现资金周转速度减缓，难以满足企业的发展需求。2013 年后，订单如雪花般飘来，但资金却不能及时回流，机械厂无法补充原材料，生产经营一度濒临断裂。

由于只有机器设备等固定生产资料，缺乏可以抵押的房产，机械厂虽然试图向几家国有银行申请贷款，但都没有成功。前方是绝路，希望在拐角。机械厂企业主听从了朋友"温州银行政策很灵活"的建议，向温州银行求助。了解到机械厂遇到的困难后，温州银行马上进行实地调查。与国有大型银行只将眼睛盯在实物抵押上不同，小微银行更看重企业的发展潜力和企业主的个人品质，这一硬一软的差别，折射出了中国经济发展的两个不同阶段，让中小银行紧跟时代步伐，显现出无限的发展潜力。

在机械厂没有抵押和担保的情况下，温州银行通过"专保融"方式，为其联系签约专业担保公司，以担保公司担保的方式，借贷给该厂 150 万元。有了这笔资金的支持，机械厂业务发展得异常迅速。

中小制造企业和小微银行都有存在的必要性与空间，双方携起手来建立战略合作性投融资关系，是一项双赢措施。而不受国有大银行重视的中小制造企业，也越来越被小微银行视作未来业务发展的蓝海。

例如，在台州，泰隆银行的大部分客户都是贷款额度通常为 10 万～50 万元

的小微企业,银行贷前调查主要依靠客户经理采用独特的"三品三表"模式。"三品"指企业主的人品、产品竞争力和抵押品,"三表"指企业经营的水表、电表和海关报表,以此来了解企业的生产情况。

除了与企业主面对面交谈外,为获得对企业更全面、更准确的信息,泰隆银行还会采取其他途径了解企业的经营和生产情况。通过这些颇具"人情味"的调查,虽然接触的基本上是大银行忽视或心存忧虑的中小企业,但泰隆银行的收益情况却表现得较为抢眼。

小微银行与中小制造企业手牵手,可在经济寒冬中互相取暖,互相成就对方。当中小制造企业成长为一棵棵参天大树时,小微银行也定会在自己的领域内大有作为。

小微银行资金规模小,无力驾驭大项目,中小企业是他们的最佳服务对象。小微银行多为区域性的,比大银行更能掌握当地企业的信用和经营状况等信息,从而更能保证信贷的成功率。

不过,令人遗憾的是,中国的小微银行太少了。中国只有300多家小微银行,其余绝大部分是大银行。事实上,世界上绝大多数国家都以小银行为主。欧美国家的政府相当看重小微银行,他们通过采取政策性资金支持等方式,鼓励小微银行发展,以保证社会资本的利用效率。

推动小微银行的发展,需坚持不懈地推动金融改革,而金融改革的重点在于引进民间资本,打破金融垄断,特别是允许民间资本筹建中小规模的金融机构。

常见的民间资本运作是指资金供给者和需求者之间直接完成的,或通过民间金融中介机构间接完成的融资。其主要形式有农村信用社、农村合作基金、合会、民间借贷、私人钱庄、小额贷款公司等。民间资本以大而散为主要特征,数量庞大,如滚滚洪流,又散布在各个角落,企业处于危难时,民间资本可能是最不"嫌贫爱富"的。几乎每一家民营企业都在发展的不同阶段或多或少地得

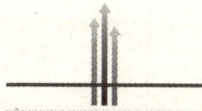

到过民间信贷。

小额贷款公司具有"小、快、活"的优势，面对的对象主要是中小制造企业、个体工商户和"三农"种养户等。只要贷款对象符合条件，一般只需2～3个工作日就能从小额贷款公司贷到款，可以解企业燃眉之急。

虽然民间资本已发展成为我国国有资本、跨国资本之外的"第三股力量"，但却一直被排斥在正规金融之外，这也造成了目前的一种无序状态。引导民间金融走向阳光化和规范化，成了业界一项势在必行的任务。

笔者认为，在中国，小微银行和中型银行并不是可有可无的，也不仅是一种辅助，而应是中国金融体系的核心。只有建立以小微银行、中型银行为核心的金融体系，才能真正与中国的经济结构相匹配，提高中国资本资源的利用效率，促进中国经济的良性运行和健康发展。

叫好不卖座，中小企业私募债还是好的选择吗？

当前，IPO大门刚刚打开。中小制造企业想要通过上市来融资，还有点难度。在这种情况下，不妨通过发行中小企业私募债来突破融资困境。

但是，对于中小企业私募债，可能很多人并不了解。作为中小企业融资方式的一种，中小企业私募债的本质是一种公司债券。

同是融资方式，银行贷款和上市融资除了发生地等诸多因素不同之外，还有直接和间接之分。银行贷款属于间接融资，银行只是一个金融中介机构，本身并没有资金，需要向社会吸收存款，然后将其贷给中小企业。上市融资则不同，属于直接融资，中小企业只是通过证券市场发行股票，由广大股民直接购买，企业募集的资金直接来自股民。

和上市融资相似，债券融资也属于直接融资。所谓债券，指的是政府、金融机构或工商企业等机构直接向社会借债筹措资金时，向投资者发行且承诺按规

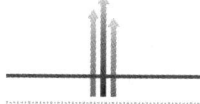

定利率支付利息并按约定条件偿还本金的债权债务凭证。

也就是说，银行贷款是向银行借钱，股票和债券是直接向社会"融钱"和"借钱"。上市融资是企业通过发行股票来融资，债券融资是企业通过发行债券来融资。

按照发行主体，债券可以分为政府债券、金融债券和公司债券三种。政府债券的发行主体是政府，目的是解决国家投资的公共设施和重点建设项目资金需要，以及弥补财政赤字；金融债券的发行主体是银行或其他金融机构，目的是改变自身的资产负债结构；公司债券的目的是为公司经营而募集资金，是公司依照法定程度发行、约定在一定期限还本付息的有价证券。

在国外成熟的资本市场，债券融资比银行贷款和上市融资更受欢迎，这是因为债券融资具备更多的优势。

与银行贷款相比，债券融资不需要担保，募集而来的资金更加稳定，使用期限更长，使用更加自由。虽然长期贷款利率更高一些，但为了避免呆坏账，保证资金安全，银行一般不愿意提供巨额且长期的贷款，而债券融资大部分却以中长期资金为主。

而且，企业通过发行债券融得的资金可以自由使用，不受债权人的限制。银行贷款则不然，银行会制定一些限制性条款，限制借出资金的使用范围，还会对企业的资产负债率等有所限定。

和上市融资相比，债券融资的成本更低。债券融资的利息可以计入企业成本，能够抵扣部分税金；而发行股票的利息需要在税后利润中支付，不仅公司法人需要交纳税务，股份持有人的那份也不能缺少。

不仅如此，企业发行债券融资，不会使企业股权被稀释，债权人没有权利干涉企业的日常经营和决策，而上市企业发行股票融资却不同。如果某个机构或个人手里掌握的股票份额太大，可能会左右企业的日常经营。

另外，从作为出资方的投资者角度来说，债券合约也比股权合约更节省成

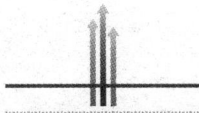

本，其中的关键在于节省了监督成本。在投资方与融资方签订的股权合约中，监督条件并不十分严格，融资方因道德问题而出现违约现象时有发生，投资方需要花费相当高的成本对企业经营进行监督。但如果双方的合作是通过融资方发行债券实现的，那么由于债券合约是一种规定融资人必须定期支付固定金额的契约性合约，故而并不需要进行实时监督。

发行债券，既可以解决企业的融资需要，也可以在一定程度上减轻投资者的负担，其优势正在日益显现。

2006 年时，我国《公司法》还对"企业债券"市场设置了高门槛，规定"股份有限公司、国有独资公司和两个以上的国有企业或者其他两个以上的国有投资主体投资设立的有限责任公司，为了筹集生产经营资金，可依照规定发行公司债券"。

这种局面在 2007 年被"拨乱反正"。2007 年年初的全国金融工作会议将"建立多层次的资本市场体系，在稳步发展股票市场的同时，加快发展债券市场"定为主基调，企业债券融资的步伐加快。

2009 年年初，国务院办公厅发行的《关于当前金融促进经济发展的若干意见》和 2009 年央行年度工作会议，都强调要大力发展债券市场。工作会议还提出，要"继续开展中小企业短期融资券试点，研究在银行间市场推出高收益券和中小企业集合债券"。2009 年 1 月 7 日，央行又取消了对在银行间债券市场交易流通的债券发行规模不低于 5 亿元的限制条件。

政策鼓励激活了中小企业债券融资市场。2011 年，就有 53 家证券公司参与企业债券主承销。和 2008 年的 29 家相比，增加了将近 1 倍。随着证券公司越来越重视企业债券承销业务，越来越多的中小企业通过发行债券募集到了发展所需的资金。

2012 年 5 月 23 日，沪深两交易所发布了《中小企业私募债券业务试点办法》，启动中小企业私募债业务试点。

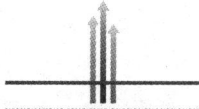

不同于其他公司债券,中小企业私募债对发行人没有盈利能力和净资产上的门槛要求,发行主体是我国中小微企业。在境内市场以非公开方式发行,且发行利率不超过同期银行贷款基准利率的 3 倍,期限在 1 年(包含 1 年)以上。可以说,这是一种完全市场化的公司债券。

作为中小制造企业融资方式的一种,中小企业私募债的发展脚步明显快于其他融资方式。2011 年 12 月,在出席"第九届中小企业融资论坛"时,刚刚上任的证监会主席郭树清首次公开表示,"将推动高收益债金融产品创新"。6 个月之后,2012 年 6 月 11 日,第一只中小企业私募债——"12 苏镀膜"挂牌并完成第一笔非公开转让。

自 2012 年 6 月 11 日至今,中小企业私募债"面市"已经有两年多,试点范围在不断扩大。早在 2013 年 7 月 15 日,证监会就明确表示,将进一步扩大中小企业私募债试点范围。

对中小制造企业来说,发行私募债是一扇渐渐张开的大门,引得众多中小制造企业纷纷叫好。但是,这扇大门是否真的完全张开怀抱,足以迎接所有的中小制造企业?答案未必尽如人意。

2012 年 6 月,中小企业私募债刚获批时,当月全国共发行 24 只中小企业私募债。其后的状况一直不容乐观:2012 年 7 月、8 月都只有 8 只中小企业私募债发行,2012 年 9 月更是跌入"零发行",2012 年 10 月开始有所回暖,但仍一直处于徘徊期。

2013 年,中小企业私募债发行并没有出现绝地反击,仍旧处于萎缩状态。自 2013 年 5 月以来,中小企业私募债每月的发行数量都不足 10 只。

中小企业私募债一开始广受好评,后来却为何"不卖座"?由此来看,中小企业私募债还是中小制造企业一项好的选择吗?

中小企业私募债之所以"不卖座",一个制约因素就是私募债投资者条件的限制。现在,私募债的投资者主要是券商和基金等机构,银行、保险公司等大型

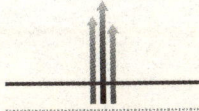

机构投资者不能购买私募债。但是,券商和基金机构的资金量极为有限,不可能大量购买私募债。再加上中小企业私募债不强制要求评级,券商和基金机构的内部评级制度尚未建立或不完善,短时间内难以大规模去购买私募债。

针对这种状况,笔者认为,首先要放松限制。虽然深交所和上交所对机构投资者设的门槛并不高,但银监会和保监会都对银行理财产品、公募基金、保险产品等进入中小企业私募债市场作了严格限制。上交所和深交所对个人投资者进入私募债的门槛限制较高。这些限制使得一些投资机构和个人投资者无法进入私募债市场,制约了私募债的发展。其次,政府在政策上对优质的中小制造企业给予信用支持,对私募债券发行在财税政策上给予一定的优惠,可以为私募债的发展增加动力。

由以上条件来看,大部分中小制造企业想要获得发行债券的资格,仍旧不是一件容易的事情。中小制造企业在等待国家放松限制和提供政策支持的同时,应该确保自己具备良好的信用。

企业在具备发行债券的资格后,在发行债券的过程中,必不可少的一个程序,也是决定债券融资质量的关键一环,就是评定债券信用等级。在企业提出发行债券的申请之前,必须先去债券管理部门指定的资信评估机构,对所要发行的债券信用等级进行评定。只有资信评估机构对企业所要发行的债券信用等级评定为 A 级[①]以上,企业才能真正提交发行债券的申请。

所谓的债券信用等级,是指资信评估机构对企业发行债券的一个综合评价。评价内容包括债券募集资金的合理性、按规定日期偿还债券本金和利息的能力和风险程度。

至于评级依据,一般会有以下几方面要素:企业发展前景,包括企业规模、

---

① A 级指具备较高的还本付息能力,投资风险较低;AA 级指具备很高的还本付息能力,投资者基本没有风险;AAA 级指具备极高的还本付息能力,投资者没有风险。

利润、产品质量、员工素质等方面,以此来判断企业的竞争力和前景,分析企业未来的发展状况;企业的财务状况,包括企业的债务状况、资金周转能力、财务的弹性和稳定性等方面,以此来分析企业的偿债能力;企业发行债券时的约定条件,包括企业发行债券时是否有担保、债券的期限等,以此来判断企业发行债券的风险。

不得不说,野蛮生长的中小制造企业在信用和透明度方面存在着先天不足,对其进行信用评级不是一件容易的事情。要想能够早日通过发行债券融资,在期待国家政策眷顾之余,中小制造企业还要在"规范"上多做功课,提高自己的信用级别。

政府会不会出台更多扶持中国制造发展的政策?

企业的资金链紧张,无异于冬天来了。冬天的确很寒冷,但只要穿上过冬的棉衣,咬咬牙,熬到融资的春天,兴许就能峰回路转。融资的春天在哪里? 在于各种金融机构,也在于国家的政策扶持。

任何企业都不是社会上的孤立链条,企业的发展既离不开优秀的企业领袖、卓越的内部管理,更离不开和谐融洽的外部环境。对想融资的企业来说,不能小觑任何资源的能量,在关键时刻,不甚起眼的外部资源可能就是企业救命的稻草。给点阳光,就要抓住一切机会灿烂起来,发动全身每一根神经,打通融资渠道。

在各种外部资源中,政府部门的环节绝不是不起眼,而是绝对可以起到救命作用。与政府、银行关系融洽的企业,往往更容易得到资金援助。改变民营企业的弱势地位,改变短命基因,就要处理好与政府的关系,把政府这把"保护伞"握在手中。

2013 年是本届政府任期的第一年。面对经济增速放缓的形势,政府开始积

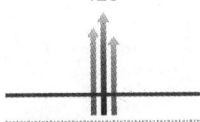

极部署各项改革,为中国经济注入了"新鲜血液"。2013年3月,新任总理李克强首次召开记者会后,"李克强经济学"一词连同"踩刹车、转方向"政策措施一道,成了国内外各大媒体争相报道的内容。

《南方周末》把"李克强经济学"归纳为"让中国经济重回市场的轨道"。英国投资公司巴克莱资本,则将其总结为"三个点"——无刺激、去杠杆和结构改革。

针对中国经济的命脉——中国制造企业的扶持政策也呼之欲出。

2013年5月6日召开的国务院常务会议,描绘了一幅粗略的金融改革路线图:稳步推出利率、汇率市场化改革措施,提出人民币资本项目可兑换的操作方案;建立个人投资者境外投资制度,制定投资者尤其是中小投资者权益保护相关政策,出台扩大中小企业股份转让系统试点范围;规范发展债券、股权、信托等投融资方式。

2013年6月19日,李克强总理在国务院常务会议上首次提出:"推动民间资本进入金融业。鼓励民间资本参与金融机构重组改造,探索设立民间资本发起的自担风险的民营银行和金融租赁公司、消费金融公司等。进一步发挥民间资本在村镇银行改革发展中的作用。"

以上政策显示出政府对金融改革的决心和魄力。利率市场化改革、中小企业股份转让、鼓励民间资本进入金融业等政策措施,目的都是为了建立同经济转型相匹配的金融体系。而作为经济转型的主体力量,中国制造企业自然是其受益者。中国制造企业融资难题,定会随着金融体系趋于完善而不断得到解决。

在政府"实施金融改革、促进经济转型"政策大方向的指引下,未来会不会"延伸"出更多的、对中国制造企业更具针对性的扶持政策?笔者认为,这是极有可能的。

但是,从历史来看,政策往往具有时滞效应。在期待政府出台更多扶持政

策的同时,中小制造企业也不要忘记现有的政策,从已经实施的政策中发现更多的融资良机。1999 年 6 月 23 日,经国务院批准设立的创新基金,首开政府基金市场运作的先河,以无偿资助和贴息贷款的方式,引领科技型企业在技术创新、结构调整、资本运作等更深层次上的改革探索。

此后,随着政府充分意识到中小制造企业在国民经济中不可或缺的地位,特别是各省市地方政府,为增强当地的竞争力,开始采取了一系列方式来扶持中小制造企业。各级政府相继设立了一些政府扶持基金,这对于想要获得资金的中小制造企业来说,是一个很好的机会。

以下介绍几种方便中小制造企业申请的基金,以供大家选择:

(1)科技型中小企业技术创新基金。

该基金是 1999 年经国务院批准成立的,为扶持、促进科技型中小企业技术创新,用于支持科技型中小企业技术创新项目的政府专项基金。它主要是通过无偿支助、贷款贴息和资金投入等方式来扶持中小企业,目的是培育有中国特色的科技型中小企业。

2013 年,根据党中央、国务院"加快结构调整、促进经济发展方式转变"的总体要求,基金重点加强了对新能源开发、资源综合利用、环境保护、卫生健康、现代农业等领域关键技术创新的支持。

(2)中小企业国际市场开拓资金。

2001 年 12 月 11 日,是中国市场经济发展史上具有重要意义的一天,中国终于叩开世界贸易组织的大门,成为 WTO 的第 143 个成员。

也是在这一年,为支持我国中小企业开拓国际市场、参与国际竞争、降低经营风险,国家启动了中小企业国际市场开拓资金。这项资金由商务部、财政部共同建立,用于无偿支持中小企业开拓新兴国际市场,主要内容包括参加境外展览会、国际市场宣传推介、境外市场考察、创建企业网站、境外投(议)标等11 项。

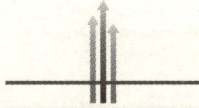

例如,为开拓国际市场,某文化用品公司每年都要去国外"旅游",即到欧美、东南亚等地考察市场,只要听到国际市场开办文化用品展览的消息,都要去摆摊设点。长此以往,虽然为公司在国际市场积累了可靠的信誉,但每年下来都需要支付一笔不小的开支。

这家文化用品公司有质量上乘的产品,但其发展却因资金有限带来的障碍而磕磕绊绊。在一次参加展会时,该公司负责人了解到国家关于中小企业国际市场开拓资金的扶持政策,便立即向当地经贸局申报,结果获得批准。当年,该公司创建企业网站、到韩国进行市场考察和参展、印发市场推介材料、参加德国展览等,共获得"额外补贴"近 13 万元。

对于中小企业国际市场开拓资金,国内外贸出口型中小企业也要大胆尝试,高度关注、掌握外经贸政策动向,通过提升产品质量、加大科技投入、加强管理等手段,积极开拓市场,善用、会用国家扶持资金。

(3)中小企业发展专项资金。

中小企业发展专项资金是依据《中华人民共和国中小企业促进法》,由国家发改委、国家工信部和财政部在 2004 年设立的,专门用于扶持中小企业专业化发展、与大企业协作配套、技术进步和改善中小企业发展环境等方面的专项资金。这项资金中不包含科技型中小企业技术创新基金。

这项资金每年申报一次,在上半年申请。企业发展往往与社会发展同步,中小企业发展专项基金的扶持内容更加人性化,根据社会经济发展状况,每年都会略有不同。

2008 年,我国四川汶川发生历史罕见大地震,汶川重灾区的中小企业,与出口困难大、中小企业多的纺织行业一起,被列入专项资金的支持重点。在灾区项目选择上,为帮助灾区恢复居民生活、改善居住条件,专项资金对一些地震垃圾处理类的中小企业和新型建材项目给予了专门资金扶持。

企业在为找不到资金总结原因时,往往会将国家政策的限制列入其中,仿

佛中小制造企业是被歧视的群体。殊不知,其中掺杂着信息不对称的成分,一方面是国家政府推出各种扶持政策,大量资金蓄势以待,一方面是并不知情的中小制造企业。与其在风险投资市场、银行面前低头弯腰地"请求"融资,倒不如广开信息渠道,及时了解国家相关政策,说不定某天政府的资金馅饼会砸到自己头上。

首先,与政府打好交道。

政商关系是一个敏感话题,但离开政治,企业很难谈论更快更好地发展;企业家不能不去学会更好地驾驭政治资源,使形势变化为我所用。只有与政府建立良好的关系,才能让有潜力的企业获得政策支持,实现更好地发展。同时,政府也能通过领军企业的发展,获得税收等好处,实现真正的双赢。

做企业,不应仅关注市场、技术,还要重视资金,因为这些都是无源之水,而资金才是进行一切活动的前提条件。企业负责人要学会融资,学会免费利用政府的扶持资金。与政府打好交道,不仅不会耽误企业的发展,政府反而可能会在企业身处危机时刻拉自己一把。

其次,眼观六路,耳听八方。

想要获得政府扶持资金,还要学做融资"包打听",认真学习政府有关产业政策和扶持政策,看清楚政府扶持对象是哪些产业,自己的企业是否属于其中之列。

如果符合某类基金的申请条件,接下来企业就应该认真了解相关程序,对申请需要的材料和程序过程,都要做到胸中有数。

但一切的前提是对信息的掌握。了解信息的途径多种多样,不一定非要天天往政府部门跑,直接与政府有关主管部门人员交谈,还可以经常关注政府部门网站,因为相关消息可能会在第一时间得到更新;行业协会是信息中转站,平时可以多参加一些行业协会举办的活动和讲座;也可以时常向专家、专业人士或中介机构咨询。

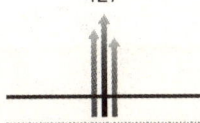

再者，善于包装自己。

企业抢占市场不能打无准备之仗，必须先对市场需求进行科学调研。同样，企业申请政府基金也不能莽撞行事，直奔主题，必须先适当包装自己，将申请前的准备工作做足。

包装是一门艺术，不是人们脑海偏见中的作假，而是一种对自身价值的发现。在可行性报告或商业计划书中，充分挖掘企业的内在价值，即对企业进行详细分析后，科学客观评价企业在市场、生产等方面的优势和劣势，并强调说明自己所拥有的核心技术和发展潜力。

不仅政府扶持基金，大多数金融机构都颇为看重企业的无形资产，在申请书中，企业可以对以下几点进行详细论述：科技成果的鉴定；企业标准的制订；重点新产品的申请；科技进步奖的评选、企业的信用评级；重信誉、守合同的评比；高新技术项目（企业）或软件企业的认定，等等。看到这些，政府往往会增加企业的印象分，在进行企业评比时，心中的天平自然就会向企业倾斜。

政府资源是中小制造企业发展的重要辅助力量，中小制造企业应及时利用好这些资源。但也不可过于心急，面对这一难逢的机遇时，还需要小心谨慎把握。寄希望于政策的"十全十美"，到最后只能发现是竹篮打水一场空。政策的最显著特点即具有时滞性，根据出现的问题和状况制定政策，而在具体实施中，又会产生全新的层出不穷的问题，这是对政策制定者分析和判断能力的考验，也是对政策运用者的考量。

国家推出的各项扶持基金，是中小制造企业可以借力的东风，但却不是企业定能顺利发展的保证。企业发展是一个漫长的过程，融资问题的解决只是其中一环，中小制造企业要想走得更快更稳，还需要自身坚持不懈地努力。

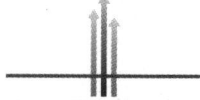

Chapter 5 | 第五章

创新金融中的融资机会

从飞机到复印机：融资租赁为中国制造提供固定资产

早在 2009 年时，笔者收到一封"介绍信"，内容如下：

温州中小企业发展促进会周德文会长：

你好，我们是杭州万向租赁有限公司，很高兴有机会向您介绍融资租赁业务。

结合当前经济环境，世界在期待中国，而中国的增长极在众多的中小企业。中小企业发展事关城乡经济繁荣，事关民生就业，事关社会和谐稳定。破解中小企业融资难题，需要企业、政府和以银行为代表的金融服务机构通力合作……

目前，很多省市已经把融资租赁作为仅次于银行贷款的融资渠道。作为一个融资租赁从业者，对于这项金融认识上的进步，我们是非常高兴看到的，也非常愿意和贵协会一起为服务中小企业作出自己的贡献……

万向租赁

2009 年 5 月 22 日

这是浙江杭州万向租赁公司写给笔者的一封来信，信中表达了合作愿望，更表达了一种向中小企业介绍融资租赁的需求。对中国制造企业，尤其是中小制造企业而言，走出融资难、融资贵的困境，融资租赁不失为一条有效途径。

目前，部分中小企业，尤其是制造业中小企业，正在进行产业结构的升级换代，因难以符合银行信贷要求而不能获得贷款，无法购买更新一代的设备，进而无法扩大再生产，当然也就没有符合银行要求的设备予以抵押。

对中小制造企业来说，融资的目的可能是购买新设备，但这好比一些年轻

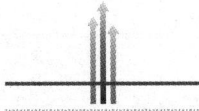

人买不起房子就租房子住,中小制造企业买不起设备也可以租。融资租赁为中小制造企业指明了一条道路。

所谓的融资租赁,是指出租人对承租人所选定的租赁物进行以融资为目的的购买,然后再以收取租金为条件,将该租赁物中长期出租给该承租人使用。

其具体操作程序是:如果企业有意以租赁方式购买某种设备,当选定设备品种、型号、规格和交货条件之后,向租赁公司提出办理租赁业务的申请,经过租赁公司审查且认为项目具有可行性后,由租赁公司代替企业融资,并根据承租人要求向供应厂商购买其所需要的设备,然后交由承租人使用,承租人不需要自己亲自融资并购买设备,只需要按期交付租金。

融资租赁并不是一种短暂的合作,期限会比较长,与设备的使用寿命相当。但是,在整个租赁期间,承租人只对租赁物具有使用权,且必须承担维修保养设备的义务,所有权归出租人即租赁公司所有。如果承租公司想要拥有设备的所有权,可以在租赁期结束后,向租赁方交付双方商定的货款,如果租赁方同意,承租公司就可拥有对设备的完全支配权。

由此可见,融资租赁是一种通过短时间的、低成本的特定程序将资金与设备紧密结合的资金融通方式,对资金短缺的企业而言,融资租赁处处散发着"诱人"的光芒。

首先,不同于银行借贷,融资租赁对企业的资信要求和项目的担保要求相对不高,可以参与银行不能经营的范围,填补了银行贷款的空白。购买设备的货款由租赁公司全额支付,企业只需要分期偿还租金即可。

其次,低廉的融资费用。与银行贷款等相比,融资租赁是一项划得来的"买卖"。诚然,融资租赁的租金比银行贷款的利息要高一些,但对比银行单纯地贷给资金,融资租赁是一套组合服务,租金中包括了项目评估和设备选型等前期工作产生的费用,以及设备采购与服务所产生的费用,将这些计算在一起,就可以看出融资租赁成本相对而言并不算太高。

再者,节省了时间成本。企业融资的目的是补充生产所需,获取的部分资金会用在采购上,一般性的融资只提供企业资金,并不负责帮助采购,而融资租赁将融资和采购两个程序合二为一,可提高企业的工作效率。一方面,它减少了企业采购的复杂手续,让企业能够以最快的速度抢占市场;另一方面,租赁设备的手续比正常贸易简便、快捷,突出表现在进口租赁方面,租赁公司还可代替企业签署进口合同,将进口时间缩短至1～2个月。

最后,保证中小制造企业现金流的畅通。银行贷款的偿还时间,往往比企业使用银行贷款购买设备的使用寿命要短。融资租赁却不同,租赁而来的设备接近资产的使用期限,企业成本可以在较长时间内分摊,对资金短缺的中小制造企业而言,既避免了引进设备大量耗用资金而造成的资金周转困难,又带来了较高的投资效益,构筑了一道中小制造企业现金流的防护墙。

融资租赁将金融、贸易和生产三者紧密结合,将消费信用、商业信用和银行信用有效叠在一起,实现了资源的优化配置。在西方国家,融资租赁已成为仅次于银行借贷的金融工具。据统计,全球有近1/3的投资是通过这种方式完成的。1980年,英国财政大臣在预算演说中就曾指出,“通过租赁筹集资金已成为一种重要的——在许多情况下不可缺少的——制造行业的投资来源”。

我国金融租赁起步于改革开放后,初期被广泛用于国家基础设施建设以及垄断系统。例如,通过融资租赁,中国民航系统引进了国际先进机种300多架,累计金额高达150亿美元;邮电系统引进了移动通信和程控电话设备,累计金额超过20多亿美元。随着融资租赁的门槛逐渐调低,民营企业也开始参与其中。

上海光明乳业成为融资租赁的受惠企业之一。之前,由于光明乳业公司服务器和存储器等设备性能低、吞吐量不够,经常“闹情绪”,干扰了光明员工的工作情绪,公司系统的正常运作也受到了影响。当光明乳业信息中心赵主任将目标锁定在IBM高端服务器和存储设备上时,IBM业务经理的一句“为什么不用

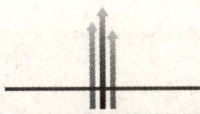

租赁呢"，使融资租赁业务第一次被引入光明乳业。此后，光明成功地租赁IBM服务器，经过7个月的调试与运行，新的ERP系统正式上线运行，光明乳业也实现了全国订单的统一计划和配送。

一位通过融资租赁完成技术改造的民企负责人这样表示："在中小企业融资困难的情况下，中小企业通过中小企业融资租赁的方式，只需少量资金就可以取得所需的先进技术设备，然后边生产、边还租金，大大缓解了大部分中小企业面临的技术改革中的资金紧张问题，促进了中小企业设备的更新换代。"

市场的大门越来越开放，企业在发展，融资需求也越来越迫切，每一种真正切实可行的融资方式也会随之演变。据了解，到2012年年末，我国已有各类融资租赁公司近600余家。其中，上海、北京、天津的融资租赁公司数量均超过了100家。

融资租赁业务正在向中国企业抛来橄榄枝，中小制造企业要想接住，首先必须转变观念，不要只一味想着借钱买属于自己的设备，租用设备也能让企业发展壮大。

根据《幸福杂志》的调查，美国每10家公司中就有8家利用租赁方式获得设备，资产的所有权与使用权可以相分离，企业经济效益并不取决于对资产的占有，而取决于对资产的充分利用。

企业想获得发展，就需不断更新自己的观念，特别是在缺少资金的时候，更是不能保持固有观念。缺少买设备的资金，不妨先考虑融资租赁。

当然，选对租赁对象很重要。目前，我国租赁市场并不成熟，缺少专业性的监管机构和法律体系，企业在租赁时需引起十二分的注意，综合考虑租赁公司的融资要求、租赁金、租赁设备质量、折旧风险等各方面因素。

融资租赁已为中国制造企业开辟了一条融资新通道，方兴未艾的租赁市场也开始显示出对中小制造企业发展的巨大推动作用，但中小制造企业想要搭乘这趟融资租赁便车，还必须要"摸着石头过河"。

票据融资：没担保，小制造企业照样可以获得贷款

制造企业在采购销售中，往往采用商业汇票方式进行结算，辛苦忙碌了一段时间后，企业手中可能只是持有大量商业汇票，而不是所急需的现金。从企业收到票据到可以提现之间，最少还有几十天甚至三百天左右的时间。在这期间，资金处于闲置状态，不能实现其使用价值。此时，如果银行承兑汇票和付款方是优质大型企业，则制造企业可以采用票据贴现的方式进行融资，这样做不仅具有成本低的优点，还可以"超前使用"，即把明天的钱提前到今天用，并用来赚后天的钱。

票据贴现，是指资金的需求者将自己手中没有到期的商业票据、银行承兑汇票或短期债券向银行或贴现公司要求变成现款，银行或贴现公司接受这些未到期的票据或短期债券，按票面金额扣除贴现日以后的利息后付给现款，到票据到期时再向出票人收款。

对持票人而言，贴现是一种将没有到期的票据出售给银行以获得流动性的行为，可以提前收回垫付给商业信用的资本；而对银行或贴现公司来说，贴现则相当于一种与商业信用结合的放款业务。

与发放贷款相似，票据贴现也属于银行的资产业务，都是为客户融通资金，但两者之间也有诸多不同之处。首先，利息率不同，持票人将票据贴现是为了提前得到资金，这笔资金确有来源，与两手空空申请贷款相比，利率自然会相对较低；其次，资金流动性不同，贴现银行在票据到期时才能向付款人要求付款，但贷款有期限，在到期前不能收回；再者，利息收取时间不同，贴现利息在业务发生时就从票据面额中扣除，而贷款是事后收取利息；第四，资金适用范围不同，通过票据贴现获得资金后，就完全拥有使用权，可以自由支配资金，而贷款资金的使用因直接关系到银行能否顺畅回收，故而要受到贷款银行的审查、控

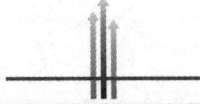

制和监督;第五,债务债权关系人不同,贴现的债务人是出票人即付款人而不是申请人,而贷款的债务人就是申请贷款的人。

中小制造企业在普通贷款中往往因为资本金规模不足,或找不到合适的担保人而贷不到款,票据贴现不需担保,不受资产规模限制,更适合于中小制造企业。更重要的是,票据贴现可以降低中小制造企业的融资成本。目前,商业票据最长6个月的利率大约为4%,而商业贷款利率为5%~6%,这是因为票据市场利率是迄今为止国内唯一实现市场化的利率,其成本根据市场供求波动,不受政策调节的影响。

例如,某企业是一家设备制造商,需要向外采购零部件,与合作方签订合同,现金提货价格为100元/件,如果赊销期3个月价格是105元/件。这家企业想要采用现金采购,但面对同期银行5.22%的贷款利率,又有些望而却步;如果实行赊购,也面临着同样高的采购成本。

当时的贴现利率为3.96%,表明企业采取卖方付息票据结算方式总成本最低。假设该企业每月采购1000万元的零部件,买方企业用9.9万元的贴现利息支出,就可以获得50万元的现金采购折扣,与贷款利息相比减少了3.15万元。

由于自己手中握有票据,中小制造企业迈进银行门槛时的底气更足,不必表现出求贷时的低人一等,还可以提升中小制造企业的商业信用,促进企业之间短期资金的融通。

银行通过对企业票据的贴现,将原来计划用于贷款却迟迟不敢放出去的资金输入到票据这个相对安全的市场,在交付资金后,银行还可以拿票据向央行再次贴现,贴现来的资金再次作为贷款使用。世界上没有免费的晚餐,无论企业还是银行都是"无利不起早",虽然承担着支持经济发展的任务,银行也需要在保证资金安全的同时实现利润最大化。票据贴现对银行而言,虽不能获得同等高额的利润,但却可以避免背负"呆账"、"坏账"的重压,自然欣然为之。

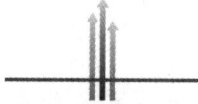

现在,对于票据贴现,银行越来越重视。民生银行上海分行表示,最近几年,平均每年办理票据业务的中小企业数目增速达到20%以上,"从2001年开始,民生上海分行的直贴业务量近920亿元,为分行创造票据利差仅8亿元。"

作为银行与企业双赢的一种融资方式,票据贴现越来越受到企业重视,使用者越来越多。在使用时,为确保能够及时使用资金,中小制造企业应严格遵守规定的流程和步骤:

(1)买方企业向银行提供授信申请材料,银行对其实施授信,符合要求的企业可以开具银行承兑汇票或商业承兑汇票。(该项程序只发生在首次开具汇票之前,无需逐次审核。)

(2)买方企业在需要支付货款时开出汇票。

(3)卖方企业持汇票和能反映真实合法商品交易的文件向银行申请贴现。

(4)对于符合条件的票据,卖方企业当天即可获得全款。

(5)银行从买方企业指定的付息账户扣收贴现息。贴现利息=票据到期值×贴现率×贴现天数÷360;贴现天数=贴现日到票据到期日实际天数-1。

不可否认,流动性强、周转灵活、收益稳定等特点,让票据贴现日益成为金融机构眼中的"黄金业务"。同样,对于企业而言,资金周转像血液循环般重要,去银行不一定要苦苦等待贷款,还可以有效办理票据贴现,轻轻松松获得企业发展所需资金。

但与此同时,企业也要根据自身发展状况,不可以为了获得资金的流通而开出虚假票据,即使现在由于银行审核机制薄弱会被钻了空子,但法网恢恢疏而不漏,等到被查出的那一天就得不偿失了。

哪些企业更容易找到天使投资人?

天使投资一词来源于美国纽约百老汇,最初特指富人出资资助一些具有社

会意义演出的公益行为。19 世纪末,美国的百老汇异常红火。在华丽的舞台前面,有一群被称为"天使"的人。他们通常是大腹便便的富翁,身穿礼服,嘴叼雪茄,在某部歌剧上大把花钱。不管他们为了什么投资,或者是因为他们要追捧歌剧的女主角,或者是与歌剧剧本的作者意气相投,正是有了他们像天使一样莅临这里,才让纸面的文字和乐谱成为鲜明生动的歌剧。

对于充满理想的演员而言,这些赞助者就像天使一样从天而降,将他们美好的理想变为现实。进入 20 世纪后,风险投资在美国投资市场上大行其道。有钱的富翁们像帮助歌剧一样帮助有希望的新企业成长,天使投资的称号从演艺界延伸到了商界。商界的天使投资是权益资本投资的一种形式,指具有一定净财富的个人,对具有巨大发展潜力的初创企业进行早期的直接投资,属于一种自发而分散的民间投资方式。

虽然天使投资属于风险投资的一种,但是作为一种非组织化的企业经营投资形式,其资金大多来源于民间资本,而非专业风险投资家;而且,天使投资的门槛较低,即使只是一个停留在脑海中的企业经营构思,只要具备发展潜力,就有获得天然投资资金的可能。相反,对这些尚未诞生或嗷嗷待哺的"婴儿们",风险投资家却往往毫无兴趣。

事实证明,国际上得到过天使投资青睐和帮助的企业不计其数,其中不乏世界知名企业。早在 1903 年,现在的汽车巨头福特公司,就曾得到过五位天使投资者的资助;1877 年,在创建之初,贝尔电话公司也得益于天使投资;苹果公司和亚马逊网上书店,都在早期得到过天使投资的资助。另据统计表明,30% 的美国硅谷产业基金投向了种子期企业和发明创新项目。

在美国,天使投资与风险投资已经形成产业链关系,并开始平分天下。2004 年,美国大约有 22 万个天使投资者将 225 亿美元投资到 4.8 万个启动项目上;而在同一年,风险投资者仅仅将大约 34 亿美元投资在 171 个项目上。截至目前,美国大约有 300 万人有过天使投资经历,其中 40 万人为持续的天使投资人。

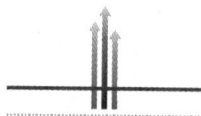

与美国天使投资成熟的面孔相比,中国的天使投资还略显稚嫩。与风险投资相似,天使投资在中国的兴起,也是伴随着互联网和高科技企业的迅速发展而来的。1996 年,罗伯特和尼葛洛庞帝就作为天使投资者对搜狐投资 20 万美元,随后,很多网络和高新科技企业也得到过一些天使投资者的青睐。

在美国经营企业的邓峰,被称为"天使投资受益最大的中国人"。1997 年 10 月,还只是北京一名工程师和他与伙伴柯严在英特尔工作 4 年之后,意识到网络安全的广阔市场后,毅然辞职创业。他向朋友借了 3 万美元,成立了 NetScreen 公司,在 30 天内就做出了产品雏形。凭借这个雏形,邓峰拿到了第一笔 100 万美元的天使投资。此后,公司的强劲发展势头吸引了风险投资的目光,公司成立一年后,NetScreen 获得了硅谷顶级风险投资公司美洲杉资本公司注资 370 万美元,两年之后,美洲杉资本公司又追加投资 1080 万美元。

2001 年 12 月 12 日,NetScreen 在纳斯达克首发上市,上市当天,股价就飙升至 24 美元。2004 年 2 月,公司以 40 亿美元的价格被 Junpier 网络设备巨擘并购。直到现在,中国几乎所有的电信公司和 80% 的银行、保险公司都是 NetScreen 的用户。对此,邓峰每次都感慨万分:如果没有第一笔天使投资的支持,NetScreen 可能还只是一个梦想而已。

浙江、江苏等省份的一些民营企业家和富足的私营业主"勇敢跳出来"尝试天使投资。从 18 岁就开始闯荡商场的首华创投董事长林阿信,2006 年 3 月涉足企业经营投资领域,成立首华创投,其基金来源于旗下的实业公司和温州商会成员,立志要做天使投资人,关注具有成长性的小企业。

林阿信看重高科技企业,偏好支持一些具有高成长性、颠覆性技术和自主知识产权的项目。此外,在传统行业中具有创新商业模式的项目,他也予以较大关注。2007 年,一个偶然的机会,林阿信了解到上海交通大学的几位博士生在做手机监控项目,而且拥有自己的专利技术,唯一缺乏的是将技术变成产品的资金。凭借多年的市场经验,林阿信认识到这个项目的潜力,首华创投的专

业评估团队也肯定了其对实际生活的实用价值。

于是，这个尚处于实施初级阶段的项目得到了首华创投的投资，"100万元就够了"，林阿信觉得，"他肯定不比携程或如家的项目差"。成就别人后才能成就自己，抱着扶植民营企业、中小制造企业发展的目的去做天使投资，是天使投资人最可贵之处。

危难之中显身手，与风险投资、银行相比，天使投资者更像是中小制造企业及其经营者的资金提供者和企业经营导师，在经济危机营造的黑色恐怖之中，天使投资者的身影更加忙碌。

但即便天使投资日益将视野扩展至中小制造企业，吸引"天使"的目光、设法说服"天使"降落在自己身旁，仍要做到有的放矢，毕竟天使资金也不是天上掉下的馅饼，即使掉下也不一定就掉到你的头上。

自动走进天使投资人的视野，并设法说服"天使"降落到你的企业，需要采取有效的策略。

首先，毛遂自荐。对天使投资要尊重，但不能盲目崇拜，在合适的情况下，企业可以主动找到天使投资，并说服其投资自己的企业。例如，搜狐张朝阳就曾主动找到天使投资大师尼葛洛庞帝，说服他对搜狐进行投资，从而成就了中国最大的门户网站之一。

其次，形成对天使投资的吸引力。良好的口碑和信用资质是天使投资所看重的，如果再加上有着较好的管理团队和项目，使自己在行业内声名鹊起，天使投资很可能就会被这种无形的光环所吸引，主动提出对企业进行投资。

再者，借助外力。天使投资不是生活在你周围的朋友，其行踪不一定完全被人们掌握，可以聘请专业的金融咨询机构、财经公关公司、财务顾问等，来获得与天使投资取得联系的渠道。

最后，善于说服。如果进入了天使投资的耳朵，就相当于迈出了成功获得融资的一大步，面对天使投资时，说服的技巧和方法至关重要。与风险投资家

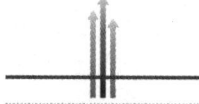

不同,天使投资人看人选项目带有更明显的感情色彩,此时,要充分展现个人魅力、个人素质和品质,体现自己的职业素养和企业经营精神。

典当行:一辆车能救活一家企业

大而醒目的"当"字、高高的柜台、刻薄的掌柜……这一切都是人们对于当铺的传统印象。新中国成立后,作为一种被定位在传统方式、被归为"特殊的工商企业"的典当行一直很低调。然而,在企业纷纷为钱所忙、为钱所累的今天,它正开始悄悄融入现代人的生活,成为越来越多企业和个人融资的新选择。

2006年中国股价节节攀高时,"到典当行当金条,当金用来投资股市",成为很多手持金条的人们的生财之道。典当黄金获取1万元,只要交几十元的典当综合费用;若用1万元当金买的股票涨了10%,就能赚1000元。这正是当时人们对典当行趋之若鹜的原因之一。以往一个月只有两三个人踏进典当行,一时间典当客户大幅增加。

早在2005年,国家颁布的《典当行管理办法》就指出,现代典当的重点服务对象已经从个人转向中小企业,逐步成为中小企业非主流的有效融资途径。

典当行不仅在经济发达的现代都市上海呈现出勃勃生机,在全国其他城市也展现出了非凡的发展势头。

作为北京四大典当行之一的宝瑞通典当行,自2006年以来,每年的业务完成总额都保持同比50%以上的增长,仅2010年就实现近50亿元的放款总量,其中95%以上的放款都针对中小企业和个人。而在2011年,南京的中小企业从典当行中融资40多亿元。

在全国典当行业中,温州一直处在领跑者的位置。1988年2月,温州金城典当服务商行诞生,销声匿迹了40年的典当行重新在温州街头出现。此后的9个月中,开业的典当行多达34家,在全国200多家典当行中占了1/5。1992

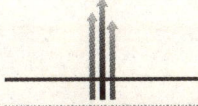

年,温州经济进入一个崭新的发展阶段,典当成为金融的补充力量,扮演起"资产快速中转站"的角色,而非新中国成立前的"穷人伤心地"。

截至 2013 年年底,全国共有典当企业 6833 家,从业人员 5.86 万人,全国典当余额达 866 亿元,同比增长 28%。

日益发展的现代中国经济,不能脱离其传统本色。在企业经营方面,诚信始终被奉为经营法则之首。在招数多变的融资方式中,传统的典当行也并未被淹没在历史的洪流中,而是顺利"爬上岸",改头换面成为缓解企业资金饥渴的"一滴水",以其快捷简便的融资方式,正在成长为救企业之所急的"第二银行"。

一些资金流动性高的中小制造企业,或许都有这样的体会:银行的大门虽然时时敞开,但中小制造企业却只能望其高门槛而兴叹。企业的任何一个举动都要用钱来支撑,如发工资、购买原材料、订货等,大部分时候这些"急钱"找银行行不通,对银行来说需要严格按照规章制度办事,而且,办理 10 万元的贷款与 1000 万元的贷款所必经的程序是不一样的。等到银行贷款发放下来,可能"黄花菜都要凉了",企业可能早就眼看着机会白白流走,且因为资金短缺而无可奈何。

典当融资可以弥补银行借贷的不足。典当融资,是指中小制造企业在短期资金需求中,以质押方式从典当行获得资金这样一种快速的、便捷的融资方式。与作为主流融资渠道的银行贷款相比,典当融资定位于中小制造企业和个人,能够解决短期需要,起到不可缺少的辅助作用。

一般而言,银行不做小额贷款,更不开展动产抵押业务,对贷款人的信用、贷款用途等都有条条框框的限制;而典当行只认物不认人,没有繁琐的程序和严格死板的条件,即使小到几百元的业务,或者大到几百万元的业务,只要典当物质量过硬、市场价格合适、来源合法、权属明确,典当行都会"笑脸相迎八方客"。此外,典当行还会根据融资者的抵押资产规模和资金途径,与融资者商定一个合理的贷款数量,并随融资者的需求作出调整。这样,既能保证企业有充裕的运作资金,又去除了企业额外的利息担子,对中小制造企业的信用要求则几乎为零。

但是，虽然典当行对融资金额的尺度较宽，典当金额也不是越高越好，融资者也需量力而行。典当行收取的费用根据当金比例计算，融资者要充分考虑到收益和成本之间的关系，做到理性融资，切不可在典当时"狮子大张口"，因贪图一时的资金充裕而为以后的赎回增添困难。

与大企业往往需要的大手笔融资不同，中小制造企业融资有自己的特点，即额度小、周期短、需求急且频率高，与之相吻合的是，典当行向来以便捷性、小额性、安全性和短期性示人，两者相结合，等同于一场门当户对的"联姻"。

例如，李先生是一家民营服装厂的经营者，按照与一位合作已久的客户的约定，要向其支付一笔货款。但是随着约定日期的渐渐临近，工厂的资金却日益紧张。企业经营中最不能丢失的就是信用，失信的后果往往是一家小企业所不能承受的。为保证信用，在客户来取货款的前一天，李先生在一家典当行拿自己的汽车作为典当物，换来 10 万元的现金，最终兑现了自己的诺言。

半个月后，服装厂的一笔资金回流而来，李先生又将汽车从典当行里"赎"了回来。没有经历"求爷爷告奶奶"般的无奈，李先生只是花费了 5500 元的典当费，安然渡过了资金难关，所凭借的正是典当融资。

但是，对于典当融资，中小企业要想充分利用，还必须对以下三点有清晰的认识和了解。

首先，要搞清楚什么是典当，典当也需要交纳一定的服务费用。

所谓典当，是指以财务作为抵押、有偿有期借贷融资的一种方式。简而言之，就是用物换钱。但是，这并不表示把物送给典当行。如果顾客能够在约定的时间内，把典当的本金和相应的综合服务费用还上，就可以赎回"当物"（典当的物品）。

根据我国《典当管理办法》规定，典当综合费用包括各种服务及管理费用，动产质押典当月综合费率不得超过当金的 42‰，房地产抵押典当月综合费率不得超过当金的 27‰，综合费在典当时预扣，当金利息一般按同期银行贷款利率

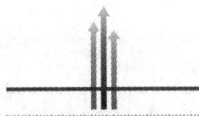

上浮 30％执行。

至于具体的费用和利息标准,不同典当行和不同业务种类有所不同。中小制造企业在去点典当行时,需要事先了解清楚。

其次,搞明白什么物品可以典当。

不是所有的物品都可以典当,只有来源合法、产权明确并且可以依法疏通的有价物品或财产权利才可以典当。对此,不同的典当行也有不同的要求。

现代典当行不同于古代当铺,不会接受旧衣服和活物。常见的典当物品有以下五大类:一是比较珍贵的生活物品,如珠宝钻石、钟表、金银首饰和照相机等;二是生产物资,如钢材、医疗器械、网络线和刀具等;三是房产等不动产;四是汽车;五是代表某种权利的质押凭证,如国债、有价证券和提货单等。

一些财产看起来可以拿去典当,却因为所有权和安全性等原因,不被典当行所接受,一般来说主要有以下几种:一是易燃易爆以及带有放射性的物品和容器;二是国家法律法规明文禁止买卖的财物或自然资源;三是偷盗而来等来历不明的物品或者财产权利;四是已经被依法查封、扣押或被采取其他保全措施的资产。

再者,要了解典当的操作程序。

一般来说,典当行的典当程序可以分成三大部分,即交当、收当和存当。所谓交当,就是当户(去典当行典当的人,如中小企业)向典当行提交当物;收当则是典当行接收当户的当物;存当就是典当行将当物储存起来。

具体的操作流程如下:当户拿着有效证件,如身份证,向典当行交付当物;典当行对当物进行受理,并对其进行鉴定;鉴定完毕,由当户和典当行双方对当物评估价格,以及当金数额、典当期限和利息;商定之后,再由当户和典当行共同清点当物并进行封存,交由典当行保管;典当行向当户出具当票,并发放当金。

"短、平、快"是典当融资诸多优点之一,其风险远远低于银行金融机构贷款风险。但典当融资也不是"空手套白狼",其所采取的是质押担保方式,需要融

资者提供一定的可抵押品。而且，典当融资的贷款期限较短，利息也会高于银行贷款，中小制造企业在选择银行借贷和典当融资之前，需要思考一下何种融资方式成本最为划算，因为"适合自己的才是最好的"。银行贷款确实也存在着典当行所不具备的优点，中小企业融资也需要三思而后行。

数万亿的信托能为中国制造带来多少救命钱？

以温州为试点的金融改革，旨在为健全和完善我国金融体系探索可行模式。中国制造企业融资难题，归根结底与我国现行的金融体系有着不可分割的联系。要从根本上解决这个难题，让经济发展的脚步走得更快一些，离不开金融体系的保驾护航。

随着金融改革步伐的不断向前，我国金融制度和理财方式更加多样化，银行、保险、证券和信托等可谓当中的主力军。据中国信托业协会数据，截至2014年1季度末，我国有68家信托公司，信托资产管理规模高达11.73万亿元人民币，与银行业、证券业、保险业共同成为四大金融支柱，成为仅次于银行的第二大金融部门。

信托的出现，既丰富了我国金融体系的内容，也为人们提供了更多的理财方式，更为中小制造企业融资开辟了新的道路。

急需融资的中小制造企业除了向银行贷款，争取发行股票募集资金，或使用高利息的民间借贷等方式外，还应当熟悉更多更新型的融资方式，如信托融资。

所谓信托，照字面意思就可以看出，是指受别人委托代其管理财物。具体来说，就是委托人基于对受托人的信任，把自己的财产委托给受托人，然后由受托人按照委托人的意愿，以自己的名义，为了受益人的利益或其他目的，对财产进行管理。

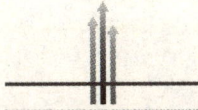

信托起源于英国的"尤斯制"①，在 19 世纪初传入美国，并在美国得到迅速发展壮大。在中国，随着市场经济的发展，社会财富量不断增长。一些拥有财富的人本身不一定善于管理财富，于是就产生了由他人代为管理的需要。当然，这种委托必须建立在信任的基础上。

拥有财富的人可以通过信托来保证财富增值，中小制造企业也可以通过信托来融资。具体来说，即信托公司作为受托人，面向社会公众投资者发行信托计划产品（一种类似于债券的产品），为需要资金的中小制造企业募集资金，然后，信托公司将这笔资金投入到中小制造企业，中小制造企业将其用于生产经营。最后，由中小制造企业产生的利润来支付投资者的信托本金和利息。

作为一种金融制度，信托和信托产品具有不同于其他金融制度和产品的特性，因此和其他融资方式相比，信托融资也有着与众不同之处。体现在中小企业融资方面，其主要有以下较为突出的优势：

首先，信托融资的速度相对较快。

中小企业向银行贷款和通过证券市场融资时需要经过评估、审核等流程，在手续复杂的同时还要等待至少数月的时间。信托融资则无需如此繁琐，具体时间由委托人和受托人自主商定即可。

由于减少了诸多中间流程，信托融资的速度相对较快。最理想的情况下，不到 3 个月就可以完成一轮融资。

其次，信托融资的风险相对可控。

---

① 13 世纪的英国处于封建社会，宗教徒习惯死后把自己的土地捐献给教会，这使得教会的土地不断增多。但根据英国当时的法律，教会土地是免征役税的。教会的土地激增，意味着国家役税收入逐渐减少。这无疑影响到了国王和封建贵族的利益。于是，13 世纪初英王亨利三世颁布了一份《没收条例》，规定凡把土地赠与教会团体的，需要得到国王的许可，凡擅自出让或赠与者，要没收其土地。作为对这个新规定的回应，宗教徒对他们的捐献行为进行了变通。他们在遗嘱中把土地赠与第三者所有，并同时规定教会有土地的实际使用权和收益权，这就是"尤斯制"。

在设立信托之时，我国的现行法律就作出"信托财产具有独立性"的明文规定，也就是说，信托财产必须与委托人和受托人的资产相分离。

这样一来，信托资产与融资企业的信用相分离，即使信托资产出现意外，融资企业的信用也不至于受到损害，企业的生产经营也不会受到阻碍或因此中断。相反，银行信贷或证券发行状况，都会直接影响企业的资产负债状况，进而影响企业的正常运营。

信托财产的独立性还为中小企业提供了一种融资便利，那就是信托融资可以采取多种方式。信托机构对中小企业融资的选择，既可以是债权方式，也可以是股权投资方式，还可以是以企业动产或不动产设立信托转让受益权的方式等。

再者，信托融资成本在中小企业可以承受的范围之内。

客观来说，信托融资的融资成本不算最低，比民间借贷要高，比银行借贷也要高，但是却低于证券发行。对中小企业来说，属于可以接受的范围内。

这是因为，信托融资的中间环节较为"节省"，采用信托融资的企业，不需要承担高额的会计师费用、项目评估费、律师费、手续费等高额中介费。

由于以上优点，信托融资开始走进中小企业视线范围内。2008年，信托公司在国内第一次推出了针对中小企业的信托产品，信托融资开始成为中小企业一种新的融资选择。一般来说，适合中小企业的信托融资方式主要有以下三种：

（1）信托贷款融资。

这种融资方式的具体操作过程是，由信托公司根据中小企业的资金需求，向社会投资人推出集合资金信托计划来募集资金，信托公司再把募集到的资金以高于银行的贷款利率贷给中小企业。

信托贷款融资与银行贷款相似之处是，信托公司的贷款资金也需要抵押和担保；不同之处是，银行有现成的存款发放给企业，信托贷款则是信托公司得到

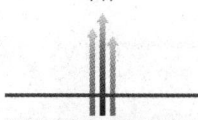

中小企业的融资申请后,再发行信托产品,向社会募集资金。

目前,针对中小企业的信托贷款融资有两种方式:一种是信托公司拿募集来的资金,为单一的中小企业提供贷款;另一种是引入政府和担保机构的支持,形成"政府+信托公司+中小企业+担保机构"四方合作模式。在四方合作模式中,由政府推荐和担保公司担保的多家有融资需求的中小企业,组成一个"项目贷款包",由信托公司募集资金,为"打包"的中小企业发放贷款。

这种方式普遍适合于有资金需求的中小企业。

(2)融资租赁信托融资。

前面章节已经介绍过融资租赁,融资租赁信托融资就是融资租赁和信托融资相结合的产物。

信托公司参与中小企业融资租赁一般有两种方式:一种是信托公司用募集来的资金购买设备,将设备出租给有需求的中小企业,信托公司和"投资人"的收益来自于中小企业租用设备的租金以及一定的风险控制费用和中间费;另一种是信托公司将募集来的资金投资于经营租赁业务的公司,然后由租赁公司将设备出租给有需求的中小企业,信托公司和"投资人"的收益来自于租赁公司经营所得的收益。

这种方式适合于从事建设施工或其他需要使用机械设备的中小企业。

(3)股权信托融资。

这种方式其实是第一种信托贷款融资的衍生品。信托公司将募集来的资金,以股权投资的方式投资于有需求的中小企业。同时,中小企业承诺在一定的年限内(1~3年),以高溢价收回信托公司持有的股权。

信托公司以股权形式投资中小企业后,往往还会对其进行监管。一般的做法是,信托公司委派某位高管人员在所投资的中小企业内就职,或者将自己的部分管理权委托给专门从事资产管理的公司,由其对中小企业的生产管理进行监管。

　　这种融资方式适合于经营利润较高、正处于高速成长期但极度缺乏发展资金的中小企业。

　　可见，信托公司承担着与银行、证券、各种投资机构相类似的角色，但这种融资方式更灵活，能够迅速满足中小制造企业的融资需求。然而，这并不是说信托融资对中小制造企业没有任何要求，也不是任何一家中小企业都能通过信托融资得到资金。

　　中小制造企业想以信托融资的方式成功获得资金，必须满足以下几个条件：首先，企业所处的行业应该符合国家产业政策，不属于国家明令禁止或淘汰的产业；其次，企业现在已经开始盈利，在未来的一定年限内也应该能够持续盈利，而且每年的盈利水平不能低于20%，盈利足够支付投资者的红利和利息；再者，企业经营管理规范，具备良好的公司治理架构及公司治理制度、财务管理制度和企业劳动人事管理制度；最后，融资企业所需资金一般控制在5000万元至1亿元之间，这是因为，太少的话不值得信托公司募集一次，太多的话信托公司也不敢轻易投资给一家企业。

　　信托公司有自己的打算，中小制造企业也有自己的实际情况。动辄上千万元的融资规模，可能使中小制造企业"消化不良"，而且信托公司也不放心将其投资于一家中小制造企业。为了解决这个问题，不妨采用集合信托融资。

　　所谓的集合信托，就是多家中小企业联合起来作为一个整体，向信托公司提出融资申请，由信托公司统一发行信托计划，然后将募集来的资金分配到数家企业。值得注意的是，集合信托中的数家企业，不会发生剪不断理还乱的纠缠关系。

　　在一次集合信托中，各家企业只是共同委托一家担保公司为所有企业提供担保，其他环节都是相互独立的：独自确定自己的资金需求额度，各自承担相应债务，相互之间没有债务担保关系。

　　2008年8月，中投信托推出了国内第一个中小企业信托产品，即"中小企业集合信托债权基金"，此后，各地中小企业信托产品开始纷纷涌现。短短一年之

后的统计数据显示,2009 年全国共有 12 家信托公司发行了 23 个中小企业投融资集合信托计划,总体融资规模达到 15.8 亿元,单个信托计划的融资规模从 300 万元到 3 亿元不等。

数字是最好的证明,面对正在不断创新的融资方式,需要融资的中小制造企业还在等什么呢?

网络融资抢银行生意,阿里巴巴能不能拿到牌照?

为中小企业搭建网上交易平台的阿里巴巴,其实还怀有"银行梦"。这已经不是一个秘密。早在 6 前的 2008 年,当时还是阿里巴巴首席执行官的马云就曾经放言:"如果银行不改变,我们将改变银行。"

对于阿里巴巴和马云的勇气,笔者很佩服。他们的勇气和探索,不仅仅表现在口头上,还表现在行动上。最近这些年,阿里巴巴一直在为中小企业提供金融服务,为很多中小企业解决了融资难题。

2007 年 6 月,阿里巴巴和中国工商银行、中国建设银行合作,为中小微型企业和个体户推出了一款融资新产品——网络联保。

网络联保适合缺乏抵押物的小制造企业,只要 3 家或 3 家以上企业组成贷款联合体,贷款发起人为阿里巴巴诚信通会员,且拥有良好的网络信用,就可以在网络上以联合体名义申请贷款,不需要抵押,也无需提供担保。

借贷来的资金各家企业都有份,同样,融资风险也需要联合体内的企业共同承担,每一家联合体内企业的还贷责任,既包括自己的贷款本息,也包括联合体内其他企业的贷款本息,也就是说,一旦联合体内的成员企业不能偿还自身债务,其他成员必须代替其承担。

联合体内申请贷款的每家企业,最高可获得 200 万元贷款,贷款期限为 1 年,提出申请 1 年后,如果没有申请到贷款,联合体自动解散。与传统银行贷款

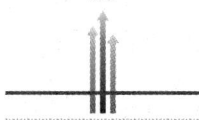

相比,网络联保的贷款利率低,同时根据联合体成员企业的具体资质不同还会有所差异,最终利率在银行综合考虑企业资质、信誉、实力和银行产品使用情况等因素后确定。

需要提醒的是,虽然网络联保让中小制造企业在网上就能融资,但与此同时,一些非法借贷网站也趁机进入人们的视线。在百度、谷歌上搜索"借贷网",就会发现"某某民间借贷网"等已呈遍地开花之势,并声称可以提供无抵押贷款、无担保贷款等服务。近年来,金华、上海等地发生了多起网上贷款被骗案,需引起人们的高度重视。不要相信天上会掉馅饼,因为它们中除了实体银行开办的正规网络借贷业务外,多数是设"局"的"空壳"网站。

2008 年年初,阿里巴巴旗下国内最大的独立第三方支付平台——支付宝和中国建设银行合作,推出了支付宝卖家贷款业务,为符合条件的淘宝网卖家提供个人小额信贷。

与其他中小企业相似,淘宝卖家也面临着棘手的融资难题。不过,与前者相比,淘宝卖家的资金需求量较低。据调查,91%的淘宝卖家资金需求额度在10 万以下,70%在 5 万之内。而且,资金需求期限也不长,75%的淘宝卖家的资金使用期在 6 个月以内,60%的卖家只有 3 个月。

针对这种情况,支付宝卖家贷款业务为淘宝卖家量身定做,推出了最高为10 万元、最低为 50 元的小额信贷。申请此项贷款,淘宝卖家不需要提供物品抵押和担保人,靠的是淘宝卖家的信用。

至于如何评定淘宝卖家信用,支付宝有一个"评级模型"。"评级模型"中包括十几个指标,如卖家的基本信息、认证情况、交易情况、银行关联、投诉和处罚等。如果淘宝卖家有融资需求,而且根据"评级模型"比对,觉得符合条件,就可以提出申请。支付宝在收到申请后,便会派出风险控制团队对卖家进行核查。是否适合提供贷款,1～2 天后就能得出答案。

例如,淘宝网一家经营化妆品的网店,在向当地银行申请贷款无果后,尝试

向支付宝申请了"卖家贷款"。中午填写申请表，当天下午就接到支付宝来电确认，第二天就收到了贷款。虽然这笔贷款数量不大，仅为几千元，但是短时间内就能得到，更贴近网店"用钱急"的特征。而且，因为贷款"批复"迅速，卖家可以重复申请。一段时间累积下来，贷款数量并不比银行少。据笔者所知，有一家网店在一年多的时间里，累计贷款1万多笔，累计贷款金额接近200万元。无论贷款速度还是贷款数量，支付宝卖家贷款业务都不比银行贷款逊色。

在推出网络联保、卖家贷款业务之后，2009年9月，阿里巴巴又和全球知名乡村银行——格莱珉银行信托基金合作，启动格莱珉中国项目，为中国贫困居民提供小额信贷金融服务。2010年4月8日，阿里巴巴小额贷款公司获得了小额贷款公司营业执照。

作为民间资本和中小企业之间的桥梁，小额贷款公司曾经备受吹捧。在温州，也出现了数家小额贷款公司。例如，温州第一家小额贷款公司——苍南联信小额贷款股份有限公司，由温州奥康集团主发起的瑞丰小额贷款公司，乐清市正泰小额贷款公司，等等。

小额贷款公司让民间资本有了合法的身份，让很多游走在生死边缘的中小企业重新焕发出生命力，但其本身却面临着尴尬的身份：小额贷款公司一直都是带着"工商企业"的"帽子"做着"金融机构"的事情。

一方面，小额贷款公司不是"正规"的金融机构。虽然一直都在经营贷款业务，小额贷款公司却只能贷款而不能吸收存款，没有被监管部门列入金融机构，无法获得金融营业牌照。

另一方面，小额贷款公司也不是"正经"的工商企业。《公司法》中没有涉及贷款类业务的规定，身为工商企业，小额贷款公司却在经营贷款业务。

名不正则言不顺，处于尴尬地位的小额贷款公司，如果能转制为村镇银行，"升级"为正规金融机构，就可以按照金融机构规则进行操作，对其本身的发展和提高对中小企业的金融服务水平等而言，都将具有重大的意义。

Chapter *6* | 第六章

期待政策扶持，
更要提高融资技能

找钱不是简单的请客吃饭

曾经,不止一家制造企业、不止一家媒体问过笔者相同的问题:"中小企业融资难的问题每年都在呼吁,为什么中小制造企业融资还是这么难?"也有制造企业直接问笔者:"到底要等到什么时候,中小制造企业才能轻松得到融资?"

这些年来,笔者一直在为解决中小企业融资难题奔走呼吁,并身体力行地投入实际行动中。早在 2000 年时,笔者就联手温州市总商会筹建温州中小企业信用担保投资有限公司,后来又筹建了温州银信企业贷款担保公司。2011 年 10 月 4 日,温家宝总理莅临温州,笔者在向他汇报温州民间金融风波情况的同时,提出了金融改革的建议,并得到温总理的首肯。

在多方呼吁下,国家和政府对中国制造企业和中小企业融资难题日渐重视,各种扶持政策纷纷推出。

但即便如此,制造企业和中小企业融资难仍是一个长期性问题,其解决不是朝夕之间就可以完成的。在期待金融制度逐渐完善的同时,企业自己也不能无所作为,毕竟打铁还需自身硬。

每一家中小制造企业都有做大做强的梦想,都在梦想着需要资金时伸手就能摸到钱袋。但问题是,市场经济本来奉行的就是自由竞争,中小制造企业没有旱涝保收式的大锅饭可吃,资金不是所有的中小制造企业想融就能融得到。要知道,融资不是一件简单的小事,不是轻松如请客吃饭那么简单,没有哪家企业随随便便就能成功地融到资金。

融资不是缺钱时的临时起意,不是江湖义气式的"仗义疏财",也不是简单的"空手套白狼",而是一种企业经营之道。有些企业也许擅长于市场营销,有些企业可能善于挖掘并满足客户需求,有些企业可能精通于产品质量管理,却不一定懂得融资之道。

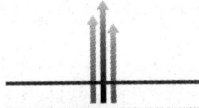

中小制造企业想要走出融资困境，既要有张口借钱的胆量和勇气，也要有呼吁平等对待的底气和自尊，更要掌握融资的技巧和策略。作为一个经营主体，手握钱袋子的金融机构不是慈善机构，其本身的经营运转也要讲求效率，偏向于有更多回报的投资项目。如果他感觉不到获得回报的可能性，又怎会把资金投资给你呢？

既然要讲求策略，就不能打无准备之仗。在融资之前，中小制造企业先要问自己一个问题：我能拿什么去融资？中小制造企业可以拿股权和债权，但千万别拿空头支票或"多少多少倍回报"的承诺作为筹码。

"拿什么融资"决定了"向谁去融资"，以及能否融资成功。如果中小制造企业有足够的抵押资产，或者有企业提供担保，则适合采用债权融资方式，即通过借钱的方式融资，如银行贷款、典当融资、民间借贷等；如果中小企业没有抵押资产，或只有极少的抵押资产，却拥有良好的发展前景，则适合采用股权融资方式，即引进风险投资、天使基金等。

正如世间很多事情不是非黑即白一样，中小制造企业融资方式也并非只有股权和债权两种，更多时候，可以根据企业所处的情况而定。这也就要求中小制造企业不断开阔思维，勇于探索和创新。

融资，不一定非要拿到真金白银，也可以是技术或设备，或其他一切能促进中小企业发展的要素，可以使用融资租赁，也可以采取补偿贸易融资；融资，不一定单枪匹马求"孤独真经"，也可以成群结队抱团进行"团购"，如企业联保贷款、互助担保等；融资，不一定向外伸手，也可以深挖企业内部"宝藏"，如出售不良资产、加快变现脚步……

找到适合自己的融资方式后，中小制造企业就应该大施拳脚，运用合适的融资谋略，推动融资行为完美收官。在笔者看来，最有效的融资谋略就是"孔雀开屏"，把自己最光鲜的优势展现给投资方。

这里需要提醒的一点是，融资策略不等于过度"浓妆艳抹"，对企业进行过

度包装,便会陷入一些中小企业在融资时常常走入的误区。粉饰财务报表或对财务数据进行造假,或许可以骗来一时的资金,却可能因为丢失信用而永远地葬送企业的未来。

说到底,想要获得资金支持,最靠谱的策略还是大练"内功"。理清公司产权关系,把公司业务清晰展示在投资人面前;完善公司治理结构,让投资人看到企业的规范化;珍惜自己的信用记录,不做抹黑企业的任何事情;提高盈利水平,让投资人看到企业的无限潜力;和投资人保持联系,帮助其增加对企业的了解;等等。

融资是一门技术,也是一门艺术,更是一种企业经营之道。在同样的环境下,有些企业"要风得风要雨得雨",有些企业屡屡被拒之门外,其中可能不乏歧视或偏见,但更多的则可能是实力上的悬殊。

在呼吁更多阳光照射到自己身上的同时,中小制造企业应该自省,真正的救世主是自己,只有具备或提高"造血"能力,才会有人愿意为你"输血"。

不贪多,清楚自己"值"多少钱

绝大多数人往往只站在自己的角度考虑问题,在以利益为核心的商界更是如此。对于同一件商品,买方永远希望价格越低越好,以最低的代价获取质量最好的商品;卖方做梦都希望价格像热气球那样越飘越高,以便自己能实现一夜暴富的愿望。

企业融资也是一种商业行为,企业需付出一定的代价才能获取发展所需的资金。从商业买卖的角度来看,融资就是企业"出卖"的某种非金钱元素的价格,可能是企业的部分股权,也可能是企业将一些固定资产(机器、房产等)作为抵押物。

价格既是体现企业价值的载体,也是影响投资人决策的重要指标。一家企

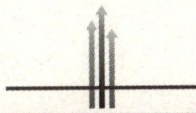

业是否具备增长潜力与市场空间，从其融资到的资金金额中就能看出些许端倪。当然，这中间也不一定存在必然联系，谁都有眼神不好的时候，投资失败的案例比比皆是。

作为融资的一方，企业当然希望自己价格越高越好。而且，企业经营者往往心比天高，一遇到投资者，经常会狮子大张口：我要融多少多少钱，出让多少多少股份。

但可惜的是，对于企业估值多少、出让股份比例如何算出，10个企业经营者中有9个回答不出来。同时，投资者给出的估值，也总是或多或少地偏离他们的预期目标。融资方必须明白，作为职业投资人，投资者有自己的估值方法。

如果估值不能让你称心如意，也务必要讲出充分的理由，以提升企业的价值，或者也可反守为攻，先问清楚投资者出价的假设和计算方式，再思考自己是否有更高明的算法来"回敬"。

在融资前，应先对企业进行合理估值，既不能过高，也不能过低。如一位投资者所言："讨一元十元叫'乞丐'，讨百元千元叫'集资'，讨一万十万元叫'借贷'，讨百万元千万元叫'融资'，讨十亿元百亿元叫'资本运作'。"

对初创型公司，尤其是还没有成型或没有现金流的公司进行估值，是很难确定出一个公式的。

一般而言，企业价值包括两个方面，即静态价值和动态价值。所谓的静态价值，可以从企业资产负债表中看出，总资产减去总负债即是，也可称之为历史利润。它只是企业某个时间点上的价值而已。

但企业的经营毕竟是可持续的，企业价值的最大体现应该是动态价值，也即企业未来潜在盈利所带来的价值。正如我们平常说一家企业值钱，并不是因为它过去有惊人的盈利，而是因为它的未来前景可期。

投资者评估一家企业的价值，往往以企业利润为基础，采取两种操作方式进行：第一种是以企业前一年度的实际利润为参照，根据企业实际获得的利润

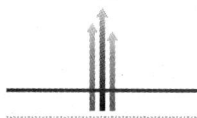

额来计算企业投资前的估值；第二种是以企业未来的可能利润为基数，这是因为，需要融资的企业往往都不是"富翁"，且不乏没有产生过利润的"赤贫者"，此时，投资者会对企业未来利润进行评估。

未来的蓝图可能壮观无比，令人向往，只是其中的不确定性也会让人望而却步。为了给未来安装一把"保险锁"，投资者在作出投资的同时，会带来一份"对赌协议"。对此，企业经营者必须打起十二分精神，因为"对赌协议"对投资者来说是一份保险书，对你来说却可能是一份"卖身契约"。蒙牛、太子奶就是前车之鉴；蒙牛还算幸运，被中粮收购，太子奶则运气不佳，落得破产的命运。

股权稳定与否，涉及企业根基是否稳固，为获得发展所需资金，将企业全部身家押上，难免有因小失大的风险。此处融不到资金，还可另寻他处。对于"对赌协议"，没有百分百把握的企业，千万不要触碰这条高压线。

当然，如果资本市场上已有同类公司进行过 IPO，则可以参考其市场进行评估，采用 PE 倍数法，即价格除以盈利或市盈率法。

以目前国内中小板上市公司为例，市场所认可的平均市盈率为 100 倍。若企业各方面特质已与上市企业相差无几，则可以按照此倍数对自己的公司进行估值。当然，理论上可以这么推算，但是企业毕竟没有上市，投资者出于安全考虑，肯定会在倍数上大打折扣，实际情况是，他愿意给你 10 倍就算是大发慈悲了。

此外，还可以根据企业面对的目标市场份额进行评估，只是在操作过程中，行业平均利润率和利润水平是不能忽视的因素。具体的做法是，选择几家相似行业、规模、收入水平且已经成功获得过融资的企业，参照投资者给它们打出的估值水平。若企业想要获得融资，估值就应该在"前辈"的数值附近，不可高出太多，否则会被人嘲笑。

被嘲笑之后，企业大可抱着"燕雀安知鸿鹄之志哉"的心态，一笑了之，但企业也要站在投资者的角度想一想，就像在菜市场挑选白菜，同样的品种，你不可

能比别人价格高出太多。

而且，对于同一个企业经营项目来说，通常不会只进行一次融资，第一次融资的价格并非越高越好，否则将会给下一轮带来压力，加大下一轮融资的难度。从投资者角度来说，赚钱是目标，市盈率过高，意味着其利润越少；对企业经营者来说，市盈率过高，也会给企业和团队造成更大压力，还可能导致企业战略出现问题。

不可否认，投资者对企业的估值难免会受到环境的影响，从而会有失理性。例如，曾有一段时期，数字新媒体行业因为不被看好，连累行业内企业 PE 不高；而融资过 1000 万美元的私募股权市场，由于投资者之间竞争激烈，给企业开出的价格却虚高甚上。

企业不幸遇到这种情况也算倒霉，不过企业经营者大可放心，随波逐流、缺少自己判断标准的投资者并不占多数，大部分投资者都明确表示：他们绝对不与其他风险资本在具体项目上比价格，有一套自己的企业价值评估体系。

所以，对于企业经营者来说，无论如何切忌无厘头式的、毫无理性的漫天估值。瞎侃价是不可取的行为，否则有可能将投资者侃得晕头转向，也将自己的企业侃到阴沟里。

归根结底，价格总是围绕企业价值上下波动，企业经营者与投资者应该抱着共同创造未来价值的心态，以共赢的姿态来商定企业估值。只有这样，融资才算是开启企业新一轮强劲发展的钥匙。否则，一旦估值出现问题，可能为企业以后出现种种内讧埋下伏笔。

人脉就是钱脉，想方设法打入"投资圈"

有位投资者朋友和笔者说过，其实他们都很懒，不想费尽心力地在沙子中寻找黄金，希望有熟人最好是信任的人向其推荐好的创意。最后被推荐的企业

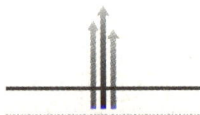

是否全部得到投资,我们不得而知,但是投资者的确会给被推荐的企业经营者一次面谈的机会。

不管网络科技等通讯方式的功能多么强大,在一些重大事件上我们仍习惯于以见面的方式沟通。因为只有在面对面的时候,语言、表情、眼神、手势等声音和肢体动作才能够展现得淋漓尽致,也才能让对方切身受到感染。

打电话听到的只是声音,视频虽有图像和声音,但却总有一种距离感和不现实感。得到一次面谈机会,就等于得到一次全面展示自己的机会,对企业经营者来说极其难能可贵。

面对千千万万求资若渴的企业经营者,投资者并没有时间一一面谈,此时有人推荐的重要性就凸显出来了。如果你恰恰认识那个"中间人"或投资者本人,显然会让你的融资更加靠谱。

因此,想要在寻求融资的千千万万企业经营者中脱颖而出,获得和投资者面对面的机会,进而先人一步获得投资,一个行之有效的小窍门就是打入投资者或与投资者相熟者的圈子。

在宽阔不到边的大社会里,每个人都是一粒极小极小的微尘,力量再强大,能大到哪里去。这时,就需要队伍,需要"站队",需要把自己融入一个圈子中。借用圈子或圈子中他人的力量,来成就自己想做的事业。

1968年,在美国耶鲁大学的一间密室中,就像父亲20年前做的一样,小布什虔诚地亲吻了一只骷髅头。可别小看了这只骷髅头,亲吻了他之后,小布什没有被恶魔诅咒,而是成为美国精英圈子中的一分子。

在后来的总统选举中,小布什如愿以偿地得到了这个精英圈子的鼎力支持,进而更加如愿以偿地子承父业,坐上了美国总统的宝座。

在中国,这种"圈子现象"更是见惯不怪。早在几十年前,费孝通先生就提出"差序格局"的概念:以己为中心,像石子一般投入水中,和别人所联系成的社会关系不像团体中的分子一般大家在一个平面上的,而是像水的波纹一样,一

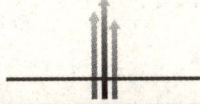

圈圈推出去，愈推愈远，也愈推愈薄。

你不是生活在别处，而是生活在圈子里。一个人所处的圈子，决定了他的事业高度。至于圈子的形态，可谓各种各样，丰富得很。有血缘关系的人，组成了亲戚圈子；有地缘关系的人，组成了邻居圈子；有业缘关系的人，组成了行业圈子。除此之外，校友、战友、老乡……圈子多得令人目不暇接。

一个特定的人，由于担任的社会角色不同，可能同时处于多种圈子中。比如，张三是你表哥，你和他同处一个亲戚圈子；李四和你一样经营电子商务企业，你和他同处一个行业圈子……

相较于圈子外的人，生活在一个圈子里的人，大家日常抬头不见低头见，相互了解的机会多，互通信息也更加容易和频繁，合作起来也更为放心。

有人说，在中国企业家里，王中军是最懂电影的人；在中国电影人里，他也是最懂商业的人。在此，笔者还要加上一句，在中国最懂商业的电影人里，王中军还是最会善用圈子的人。

一位熟悉王中军的圈内人曾这样描述他："王中军是一个极擅交际、并有能量把人脉资源转化为实际生产力的高人。"

电影《天下无贼》中有句经典台词："二十一世纪什么最贵？人才！"对此，王中军应该最有体会。"没有导演的时候，来了冯小刚；没有市场的时候，出现了贺岁档；没有大资本的时候，来了马云。"导演圈子、资本圈子，王中军身在其中，都是如鱼得水。

要善用圈子，当然首先要融入某个圈子。在这方面，王中军所花费的功夫，说句玩笑话，仿佛比他的主业——拍电影还要多。

按照我们常人的思维，作为电影人，王中军应该两耳不闻窗外事，一心只去研究如何拍出更好的电影，甚至为拍电影，可以三月不知肉味。可王中军却偏偏不安分，不是去东家串串门，就是去西家遛遛，时不时还喝点红酒消遣消遣。

不过，如果你真的以为王中军在纯粹玩乐的话，那就大错特错了。他逛的

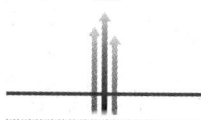

地方不是主妇太太们常去的商场超市,而是企业家们的一些交流据点,如亚布力论坛,田溯宁、吴鹰等人的"数字中国",以及《中国企业家》杂志社主办的中国企业领袖年会等。

随着王中军的华谊兄弟在深交所创业板上市,马云这个大股东浮出水面,一时间大家都知道了他们两人的私交不错。但很多人并不知道,他们最初就是在《中国企业家》杂志举办的中国企业领袖年会上认识的。

虽然一个是北京人,一个是杭州人,可是两人都为人豪爽,喜欢结交朋友。而且,两人还有一个共同的爱好,即都喜欢喝红酒,都是国内第一个普通酒主题会所的常客。

一来二去,也就熟识起来。此后,马云来北京,几乎都会找王中军聊天,甚至每周都要通电话。朋友做成了,成了"自己人",生意和投资上的合作自然也就水到渠成。

于是,马云和王中军之间便有了《天下无贼》植入淘宝广告、三大导演为雅虎搜索拍摄三条广告的合作,更有了从来不做其他公司董事的马云,破例投资华谊兄弟的故事。2006 年,听到王中军"想做时代华纳"的梦想后,马云作出了以个人名义出资的第一次投资,用 1200 万美元换取了 TOM 手中华谊兄弟 15%的股份。

记得一位天使投资人说过,天使投资人也有自己的圈子。在这个圈子里,通常一个天使投资人会把自己觉得好的项目推荐给其他大使投资人,最后促成几个人一起投资。

其实,在企业大佬圈子里,他们所做的投资往往也是如此。至少,在王中军的华谊兄弟此后收到的投资里,基本都是这样。当马云投资华谊兄弟后,他与王中军也就成了兄弟。兄弟为兄弟拉投资,合情合理。

在马云投资后的 2007 年,江南春、虞锋、鲁伟鼎等企业界大佬,又向华谊兄弟投资了 2000 万美元,认购了 24.9%的股份。

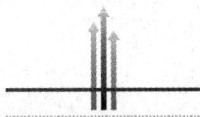

这些大佬们和马云不同,与王中军并不熟悉,之所以投资华谊兄弟,除了看好其前景之外,马云在中间的穿针引线无疑起到了关键作用。

2007年,马云对一心想转行做投资的老友虞锋说:"中军有点困难,帮忙先投点钱吧。"然后,拉着虞锋去华谊兄弟考察。同一年,在一次与江南春聊天的时候,马云向他谈起了华谊兄弟。身在媒体行业的江南春,对华谊兄弟多多少少有所了解。后来,经过马云介绍,江南春也入了股。

万向集团的总裁鲁伟鼎,与江南春不一样,对华谊兄弟并没有多少了解,在业务上和王中军也没有交集。不过,他和马云同属于浙商圈子,两人还共同发起了浙商圈子江南会,在马云的介绍下,鲁伟鼎也投资了华谊兄弟。

你看,马云和江南春熟识、马云和虞锋熟识、马云和鲁伟鼎熟识,最重要的是,王中军和马云熟识。马云像一只勤奋的蜘蛛,织起了一张大网,所幸王中军及时把自己融入大网中,因而才借由数位大佬的力量,托起了一个"娱乐帝国"的辉煌。

这也恰好印证了王中军说过的一句话:"总有一些人站得比我高,看得比我远,吸引不同人,就是引入不同的资源,就是企业成长的过程。"

路见不平、拔刀相助的陌生人并不是没有,却是少之又少。但是,同样两个人遇难,一个是熟悉的人,一个是陌生人,你会救谁?我想应该不会是"只爱陌生人"吧。毕竟,投资就是一项风险系数较高的事情,投资陌生人的风险系数则又增加了一层。

曾经有一位自信的企业经营者,觉得自己的企业经营项目足够诱人,千方百计找到雷军的邮箱地址。然后,给他发了一封邮件,毛遂自荐自己的企业经营项目。原本以为十拿九稳,谁知结果依旧很悲催,好在雷军的拒绝很委婉——只投熟人或者朋友介绍的项目。

这种回答不仅委婉,而且还十分实在。有时候,投资者往往真的只是投资熟人,尤其是刚刚涉足投资时,更是容易从认识的人中"下手"。

清晰的盈利模式很重要

如果一个只见过几次面的"朋友"，想拉你入股他的公司，这其实就是想向你借钱。为了说服你，他可能会口若悬河地向你大讲回报的优厚："一年后分红100％返还本金，然后每年都能得到不低于本金的分红，等公司上市之后，你的身价更是会暴涨，到时你就可以提前退休安享人生，和家人去环游世界了！"

听到这样一番话后，有 99％的可能是，你的表现不如"朋友"那般亢奋。确定他不是在骗人之后，你接下来的反应肯定是问上一句："你的公司是做什么的，怎么赚钱？"如果在对方长篇大论、旁征博引之后，你仍然没有搞清楚他是做什么以及如何赚钱的，那么你还会借钱给他吗？

这是一个机遇和骗局共存的年代，每个人都想赚钱，但关键是大家都会理性思考，相信天上掉馅饼的人越来越少，难得糊涂的人更是越来越稀有。尤其是在事关"命根子"的钱上，人们更是不会掉以轻心。

和普通人相比，那些很有钱又掌管钱的机构，无论是银行还是风险投资、私募股权基金等机构，都要精明和专业得多，可谓"不见兔子不撒鹰"。他们手里的钱，就是为了升值而存在的，从来都不是为了消费和做慈善而存在的。他们向你投资，也只有一个目的，就是从你身上赚取更多的钱。

如果你的企业很缺钱，而且处于混沌的赤贫阶段，即现在没有钱，也没有找到赚钱的方式，用更时髦的表述方式，还没有找到合适的盈利模式，就贸然跑去融资，那么这并不是一种明智的行为。

盈利模式，简言之，就是企业的赚钱模式，企业通过怎样的模式或渠道来赚钱，是决定企业能否生存并获得发展的关键环节。它是投资者判断能否从你的企业赚到钱的标准之一，也是企业融资时必定会被问到的一个问题。

1997 年，亚信 CEO 田溯宁在硅谷进行融资时，被问道的第一句话就是："亚

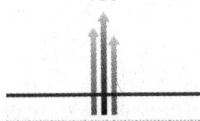

信的盈利模式是什么？"在《对话》特别节目《经济热点面对面——中小企业融资实验》节目中，今日资本合伙人徐新，面对一位融资者抛出的第一问题就极具杀伤力："你的经营模式如何赚钱？"

近年来，海量温州民间资本纷纷涌入创投行业。很多投资者私底下告诉笔者："绝大部分商业计划书，我们只浏览一下就放起来不再看了，因为它们没有清晰的盈利模式。"

许诺给投资者一座雄伟壮观的大厦并不是一件费力之事，与此同时，更应该让他们看到可以实际操作的图纸，且最好是已经打好了地基，而图纸就是你的盈利模式。

如果你已经找到合适的盈利模式，那就好比你的庄稼地缺水，而你已经找到一条大河，并挖好了使河水通往庄稼地的渠道，不过，在大河和通往庄稼地的渠道之间，仍有一堵坚实的高墙。

此时，你只需要用钱去购买炸弹炸开这堵墙，就可以把大河里的水引到庄稼地里，到秋天收获金灿灿的果实。在这种"万事俱备只欠东风"的情况下，投资者看到了盈利的希望，你融到资金的可能性往往会比较大。

相反，如果你还没有找到水源，也没有挖好沟渠，只有一片被太阳晒得奄奄一息的庄稼。此时，去找银行等投资机构融资，告诉他们："你给我提供一笔钱吧，有了这笔钱，我就可以寻找水源，挖渠道，买炸弹，我的庄稼地经过灌溉，获得大丰收之后，我会把一半的收成分给你！"

到哪里寻找水源、什么时候能够找到水源、是否能够找到水源、如果找不到怎么办等，都还是未知数，你心里没底，投资机构心里更没底。在此情况下，你融资成功的可能性微乎其微。

俗话说，没有金刚钻，别揽瓷器活。对中小制造企业来说，合适的盈利模式就是"金刚钻"。但是，同样是盈利模式，通过卖产品获得差价和通过为产品提供服务获得收益，在投资者眼中的分量是不同的。那么，什么是投资者喜欢的

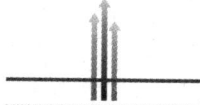

盈利模式类型？据笔者所知，大致有以下几种：

（1）简单，一眼就能看懂。

在信息大爆炸的今天，纷繁复杂的信息、千奇百怪的选择让人目不暇接，简单变得不再简单。复杂的盈利模式看起来很"高深"，与市场的沟通成本高，执行难度大，出错的几率也高。反之，简单直接的盈利模式，让人一眼就能看懂，便于投资人理解，也便于开展市场推广。当初百度之所以成为投资人眼里的宠儿，部分原因就在于盈利模式的简单。

公司的目的就是通过发现市场上的需求并满足这些需求，来为客户提供价值，获得回报。想让盈利模式变得简单，需要问自己两个问题：谁是我的客户？他们的需求是什么？

发现你的目标客户，进而锁定他们，满足他们的需求，为他们创造价值，是形成盈利模式的关键。简单来说，只赚属于自己的那部分钱，不要奢求赚所有人的钱。

（2）相对成熟，已经有过盈利。

很多人都想缔造一家前所未有的公司，想找到一片无人问津的"蓝海"，想找到一种全新的盈利模式。这种追求第一的勇气固然值得称赞，但却不一定能帮助你融资成功。

投资者希望看到创意和创新，却也害怕自己的钱被当做"炮灰"。与全新的盈利模式相比，他们更看重相对成熟的盈利模式，看重实实在在的盈利。

何谓相对成熟的盈利模式，最简单也是最直接的一条衡量标准就是已经有过盈利。你可以说由于缺乏资金，企业没有实现大规模发展，没有实现规模效益。不过，在钱少、缺钱的情况下，最起码也要先实现一些盈利，让投资者看到希望。

你的公司从来没有盈利过，又怎么证明你的盈利模式能获得成功呢？

（3）适度创新。

适度创新，有助于企业避免陷入"一味求新"的怪圈，从而忽视盈利模式的切实可用性。但最大的原因在于，没有投资者喜欢同质性太强、已经被过度透支的盈利模式。

例如，经过一阵投资者的"宠幸"后，当前团购网站对投资者的吸引力逐渐降低。此时，你再去创办一家团购网站，很可能不会有投资者愿意陪你一起"烧钱玩儿"，除非你的团购网站规模已经跻身行业前几名。

适度创新的盈利模式，就是在原有的成熟的盈利模式基础上，进行一些创新。例如，顾客定位更细一些，改变提供产品或服务的方式，改变收入模式，等等。

当然，说到盈利模式，还有一个问题，那就是各种投资机构也是企业的一种，既然要求融资企业有合适的盈利模式，投资机构是否也要探索一下自己的盈利模式？除了"产出大于成本"的模式，是否还有其他的模式？

在中小制造企业融资难的背景下，银行等投资机构是否也应反思一下自己的盈利观念，不能再一味追求高收益，而应在培育中小制造企业的过程中，通过共同的增值来实现持续盈利？

如果投资机构能丰富自己的盈利模式，不再把中小制造企业当做赚钱的"唐僧肉"，不再只顾自己吃肉不顾对方死活，那么对中小制造企业而言定会是一种福音。

但目前的现状是，投资机构仍处于买方市场，占据被追求的主动地位，创新盈利模式的紧迫性这不如急需融资的中小制造企业。

万变不离其宗。正如不管中小制造企业的盈利模式如何不同，其根本目的都是盈利，投资机构也是一样。无论是一口吃成大胖子还是细嚼慢咽，它们都想从企业身上获利，也就必定不会漏掉对盈利模式的考察。

因此，想融资的中小制造企业，不能奢望一个点子就能融来大笔资金，踏踏

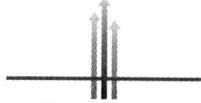

实实经营、找到属于自己的盈利模式才是关键。

及时沟通，消除信息不对称

在任何社会做事，无法逃脱的一个词汇就是关系。有关系，好办事。天时不如地利，地利不如人和。

传统社会如此，在经济大潮冲击的现代社会，也不能完全逃避这条规律。只要有人在的地方，就一定会产生关系；只要产生了关系，就一定有亲疏之分；只要有亲疏之分，就一定会左右人们的选择。

朋友、亲戚之类的关系，在社会经济生活的各个方面，几乎都起着决定性的作用。由于彼此之间熟悉，做事情的信用成本较低，风险更是微乎其微，这就在无形中为关系中的每个人提供了更多的资源和保护。

试问，面对资质、前景相同的两家公司，一家是从来没有听说过的、素昧平生的"陌生公司"，一家是抬头不见低头见的、就在隔壁的"邻居公司"，如果你是投资者，会选择哪一家？

即使被称为风险投资的VC，也不是天生爱好风险，并不是哪里有风险，就将资金投向哪里。否则，他们身上所具备的可能就不是一种冒险精神，而是另一种意义上的"找死"精神。其实，在他们唯利是图的眼中，能以最低风险获取最大收益才是最高的投资境界。

在笔者看来，企业的核心竞争力就是积累行业好感、个人好感、客户好感。反之，如果企业经营者将自己定位为行业英雄、鼻孔朝天、目中无人，那他离失败也就不远了。所谓"得道多助，失道寡助"，到时，他能依靠的就只剩下自己，只能眼睁睁看着旁边那个和自己实力相差无几、却每天笑对众人的企业经营者门前的投资者络绎不绝，拿钱拿到手发软。

嫉妒也好，羡慕也罢，都起不到作用，唯一有用的就是"亡羊补牢"。经营者

必须回去反省自己的人际关系，整理平复一下自己的心态，对着镜子练习出一张笑脸，然后再重新"出关"融资。

例如，笔者认识一家从事手机网游研发与运营的公司。2009 年，3G 时代来势汹汹，一些利好政策和行业动向，预示着手机网游行业已经迎来高速发展的阶段。与之同时，资本市场的橄榄枝也悄悄抛来。2010 年 4 月 6 日，已经有一家投资机构确定了对该公司的投资意向，并在 5 月完成了对其的增资。

处于手机网游这个令人兴奋的行业，的确增加了该公司获得融资的砝码。但是，为其赢得投资立下汗马功劳的关键因素并不在此，要知道，人人都能看到手机网游的前景，在此"安营扎寨"的企业更是多如牛毛。投资者不见得会对行业内的每家企业投资，而给投资者留下良好印象、与投资者保持紧密联系的企业，被选中的可能性显然更高。

2010 年年初，投资公司代表第一次接触这家公司时，只是象征性地考察而已，但却留下了深刻印象，被公司内部融洽、沉稳的气氛所深深感染，出大门时就下定了还会再来的决心。这无疑是对公司经营团队和公司文化的一种肯定。

2010 年 2 月，该手机网游公司 CEO 去投资公司会见相关领导。当时，这家手机网游公司正处于资金链紧张期，但 CEO 在整个谈判过程中却始终没有问出"你们会投资我们吗"此类的话，反而表达出"我们还能做些什么"的信心。

2010 年 3 月，投资公司开始做尽职调查，尽管结果并不十分满意，却丝毫没有影响其对该手机网游公司的投资。

早期留给投资公司的良好印象，以及不断维持与其之间的良好关系，让业绩并不出众的手机网游公司赢得了投资，为后来的发展添足了马力。这个案例再次验证：在一切向"钱"看的投融资圈内，关系的力量仍然不可小视。

当然，投资者都是"人精"，仅仅对他们摆出一副笑脸，和和气气交谈，并不算是建立了良好的关系。与投资者建立良好的友谊，一条屡试不爽的法则就是加强沟通。为此，不妨将公司最新发展情况及时与他们分享，必要时可以让他

们提供一些小建议。

首先，分享正面消息。

定期得到企业传来的好消息，是投资者乐意见到的事情，既可以增强投资者的投资兴趣，也是对投资者尽责的一种表现。企业经营者不妨将公司有关的报道、新品发布、顾客来信等寄给投资者，还可以邀请他们参观新厂房、参加节日聚会等活动。

最重要的是，要将财务报表、审计过的年报等最具说服力的文件，展示给投资者。财务报表只需提供季度报即可，在特殊情况下，如当公司发展与预期计划相背离时，你可能要提供频率更高的财务报表，如月报。

虽然经审计过的年报成本可能过高，但其在投资者心目中的信用度却难以用价值衡量，尤其是对潜在投资者来说，更加弥足珍贵。

为节省开支和时间，以上大部分商业文件可通过电子邮件或传真发送，或者可以在公司网站上开一个凭密码登录浏览的风险投资关系网页。

其次，不隐瞒负面消息。

与投资者沟通企业发展情况，要本着诚实的态度，在传达积极消息的同时，也不能把负面消息过滤掉。

投资者显然清楚企业经营不会一帆风顺，更不会铺天盖地全是积极消息，你传送的负面消息并不会让他们不快。当然，最理想的情况是，在你展现问题的同时提出解决的办法，如果不能，投资者也可能会助你一臂之力，给你提供解决问题的思路和建议。

再者，管理预期目标。

不要担心对商业计划进行调整，计划往往赶不上变化，就调整计划来说，你肯定不是第一个人。

在企业经营过程中，绝大部分经营者都会有降低销售预期、变更销售渠道或放弃某个产品的经历。不必对此大惊小怪，但也不要拖到最后一刻才突然宣

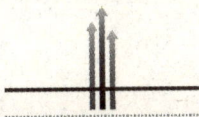

布,在平时的财务报表或经营报告中就应该有所体现或暗示。

对于突发事件,人们总是会在缺乏准备时惊慌失措,从而可能作出不理智的选择,如果之前已经做好心理准备,则往往能想出更好的解决方法。

最后,积极向投资者寻求建议。

如马斯洛需求层次中的"自我实现"需要,大部分人都有"被他人需要"的需要,投资者也不例外。

事实上,企业经营者的确需要投资者,不仅需要他们手里的资金,还需要企业经营途中克服困难的经验。从另一个角度来说,投资者甚至可以担当你的企业经营导师。

当投资者的建议被经营者采纳并最终起到作用时,相信这种"有为"的美好感受会让他们更有成就感。企业经营者在遇到难题时,不妨大胆地、虚心地向投资者请教,因为这也是拉近彼此关系的重要机会,一旦他们认真给出建议,你们之间的关系很可能就从投资双方变成了"师徒"。师傅给徒弟投资,支持徒弟开创事业,于情于理都更加说得过去。

必要的时候,不妨妥协一下

生活是最好的老师,我们正在经历的一切,其实都可以在生活中找到原型,尽管事件的性质不尽相同,道理却的的确确有相通之处。让中小制造企业辗转难眠的融资难题也不例外。要想比其他企业更快获得融资,中小制造企业除了把自己锻造得更加有实力、包装得更加光彩夺目之外,还要学会妥协。

不管是朋友还是夫妻,最不可或缺的相处之道便是学会妥协。中小企业,尤其是急于得到融资的中小制造企业,在向投资者寻求投资、商讨投资细节等过程中,懂得适当妥协也是明智的选择。

每个人都有自己的喜好和主张,相互之间心有灵犀一点通的概率几乎为

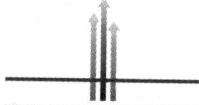

零。大多数时候,彼此之间的诉求不可能完全一致,而既不想彼此之间的关系断裂,又无法使一方完全服从于另一方,那么关系的维护就要靠大家的相互妥协。

不妨举个例子。小张和小刘准备为两人共同创办的公司选取墙纸。就是这样一件看似简单的小事,没想到也出现了分歧。小张喜欢古典、复古风格,新潮的小刘则喜欢糖果色等流行色。为了确定选用哪种墙纸,两人在没有装修完成的办公室里争论不休。

眼看着公司开业日期就要到了,年长几岁的小张认为不能继续争论下去。与其将时间花费在固执己见上,不如找到共同喜欢的款式。于是,他对小刘说:"我们先别争论了,一起商量商量吧。"

见小张有所妥协,小刘也不好意思再继续坚持。最后,两人放下各自成见,找到了一款都满意的墙纸。很快,公司装修完毕,顺利开业,业务做得一帆风顺。

当人们之间的诉求出现矛盾时,寸步不让只会相互僵持和两败俱伤,需要一方先做出妥协。只要双方还有意愿继续合作,或秉持理智的心态,一方做出妥协后,另一方的态度往往也会缓和下来。接下来,大家各让一步,合作仍然继续。

在萌生融资想法或着手寻找投资者时,企业经营者就应该明白一个道理,即使投资人对企业有投资兴趣,他们和自己在企业经营目标等方面必定还会有诸多不同。在双方利益诉求发生矛盾时,必然有一方要先做出妥协。

由于投资者手握资本,不愁找不到合适的投资项目,寄希望于他们做出妥协并不现实。作为"求人"的融资者,企业经营者要想好:为了满足投资者的要求,自己能做出多大的妥协。

笔者认识的一位海外朋友 Steve,年幼就跟随父母移居美国,更换了数份工作后,在不惑之年回到上海创建了自己的生物科技公司。公司创建之初,按照

Steve 的设想,只需要投入 200 万元左右的资金,2～3 年后产品就可以进入市场,收益也会滚滚而来,无需花费时间寻找外界投资。但是,经营企业是一项充满不确定性的事业。随着公司投入的研发费用越来越多,Steve 的积累已花得所剩无几,无奈之下他只好转变态度,向风险投资者"张口要钱"。

当 Steve 向现实妥协,和一家家投资商接触时,他发现需要妥协的事情还真不少。作为公司的创始人,Steve 当然不想失去对公司的控制权。可令他没有想到的是,德同资本与 Bay City Capital 偏偏提出了对控股权的要求。

要交出亲手创建公司的控股权,Steve 的第一感觉就是排斥。在强烈的抵触情绪之后,他渐渐冷静下来,"排斥不能解决任何问题,对方的态度依然强硬,公司因为资金不足已经停产⋯⋯"而 Bay City Capital 曾成功投资过生命科学领域,在技术和公司运营方面颇有建树。与其看着公司渐渐萎缩,在关键时刻 Steve 还是选择了妥协,用公司的控股权换回了资金及经验、销售渠道和人脉等其他公司发展不可或缺的"软性资金"。

企业经营必须解决各种突如其来的难题,还可能面对持续不断的各项挑战,需要经营者及时调整战略,必要时做出一些牺牲和妥协。Steve 让出了控股权后,Bay City Capital 引入了一位技术发明者担任首席执行官,他改任首席运营官,结果公司在两年内便迅速发展为行业先锋。

妥协不是怯懦,更不是软弱,而是一种智慧,是一种战略上的大局观,更是一种选择上的理智。和投资者僵持下去,失去的可能不仅是资金,还有企业发展的机会。用公司的控股权换来公司发展所需的资金,换来成为行业先锋的机会,Steve 的选择是明智的。

当然,并不是所有的投资者都想获得公司的控股权,但或多或少都可能会提出一些在企业经营者看来颇为无理的要求,通常有以下几方面:

一是他们给予的资金数量可能不如你要求得多。作为融资方,企业经营者总是想要更多的资金;而作为投资方,他们总是想投入最少的资金换来更多的

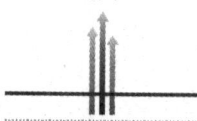

收益。企业经营者要求融资 500 万元,投资者可能只提供 400 万元。

二是他们可能要求你的业务范围适当收缩。为了实现未来更大的目标,企业经营者可能会将客户人群定位于老中青男女无所不包。投资者则可能认为你过于好高骛远,要求你适当缩减目标定位人群。

三是他们可能会要求更多的股份或抵押。最初制定融资规划时,企业经营者的设想可能是用 15% 的股份换取 1000 万元的投资;对投资者来说,投资 1000 万元不是一件难情,但他们要求的股份数量却可能是你愿意给予的两倍,即 30%。更有甚者,他们可能还会要求掌握公司的控股权。

经营企业是一项长期工程,成功的企业和企业家需有极具韧性的坚持精神,但同时也应该是有弹性的,能屈能伸,在必要时适当妥协。

妥协的一个大原则就是不能影响企业的发展,而且是长远的发展。如果投资者的要求没有任何底线,则企业经营者千万不能轻易妥协。否则,你虽能暂时得到一笔投资,失去的却可能是企业的长远发展。

先抱团,壮大实力再融资

企业刚刚成立时,经营者往往囿于资金的匮乏,对从小做起并不排斥。久而久之,随着企业渐渐壮大,经营者的野心也会逐渐被激发出来,开始四处寻找投资,忙得不亦乐乎。

笔者认识的一位高校大学生,在毕业后选择了自主创业,开了一家服装生产企业。颇具经营头脑的他,将小店经营得有声有色,1 年之后销售额就达到 40 万元,年利润率高达 50%。

然后,他便向笔者咨询:"什么时候可以去找风投?"笔者给他的答案是:等开了 20～30 家店、营业收入达到千万级别、管理模式成形之后,风投才会对你感兴趣。听了笔者的回答,这位年轻人在大失所望之余发出感叹:"那我还要他

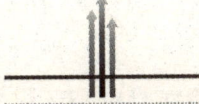

们的钱干什么？"

如果你的企业经营目标定在上千万的收益上，试问，投资者怎么敢投资给你？

而且，一家年销售额40万元的小微制造企业，即使利润高达50%，年利润也只有20万元。这在平常的上班族眼中，或许尚可算作一笔让人心动的数额，但在每天坐拥数亿的投资者看来，显然是远远不够的。当然，如果能够形成规模效益，将这种模式和盈利状况海量复制，则另当别论。

对资本市场走向略知一二的人都知道，连锁概念一直是资本市场青睐有加的对象，而具有一定规模的各类连锁企业，也成了投资者的注资乐土。从家电连锁、家居连锁到酒店连锁、餐饮连锁，再到服装连锁、教育连锁，投资无处不在。

所谓单手难敌双拳，独木难成林，与单打独斗相比，团队作战的成功性更大。虽然沃尔玛从一个偏居一隅的小店发展而来，但谁敢说，今天的沃尔玛与当初的小店没有本质区别。这种本质区别就在于前者没有形成后者的规模效益，从而既不能形成对投资者的吸引，也不具备强人的竞争优势。

在国内，国美、苏宁等家电连锁巨头之所以能在激烈的商业竞争中立于不败之地，根本原因在于其内在的核心竞争优势：把现代工业化大生产的基本原理应用于零售商业，把资本生产经营的大规模要求同零售活动的分散化、单一性等特点有机结合，进而创造出既不违背零售经营的本质要求，又能实现大规模经营、适应大规模生产的零售模式。

借助于扩大经营和构建商业渠道网络，家电专营连锁企业获得了规模经济优势，这种规模经济优势克服了一般零售店小规模和分散化的弱点，所实行的统一经营管理具有较强的抵抗市场风险和市场竞争能力。

但是，规模和效益并不总是相伴相生的，两者之间不存在必然联系。企业在构建渠道网以实现规模效益时，要牢记规模只是快速发展的手段而非最终目

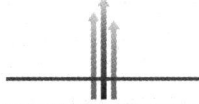

的,效益最大化才是根本。缺少效益的支撑,规模化扩张不但不能持久,反而可能会因为资金短板而导致原来建立的经营体系难以为继。

在这方面,苏宁电器可以视作典范。在连锁发展过程中,苏宁将规模和效益之间的平衡作为重中之重,遵循了以下三条原则:首先,根据当地市场状况,结合企业自身实力,选择最佳经营规模;其次,优化销售结构和产品结构,通过调整销售产品的结构来提高企业效益;再者,在保持扩张速度的同时,强调单店的效益,对单店产出比进行严格评估,有计划地淘汰一批效益差的门店。

连锁企业要实现稳步发展,积极寻求融资可以缓解资金饥渴症,推动企业继续扩张。但不可忽视的是,外来资本也是一把双刃剑,强势的投资者往往会逼迫连锁企业侧重于短期收益,自制力不强者稍有不慎便可能偏离企业的正常发展轨道。

2007年,在美国达拉斯城以东72公里的塔瓦科尼湖州立公园,人们发现了一个直径182米的巨型蜘蛛网。原来,在这个巨型蜘蛛网下有一个池塘,为了将池塘中的蚊子和其他昆虫一网打尽,具有同类残杀特性的蜘蛛,竟然放弃特性,共同织网。在这张大网上,有12种不同科的蜘蛛所织的网。尽管大网不断被大雨和狂风摧毁,各类原本形同陌路的蜘蛛仍在不懈努力着。而且,大量的雌蜘蛛还在网上产下大量的卵,以为这个特殊的蛛群提供新的后备军。

在生存的逼迫下,蜘蛛都可以共同抵御外侵,以人为主体的企业更应该明白团结就是力量的含义。

一个人架桥,力量难免不够,但如果是10个人、100个人呢?相信难度会小很多。一些实力薄弱的成长型中小制造企业,如果能够团结在一起,抱团进行融资,则不失为走出融资困境一个极具操作性的方法。

关于抱团,在当期的经济金融形势下,笔者提倡"五个抱团"的观念,即政企抱团、银企抱团、强弱抱团、行业抱团、内部抱团。

政企抱团,政府要同企业站在一起,积极走出机关,深入企业,为中小制造

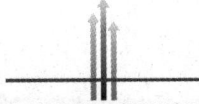

企业出谋划策;银企抱团,在经济不景气时期银行不仅要锦上添花,还要善于雪中送炭,给企业提供更多的信贷支持,企业则更要坚守信用;强弱抱团,应倡导大型强势企业和中小弱势企业互利合作,携扶中小弱势企业度过寒冬;行业抱团,充分发挥行业协会(商会)的作用,沟通经营理念,组织行业活动,增强行业的市场竞争力;内部抱团,团结全体员工,企业才能不断得到发展,企业发展了,才有员工的前途,企业与员工共进退,才能迎来发展的春天。

企业抱团,可以有效整合各种能力和资源,以获得最大的成效。而参与抱团的实体,则可以相互借鉴、利用对方的优势和长处,以达到优势互补的效果。无论是在技术、市场还是在资源上,不同企业之间都不可能完全重合,与对方合作,就有可能获得自己没有的资源,借助别人的跳板跳得更远、更有力。

中小制造企业抱团在一起融资,有以下两种方法可以尝试:

第一种是企业联保贷款。所谓企业联保,就是数家缺乏抵押物的中小制造企业形成相互担保,以"户"的名义向银行申请贷款,共同获利、共担风险。例如,可采取生意圈联保、老乡联保和同行联保等形式。

2007年3月,建行温州市分行率先试水联保贷款模式,3家从事电气制造的乐清小企业在没有抵押物且一时找不到担保单位的情况下,成功获得500万元贷款。2008年,随着货币政策从紧,浙商银行、龙湾农村银行、平阳县农村信用合作联社纷纷跟进,推出小企业联保贷款业务。

龙湾某制笔企业的负责人,连续接了几个订单,准备组织生产,却遭遇资金瓶颈。当负责人王老板听说浙商银行温州分行可以办理小企业联保贷款后,就找到4个遇到同样问题的生意圈朋友,组成一个共同联保体。龙湾的这5家小企业贷走了浙商银行温州分行的第一笔老乡联保贷款,他们通过"联保"获得了2250万元贷款,每家企业分得450万元。

第二种是互助担保。所谓互助担保,就是某些中小制造企业形成一个群体,其中的每家企业都拿出一些钱,放入某个协会作为互助基金。然后,由协会

委托专业的担保公司代为运作。当群体内的某家企业出现资金难题时，就由协会出面帮助解决。

这种形式可以理解为"一方有难八方支援"，或者"未雨绸缪"。2007年前后，江苏省太仓市的几家企业共同出资成立了一家互助担保公司——太仓诚联互助担保有限公司。当时，各家企业的资金都较为丰裕，担保公司注册资金高达6200万元。

这家互助担保公司运作得还算成功，为"参股"的几家企业带来了丰厚的回报。其中的几家"参股"企业经营出现资金困难时，很快由担保公司帮助解决了。

和普通的担保公司相比，互助担保更强调互助和联合的会员制度。即使群体内的某家企业在某个担保环节上出现呆坏账，担保公司的基金也可以承担相应风险。

报表太完美，未必是好事

人无完人，同样，任何企业都不可能完美无缺，无可挑剔，并且注定会大获成功。

有些企业为了引起投资者的兴趣，胡乱吹嘘一通，无中生有，虚报业绩，掩盖问题，却在融资面谈时不能自圆其说。此时，企业经营者暴露出的不诚实一面，会让投资者生出负面情绪，更有甚者，投资者会马上终止与你的交谈。当然，你的融资计划也就泡汤了。

更何况，即使投资者听到令人热血沸腾的夸夸其谈，他们也一定会做尽职调查，到那时你所吹嘘的完美景象十之八九会露馅。这样，你"不诚实"的名声便会越传越广，不仅这位投资者不会投资，其他投资者也会闻风而动，躲得远远的。

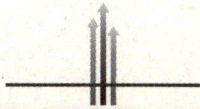

所以,在融资面谈时,切忌把企业夸得毫无缺点,对于你的过度包装,慧眼的投资者可能看一眼之后,就扔进"垃圾箱"或拉入黑名单,弃之不顾。企业过度包装主要有以下几个表现:

首先,企业各方面都尽善尽美。

尽善尽美只是一种传说。投资者一般都是拿着放大镜看企业,他们很清楚,现实世界中绝大部分的商业机会,即使是千载难逢的机会,也存在一些不足之处。

尤其是在全球经济产能过剩的今天,大部分行业的机会已被"挤榨"得所剩无几,如果你有幸拾到"残留",也请不要掉以轻心,过于乐观。

有经验的企业经营者清楚,机会之中潜藏着陷阱,大部分企业的经营计划都会失败,只有少数的成功者才会获得资金、客户和畅通的现金流。

如果企业经营者眼中只看到机会,对陷阱和风险视而不见,那么只能说明其看问题有失全面。也许你并不是诚心蒙骗投资者,但却在投资者心中留下不够成熟的印象。

一个成熟的企业经营者,在认清自身优势的同时,应更能看到自己的不足之处,抱着实事求是的态度,讲清楚一些没有得到解决的问题。相信这些问题不仅不会妨碍你的融资,反倒有可能起到助推融资的作用。

对你的项目感兴趣的投资者,可能会和你一起想方设法找出解决难题之道,并在此过程中建立深厚的感情。如此一来,既得到了资金,又扫清了企业发展道路上的障碍,岂不是两全其美的事情。

其次,只要有技术,完全不担心客户。

技术是否等同于市场,在不同人的心里有不同的答案。

迷恋技术优势的企业经营者,在和投资者接触之初,就会详细解释其技术原理及其领先之处。事实上,通常情况下,投资者都不是技术人才,你颇为得意的技术只有具备或熟悉特定技术的人才能看懂。对于一般的投资者来说,很可

能你在那边讲得不亦乐乎,投资者却已经昏昏欲睡,或者心里着急赶紧下班回家吃饭。

况且,经验老到的投资者经历了技术浪潮的起起落落,虽然不知道技术的确切面貌,却对技术和市场的关系掌握得透彻无比。他们明白,更好的技术并不总是能在商业上取得成功,企业经营要获得成功,真正需要掌握的是客户需求。

比先进技术和创意更重要的是,该技术能切实解决客户面临的问题,否则技术只是丰富相关理论的一部分教材,却不能作为市场竞争的重要筹码。

以技术主导会向投资者传递出这样一个信号,即企业经营者混淆了技术和客户需求的次序。虽然企业经营者想借此来提升企业在投资者心目中的价位,但却忽略了投资者最关心的客户,看似聪明的做法实际上成了最无效的错误做法。

聪明的企业经营者,在起步之初就应明确定义产品能够解决客户的难题,并有相关的市场研究、购买意向等材料作为证明。创业之初,即使目标市场容量有限,投资者也明白,只要在初始目标市场站稳脚跟,随着企业的不断成长,产品能以同样的方式进入其他市场。

正如人们所言,做什么事情并不重要,关键是要形成一套准确有效的思维方式和方法,这样企业才能攻无不克、战无不胜。

再者,我们的预期利润极高。

企业经营是一项挑战性极高的活动,企业投资者更是聪明之极。在融资之前,了解投资者所需,然后对症下药,是他们一贯的做法。

由于深知目前盈利状况不甚可观,且了解投资者更加看重未来,部分企业经营者会在未来预期利润上大做文章。更有甚者,有些企业经营者还会在商业计划书中,放置一个详细的 Excel 表格,并说明数字怎样计算而来。表面看起来,很难发现这种商业计划书的问题,有企业经营者就明确表示:"几瓶啤酒和

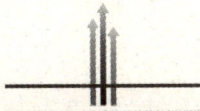

一个 Excel 表格,你就能迅速挣很多钱。"

在资本市场尚不成熟时,鱼龙混杂的企业经营市场,可能有企业经营者借此蒙混过关,得到过投资。例如,Pets.com 这家在网上卖宠物食品的互联网公司,曾因华丽的利润预测而得到了亚马逊公司等风险投资公司的大量资金注入,在 1999 年 12 月前的 4 轮投资中获得近 1.1 亿美元资金。

2000 年时,它却因缺乏资金而成了华尔街第一家关门的上市网站公司。一次一袋地销售配送狗粮的经济效益,前景看起来诱人,却始终没有办法与将狗粮大量堆放在超市或折扣店让客户自己选购的经济效益相竞争。在没有达到愿景的路上,Pets.com 就"身先卒",让投资者悔得肠子都快青了。

如今的投资者已不再单纯地为你的利润预期蠢蠢欲动,看完你的 Excel 表格之后,还有后续的问题考验你,如收入模式是大量小额交易还是少量大额交易,是否需要大量固定资产投资,等等。

如果这些问题让你吃不消,那么你最好打消拿明天的利润博今天投资的想法。

再者,我们有史上最卓越的团队。

人们常说,没有完美的个人,只有完美的团队,但是何谓完美的团队,人们却往往哑口无言。

于是,企业经营者的通常做法是,尽量美化团队中的每个人,将每个人的经历都描述得天花乱坠,同时将团队之间的配合与默契展现得毫无破绽。

但投资者的关注点并不在此,与高学历与辉煌的工作经历相比,他们更关注你所涉及行业面临的挑战,以及你的企业经营团队是否有能力应对这些挑战。你更需要做的是,确定所在行业的关键成功要素,然后展示出团队成员在专业能力和经验方面的实力,这样才有可能吸引投资者的注意。

有些企业经营团队在企业经营者看来并不完美,其中可能缺少技术人员,或者有几个曾经历过企业经营失败的团员,但却可能在投资者眼中如获至宝。

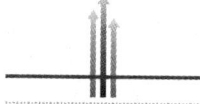

他们会热心给你推荐相应的人才来弥补。团队中的企业经营失败者,则相当于已经交过学费,在今后的企业经营之路上更容易避开一些坑坑洼洼。

最后,我们的市场无比巨大。

正如一家企业曾这样设想:每个中国小孩一瓶可乐,市场的潜力可见一斑。但事实上,尽管中国的小孩数量确实以亿计算,只是他们未必会购买你公司生产的可乐。市场再大,也不属于你!

许多企业经营者在融资面谈时会给投资者展示一个巨大市场,拿出一些二手数据,然后假定自己将获得其中的一部分:"我们只需要很小的市场份额就能成为一家很棒的公司。"

很明显,这样的表态不仅难以让投资者信服,还会暴露出企业经营者不明确自己的市场定位。与在一个大容量的市场中获取一个小份额相比,投资者更青睐一家定位清晰、在容量不过大的市场中获取较大份额的企业。

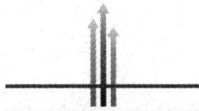

Chapter 7 | 第七章

转型，走出困境的必然选择

从量的扩张到质的提升

中国是不是制造大国?从数量上来看,的确应该算是。2011 年,中国制造业产值就已超过美国,成为全球第一大工业制造国。

日本大阪有条名为心斋桥的商业街,这条长长的街道两旁分布着很多平价商店。在这里可以买到各类生活用品,既有手机、手表等电子产品,又有玩具、鞋袜等日常生活品。不仅当地居民喜欢来这里购买日常生活用品,很多前去日本旅游的外国游客也把这里当做购物的必选之地。

每天,都有汹涌的人群赶到这里购买生活必需品,为自己的亲朋好友代购日本当地的特产。但游客们可能没有想到的是,就是在这样一条日本街道,商店中出售的绝大多数商品却是由中国生产的。

即使街上一家具有鲜明美国特色的迪斯尼专卖店,其销售的全是美国迪斯尼电影中的造型,如米老鼠、维尼熊等,也仍然全部都是由中国制造的。

在心斋桥商业街,除了中国制造外,只剩下极为有限的日本制造,如茶店或药妆店中的商品。所以,前去日本购物的中国游客,买回来的商品很可能是从中国漂洋过海到达日本的中国制造。

其实,不仅仅在心斋桥商业街,也不仅仅在日本,在世界其他许多国家的商店中,都陈列着数量众多的中国制造。世界各国居民的家庭中,都可能使用着中国制造的商品。

既然中国制造如此强势,甚至充斥于世界各国人民生活的每个角落,那么是不是可以说中国这个制造大国已经是制造强国了呢?笔者认为还为时过早。

2012 年 5 月,全球知名广告公司威汤逊发布了一份关于消费者对中国制造印象的民意报告。结果显示,有高达 60% 的美国和英国消费者对中国制造最普遍的印象是"海量生产";同时,约有 55% 的消费者对中国制造的最大印象是"便

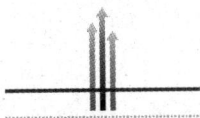

宜",45％的人认为"安全水平低",35％的人认为"质量差",35％的人认为"不可信赖",33％的人认为"档次低"。

世界上越来越多的人对中国制造的质量感到担忧,而质量恰恰是中国制造的软肋。2007年,沸沸扬扬的世界最大玩具商——美国美泰公司玩具召回事件,一度让中国很多玩具厂元气大伤,数百家产品存在安全隐患、含有有害物质或质量不过关的企业被暂停出口甚至吊销生产许可证。

尽管质量上存在问题,中国制造仍以令人难以置信的速度,在中国市场经济上指点江山,甚至在世界市场成为一股不可忽视的力量,这很大程度上归功于其低成本优势。

但是,随着低成本优势渐行渐远,除质量之外,中国制造的其他软肋却一览无余。

英国剑桥大学彼得·诺兰教授的感慨至今令我们颇感尴尬:"后来居上的工业化国家,不论是19世纪的美国还是20世纪后期的韩国,每个国家都产生了一批具有全球竞争力的企业,中国是唯一一个没有产生这样企业的后来居上者。"具体来说,中国制造的软肋表现在以下三个方面:

其一,中国制造业劳动生产率水平低下,仅为美国的4.38％、日本的4.37％和德国的5.56％。从投入产出比来看,中国1个单位价值的投入仅能产出0.56个单位的价值,只相当于发达国家平均水平的1/2。

其二,利润水平低。在美国、日本、德国,制造业占GDP的比重虽不高,却都是利润率较高的行业;而中国制造业的利润率和资本回报率本来就很低,近年来还在继续下降。

其三,商品质量不高。**调查数据称,有58％的中国制造被列为假冒伪劣或危险商品,几乎涉及所有的行业。**2012年8月1日,在欧盟委员会的新闻发布会上,中国制造的不达标服装和玩具被认定为"危险商品"。

中国制造虽已强大到使我国成为世界工厂,有近220个产品产量独占世界

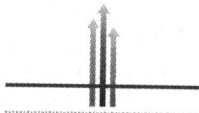

鳌头，但它们大多要么品牌籍籍无名，要么被贴上国际知名商标，只能赚取微薄的加工费，却搭不上品牌价值的顺风车，产品的含金量极低。

由于质量不过硬，一有风吹草动，中国制造就容易沦为被洗牌者的"排头兵"。今天中国制造遭遇的困境，恰恰说明了这个问题。中国制造业要转型，要走出困境，必然要停止单纯的量的扩张，走到提升质的路上来。

正如现代战争并不以士兵数量为决定条件一样，企业或产品竞争依靠数量取胜的时代早已一去不回。对于这种转变，谁先适应，谁就能先人一步走出困境，寻找到新的发展机遇。

加速死亡：盲目转型的后果

制造业的困境，并非最近才出现。长期以来，深受低利润、融资难等困境的"压迫"，加上政府对转型升级的提倡和鼓励，制造企业不是不知道应该尽早实现转型。

但是，该如何转型？制造企业是不是已经具备转型的条件？这些都取决于很多因素。若当企业家对做实业失去信心时，政府却没有推出合适的政策来帮助制造企业重拾信心，而是不合时宜地强调制造企业要转型，那么，试问一个人连饭都不能吃饱，马上就要饿死了，哪里还有心思去考虑是不是要改善生活？

因此，对制造企业来说，盲目转型不可能使企业"起死回生"，却可能会加快企业的倒闭。现在，遭淘汰的企业中，有 1/3 就是源于盲目转型，扩大战线，结果造成资金链断裂。

2009 年，受金融危机影响，温州外贸出口持续低迷，连续 4 个月出现负增长。第一季度，温州 2500 多家较大规模企业中，有 29.1％开工不足，10％处于停工状态。上半年，温州工业总产值和销售产值同比分别下降 8.1％和 8％。

制造业的惨淡景象使很多温州商人对实业丧失了信心和兴趣。为温州带

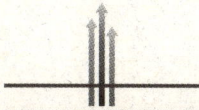

来无数声誉与财富的打火机产业几近没落，硕果仅存的 100 多家企业在拼命挣扎。温州鞋业也接连遭受重创，上百家鞋企破产倒闭，其余的鞋厂选择停工以躲避低潮，遍布鞋企的龙湾区一时俨如空城。眼镜业也风光不再，1—9 月，眼镜企业出口额仅 3.84 亿美元，增幅为－6.3％。

这一年，"中国鞋王"霸力集团突然垮塌。

"霸力"的倒下毫无征兆。2009 年 8 月 16 日，一个极其寻常的日子。上午，生产流水线照常运转。中午，一群鞋料供应商闹着结算货款。然而"霸力"的老板王跃进不知所踪。"将在营在，将亡营散"，找不到王跃进，企业群龙无首。"霸力"领导层开了一个会，随后宣布停产。外界评论说，"像队伍解散一样，说散就散"。

当天下午，风闻"霸力"倒闭，十几家温州鞋企打着"招聘"、"急聘"的牌子，开着车到"霸力"门口挖人。工人们从两尊石狮子前面鱼贯而出，辉煌一时的民营企业就这样日落西山。

经济危机背景下，"霸力"破产不免引人遐思，而创始人王跃进则成为众矢之的。

"霸力"可谓成也王跃进，败也王跃进。创业之初，靠胆子大、脑子活，只有小学文化的王跃进把不起眼的皮鞋厂搞得红红火火，取得"中国鞋王"、"中国名牌"等鞋业顶级称号。霸力在 20 世纪末达到鼎盛，销售额一度高达 2 个亿。

随着社会经济发展对企业管理者提出更高要求，"霸力"从家族式转变成股份制，但王跃进掌管大权，管理上还是旧理念、老套路，霸力鞋业开始走下坡路。企业停滞不前，王跃进急不可耐，他抱怨鞋业利润太低，但不是寻求管理上的突破，反而打着"多元化经营"旗号进行转型，把目光投向其他行业。

2005 年，温州民营企业界出现矿产投资热。王跃进南下广西，到盛产稀土、大理石的贺州成立矿业有限公司，以 2000 万元接手无以为继的老矿区。面对媒体的采访，他毫不掩饰自己的雄心，"这里矿石成品价格低廉，常用的大理石

与温州相差20来倍，存在巨大的市场空间"。他又先后花费5000万元拿下当地三家矿山探矿权，可谓踌躇满志。

至此，王跃进已经对鞋业撒手不管。先交"海归"的儿子管理，后来又把儿子带到广西，鞋业交给毫无经营经验的妻子打理。王跃进对矿业的热衷近乎疯狂。内部会议上，只要有人提不同意见，他当场让其离开，甚至开除。员工们私下都叫这个对矿产一窍不通的老板"王霸力"或"王霸"。毫无开矿经验，又听不进建议，王跃进的矿业经营得一塌糊涂，后因涉嫌非法开采，被当地有关部门查处整顿。一旦矿场遇到麻烦，王跃进的个人主义作风再次显露。他一茬接一茬地换副总，把温州鞋厂的经理调过去搞矿业。这样的结果当然只能是步步沉沦。

2009年8月7日，企业日薄西山的王跃进选择了一走了之。

这天，他登上飞往澳大利亚的航班再次出走，留下一个被掏空的烂摊子、上亿元的银行欠款以及数目不详的民间借贷。8天后，前文那令人感慨的一幕最终出现。

霸力集团的分崩离析，使一家曾经无限辉煌的企业就此成为温州经济史上的标本。

充满讽刺意味的是，温州人在市场经济的道路上摸索了数十年，仍旧困惑难解，不仅没有形成良性循环的商业模式，更在新一轮产业调整中几近迷失方向。

"小商品、大市场"的产业格局经不起外部的风吹雨打，制造业升级未成功就已经窥见末路，闹腾一时的"多元化"最终不了了之。

传统制造领域的节节败退和对新兴市场的把握不足致使数十年积攒的财富无法找到增长突破口，只能频频进出房地产、矿产、重金属等投资性领域。虽知风险利润并存，但越来越迷失方向感的温州商人只能沉沦其中，无力自拔。而在某种程度上说，这不仅是个人或群体的悲哀，更是温州企业的悲哀，也是中

国制造的悲哀。

再怎么"转"，都要找到商业模式

除非你拥有某项技术优势，或者找到一种独家秘方，否则，无论如何转型，"转"到再有市场前景的行业中，都不可避免地要遭遇同行的竞争。到那时，制造企业会发现，生存压力丝毫没有减少，盈利还是一件听起来很美好、现实中却难以尽如人意的事情。

对中国制造企业来说，找到一片没有竞争的"蓝海"已是不可能完成的任务，找到自己独特的商业模式，即找到独特的赚钱方式才是最重要的。

2008年年末，IBM公司在纽约发布了2006年全球商业领袖（CEO）情况调查报告，结果显示：由于商业竞争激烈，市场压力增大，全球65％的大公司总裁计划在未来2年内对公司进行全面改组，希望通过新的商业运作模式和管理手段保障企业持续发展。

现在，创新已经不仅仅局限于新产品开发和服务，而更多的是可为企业带来组织结构变化和业务持续增长的商业模式创新。

彼得·德鲁克在《创新与企业家精神》一书中曾如此描述："创新战略可以将已经成型的产品或服务转换为新的东西，它改变了这些产品或服务的效用、价值和经济特性。虽然从物理角度观察，这些产品或服务并没有什么改变，但从经济角度观察，他们却是截然不同的新事物。"在德鲁克看来，创新并不仅仅指新技术、新经济，还包含对传统商业模式的改造。

商业模式创新是企业获取长期竞争优势的根本保证，企业的任何创新行为都必须是对自身商业模式的策略性反应和优化。

刚刚进入市场的企业，讲求适者生存，用符合市场规律的方式来思考和行动，才能赢得市场的入场券；而生存于其中的企业，讲求变者生存，面对市场状

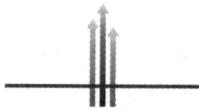

况和竞争的快速变化，用相应的速度来配合变化，才能在市场中立于不败之地。

对中国制造企业来说，一种成功的商业模式足以让竞争对手难以望其项背，但世界上不存在任何一种完美无缺的商业模式，也不存在一劳永逸的商业模式。如同历史是在曲折中不断前进的那样，商业模式也是在不断挑战的变化中得到完善。

曾经，浙江企业的民间融资模式、盛大网络的游戏消费模式，以及分众传媒的楼宇广告模式，都被视作成功商业模式的代表，但现在却无一例外地面临着环境和规则、消费者和顾客心理变化的挑战。

事实证明，商业模式也有局限性和生命周期。不仅如此，商业模式还有环境适应性，即同一家企业，在此地运用成功的商业模式，在彼地却不一定适用。在企业界，有很多拥有出色商业模式的企业，但也有很多因为将商业模式生搬硬套到各种环境下，或者守住陈旧的商业模式不放而遭遇"滑铁卢"的例子，沃尔玛就是其中之一。

沃尔玛拥有世界上最卓越的零售商业模式，凭借此模式，不仅做成行业第一，而且连续数年高居世界 500 强榜首，但却在日本和韩国前景黯淡。其中的原因，正是在面对当地消费环境时，没有进行商业模式的变更或创新，原本依赖的成功商业模式，反而成了阻碍发展的绊脚石。

信息技术革命催生了以深度互动为特征的新互联网时代，新互联网时代催生了新经济，新经济时代又把传统行业推入了巨大的变革之中。面对残酷的竞争和日益微薄的利润，企业必须重新思考赚钱的途径和方式才能生存。因此，新商业模式的变革和演绎在传统行业显得更为重要，也更具挑战性。

众所周知，世界知名电脑巨头戴尔公司，曾创造了营销史上的奇迹，其成功之处就在于商业模式创新，即改变提供产品或服务的路径，去除分销商环节，打造全新的直销商业模式。

与之前电脑厂商先生产后销售，且通过经销商销售的分销模式不同，戴尔

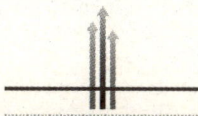

公司通过电话、邮件、互联网以及面对面与顾客直接接触，根据顾客的要求定制电脑；特别是通过互联网直接接触，戴尔公司能够掌握第一手的顾客需求和反馈信息，为顾客提供"一对一式的"服务。戴尔的直销模式，去除了中间商所赚的利润，极大地降低了成本，取得了巨大的竞争优势。

创新是企业的常青树，在竞争日趋激烈的市场上，墨守成规只会面临无路可走。在各厂家沿袭旧路，采取分销方式，即营销系统由制造商、经销商和代理商组成时，戴尔没有亦步亦趋，而是大胆创新，试行直销，最终让自己脱颖而出。

然而，直销模式帮助戴尔取得了成功，却没有为其保持住成功。2006 年第三季度，戴尔全球个人电脑霸主的宝座被惠普夺走，发展遇到了瓶颈。此外，在中国，戴尔的直销模式也遭遇水土不服，与中国"一手交钱一手交货"的传统消费习惯不适应，给人以"冷冰冰"的感觉。

当一种曾被视为创新的商业模式，开始成为企业成长的桎梏时，勇于改变的魄力最为重要，当变不变，只会绊住企业的发展脚步；而在改变之后，企业的发展空间可能就会被放大，帮助企业达到另外一个高度。2007 年 2 月，戴尔创始人迈克尔·戴尔开启了以"戴尔 2.0"为核心的变革，其中，最引人注目的就是打破自己开创的直销模式，启动了一系列适应中国市场的变革活动：首先，在销售渠道上，将直销模式改变为"直销＋分销"模式，2007 年 9 月戴尔电脑已经进入 900 家国美零售店，遍布全国 145 个城市；其次，加强了技术支持和服务渠道建设，为了更贴近顾客，戴尔自筹投资了 100 家以上的客户体验中心；再者，升级消费市场理念，在个人电脑设计方面大胆使用时尚颜色，同时不遗余力地发掘企业客户的新需求。

从直销模式跨入到完全陌生的分销领域，戴尔公司的转变不是单纯的企业升级，而是企业整体转型，更是一个企业商业模式的再造过程。这种变化是戴尔对中国消费者验货付款消费心理的尊重，更是对中国 IT 市场独特性的尊重。而事实也证明，戴尔公司这种消费市场战略的更新和升级，取得了理想的成效，

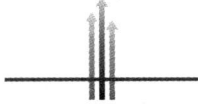

2007 年戴尔公司在中国市场的个人电脑业务获得 200％的增长。

对企业而言，在竞争对手"毁灭"你之前先自行"毁灭"，是保持持续发展的最佳方法。所谓"毁灭"，不是企业倒闭，而是对自我的否定和颠覆，是再次踏上创新之路。企业必须在创新理念上与过去有所切割，在创新领域比过去有所突破，在创新方法上与过去有所不同，这些才是企业在未来市场竞争中取胜的创新之道。

但企业也不能盲目对商业模式进行改变，商业模式是基于企业所处的内外部环境而作出的战略选择，企业选择何种商业模式，是否需要创新商业模式，很大程度上依赖于所处的宏观环境、行业状况与企业自身运行情况。

一般而言，当行业竞争激烈时，商业模式需要进行相应创新。若企业所处行业生命周期为成长期，企业也正处于高速盈利期，则企业可以先不进行商业模式创新。但创新思维不能停止，可以为此后创新做准备，等到行业处于衰退期时，企业就可考虑创新商业模式，以求焕发新的活力。

此外，商业模式创新还同企业自身状况息息相关。当企业原有业务发展空间变小，市场竞争激烈，需要寻找新的盈利空间和发展机会时，商业模式创新就势在必行；当企业拥有一定的剩余经营资源，足够支撑企业探索创新商业模式时，企业可以经过市场多方验证后，寻求新的商业模式。

在商业模式决定企业经营成败的现在，企业随着商业模式的动态变化而兴衰沉浮，企业能否发展将取决于商业模式的推动。而根据企业内外部环境变化，企业需要不断对商业模式进行适应性更新和变革，才能将商业模式的生命力无限延续下去，从而实现企业的持续成长。

转型升级是一个系统工程

"成长的欲望是每一棵参天大树共同的种子，而成长的道路则千变万化。"

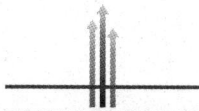

对于想要通过转型获得持久生存力的中国制造，成长是它们永恒的话题。成长的目的可以发散为做大、做强，也可以诠释为生存的必需。

当对手足够强大，市场更加惨烈，如果坐以待毙，恐怕即使穿上"软胄甲"，也有可能变成别人的炮灰。唯有成长，才是最好的保护武器。

对于在生存线上苦苦挣扎的中国制造企业，越来越响亮的转型、产业升级等调子显得既逼近又迷茫。如此宏大的命题，到底该从哪里下手？

首先，转型升级，要从产生问题的地方入手。创新缺乏、品牌缺失、技术低下已经成为中国制造的专有名词，正是这些短板使很多企业在经济环境恶劣时全无招架之力。具体到每一家企业，企业经营是一个牵一发而动全身的过程，企业寻求转型，也不仅仅是做好某一方面就可以完成的，需要从以下几个方面着手。

其次，转型升级，中国制造必须坚定不移地走创新道路。任何时候，创新都不会晚。创新包括技术创新、管理创新等多个方面。技术含量低的企业，可以引进流水线、引进先进的技术，来提升传统的产业、增加技术含量。对中国制造来说，管理创新不是可有可无，家族企业和合伙制企业更要在管理创新上下工夫，强化对产权制度的认识，建立有效的监管机制。

再者，转型升级，中国制造不能甘于做代工，而要敢于塑造自我品牌，增加自主品牌的价值。在打造品牌时，中国制造要有充分的自信。没有知名度，中国制造应该懂得借势，通过与强势品牌合作来提升知名度和美誉度；资历浅，中国制造打造品牌可以尝试不走寻常路，不妨做做"黑马"，做个"机会主义者"；实力弱，中国制造在找到适合自己的品牌战略后，还要夯实产品质量，为品牌奠定扎实的根基。

最后，转型升级，中国制造不一定非要更换产业，全盘放弃制造业，进入高科技产业。须知，在现有的传统行业里创新盈利模式也是一种转型；专注现有行业，做"剩"下来的"隐形冠军"也是一种转型，更容易获得长久的生命力；高科

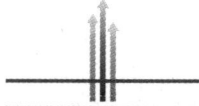

技行业里,也不是俯首就可捡到黄金,中国制造如果不了解技术风险,没有掌握核心技术就贸然投资、生产,结果仍旧会跌入低价竞争的恶性循环。一哄而上的光伏太阳能就是突出的例子。

在任何经济环境下,中国制造都要脚踏实地,提升技术含量,提升品牌价值,提升产品附加值。从多方面开始探索,中国制造才能成功转型,才能抵抗各种风险,才能把"中国制造"做成"中国创造"。

可行性方案:联合—升级—转型

在实体经济越来越难做,政府大力提倡转型之际,中国制造企业既然不能盲目转型,那到底还需不需要转型? 如果企业实力薄弱,不足以支撑起转型这个系统工程,是不是就只有等死一条路?

对实力弱小的中国制造企业,尤其是中小企业来说,转型无疑也是必然之选。只不过,其转型之路可能不像大型企业那样直接,对于它们,更合适的道路是先联合谋升级之后再转型。只有引导中小制造企业走向联合,壮大自身实力,最终才能实现转型。

在转型之前,中小制造企业应该做好整合提升。首先是整合,同一类型的企业,龙头企业可凭借强大的品牌、资本和销售渠道优势去整合行业小企业,并购也好,联合也好,资产重组也好,只要有助于提高抗风险能力即可。

在提升的基础上要去升级,因为整合以后就有能力想办法去升级。要使原来中低端的产品向中高档产品发展,形成自己的品牌,增加自主品牌的价值。

技术含量很低的产品,可以引进流水线,提升传统产业的技术含量,企业技术含量增加了,品牌价值提升了,附加值也就高了,就能更好地抵抗风险,企业才能完成更好的积累。

2014 年,中国制造走到了拐点,环境剧变让我们措手不及。"今天很残酷,

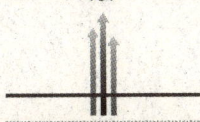

明天更残酷，后天很美好，大部分人死在明天晚上。"在残酷的今天，我们除了确定明天太阳会从东方升起外，也明白明天会有更多未知的挑战和困境在严阵以待。"胜人者有力，自胜者强。"为了熬到美好的后天，中国制造必须实现合理转型。熬过了今天和明天，就一定能迎来美好的后天。

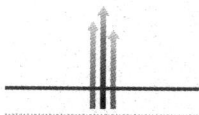

Chapter 8 | 第八章

"寒冬"来临，
创新也是自寻死路？

LED 的教训:模仿者节节败退

2008 年北京奥运会,是中国综合国力的展现,也是我国体育竞技水平的展现,同时大放异彩的还有中国 LED。当数万个 LED 灯笼把奥运会舞台装饰得美轮美奂时,伴随着政府"节能减排"的政策东风,中国 LED 产业也迎来了广阔的发展空间。

据业内专家预计,2015 年中国 LED 照明产值将达到 5000 亿元,占据中国内地 30％以上的通用照明市场。中国之外,还有更大的全球市场。据其他权威机构预测,到 2020 年,全球 LED 照明市场份额将从 2010 年的 50 亿美元上涨到 750 亿美元。

10 年扩张 15 倍,无疑将为 LED 产业发展铺就一条宽敞的大道。但这是否就意味着中国 LED 企业已经胜券在握?现实情况远没有预测的如此乐观。

与国外相比,中国一些中小 LED 制造企业的技术水平有着很大差距,只能踏进低技术门槛的低端市场,在核心技术上相当匮乏,陷入了恶性竞争的怪圈。不仅如此,中国 LED 制造企业,还常常因为"克隆"事件卷入侵权诉讼。

在 2008 年 2 月中国 6 家 LED 制造企业被美国提出诉讼后,2008 年 8 月北京奥运会刚刚结束,又有 6 家中国 LED 制造企业被美国国际贸易委员会控诉涉嫌专利侵权。中国 LED 遭国外控诉,也许与中国产品的低廉优势对国际巨头形成冲击有关,不尽然全是专利侵权。但是,环顾国内 LED 企业间的竞争,确也充斥着浓浓的"山寨"味道。

一些 LED 制造企业为了"走捷径",快速获取利润,绕过自主研发,想方设法"克隆"其他企业的技术。2012 年 8 月,广东省佛山市中级人民法院就审理了我国首例 LED 显示屏专利侵权案。

很多迹象表明,LED 专利之战一触即发。那么,当技术和专利成为竞争的

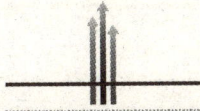

"王牌"时,中小 LED 制造企业该如何应对?

由于缺乏技术和专利,很多中小 LED 制造企业只能打价格战。但是,价格战是一种杀敌一千自损八百的招数,谁痴迷于价格战,也就注定会被价格战所伤。自 2012 年下半年起,一批规模上亿元的中型 LED 制造企业,包括浩博光电、大眼界等相继倒闭。

勒阿恩·马多克爵士 1982 年在《新科学》杂志上就这样告诫人们:珍惜传统、古建筑、古典文化和典雅的生活方式是有价值的,不过在科技的世界,固守过时的生产方法、旧的生产线、旧市场、管理者或工人的陈腐态度,则是一剂自杀的药方。

在世界市场上,中国制造已成为一个颇具影响力的代名词,但人们对中国制造的评价却是褒贬不一。除质量不过硬、技术含量低外,人们普遍认为中国制造是"照猫画虎",几乎都在模仿国外产品和品牌。

在日常生活中,我们随处可以看见各种"山寨"产品。从电视机到手机,从电脑到剃须刀,从皮包到西装,从手表到皮鞋,甚至电视剧、电影等,只要你想到的商品,没有中国制造不能"山寨"出来的。

关于中国制造的模仿能力,有这样一个笑话。阿基米德说:给我一个支点,我可以撑起整个地球。在中国,一群从事制造行业的老板却说:给我一个样品,我可以征服全世界。他们靠什么征服世界?靠的正是既迅速又海量的模仿。

中国制造的模仿速度有多快,从下面的例子就可以看出。2010 年 1 月 28 日凌晨,美国苹果公司在旧金山正式发布旗下最新产品——iPad 平板电脑。仅仅一周后,北京中关村电子卖场的货架上,就摆满了国产"山寨版 iPad"。

概括来说,中国制造在模仿方面主要存在以下三种状况。

第一种是只追求外形上的相似,没有任何技术含量,质量更是让人不敢恭维。最典型的例子就是"山寨手机"。在中国的大街小巷,随时随地都可以看到人们手中式样各异的"山寨手机"。

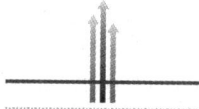

第二种是模仿学习,并加入自己的想法和设计。与第一种纯粹以外形的以假乱真相比,这种模仿往往是技术产品。虽然在外形和技术上还是以模仿为主,但加入自己的创意和想法后,往往也能获得市场的认可。比如中国的汽车制造。近年来,中国汽车制造在起步晚的基础上,在超强模仿能力的依托下,一直处于飞速发展状态,生产的很多汽车极具"国际范",已经很容易让人联想起国际大牌车型。不过,因为价格低、使用性能也不错,仍然颇受国内消费者的青睐。

第三种是青出于蓝而胜于蓝的模仿,这是一种更高境界的模仿,也是值得肯定的模仿。这种模仿在"拿来"的基础上进行了行之有效且切合市场需求的创新,实际上已经超出模仿的范畴。比如互联网业的一些即时通讯工具,在把握市场需求的基础上,通过不断改良和创新,打造出自己的品牌,成了真正的中国制造。

模仿并不是一种不可饶恕的行为,也不是令人不齿的行为。模仿是人类的天性,也是推动人类社会进步的一种驱动力。许多闻名于世的制造大国和产品,也都是从模仿起步的。

以精益生产著称的德国制造,最初也是通过对英国产品的模仿才取得今天的地位;向来以技术著称的日本制造,也是从对西方制造业的模仿开始起步。只不过,无论德国制造还是日本制造,在模仿别国产品的技术和外形的同时,并没有停止思考和创新,而是一直在进行加工和改造,因为其最终目的是做出自己的产品。当富士胶卷打败柯达、成为世界最受欢迎的胶卷产品时,很少有人知道,富士最初是靠模仿柯达而进入市场的。

但是,如果只是一味地纯粹模仿,没有任何创新与提升,那么将是一种极其危险的行为。这正如中国制造当前所遭遇的困境。

此前,工业化大生产追求的同质化和中国的低成本优势,让浮躁的中国制造满足于简单的模仿。如果哪家企业因生产某类产品而赚钱,其他企业便会一

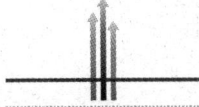

哄而上，竞相模仿并推向市场。在利润的诱惑下，浮躁的企业家根本来不及构思如何进行技术创新，如何通过技术创新做出属于自己的产品。

满足于单纯的模仿，让中国制造失去了竞争力。在"称霸"世界制造的近20余年间，中国制造仅仅充当了没有话语权的"中间环节"：既缺乏核心技术，不是设计者，更不是创造者；不掌握市场，又不接触消费者，也不是销售者。

当低成本优势渐渐远去、成本越来越高后，模仿便开始成为套在中国制造头上的一顶紧箍咒，成为围困中国制造的"囚笼"，成为阻挡中国制造前行的"绊脚石"，成为中国制造参与国际市场竞争的"软肋"。

现在创新还来得及吗？

> 我们正处于一个加速变革的社会中，创新是我们跟随时代潮流的保障；在一个产业进入门槛逐步降低的竞争环境中，创新是唯一能保证在竞争中取胜的良药；在一个知识优势迅速消逝的全球化经济体系中，创新是减慢知识优势消逝的唯一方法。
>
> ——加里·哈默

市场环境好时，遍地都是黄金，中国制造企业随便拉三五支"枪"，就能成立一支队伍，靠简单模仿就能生活得有滋有味。但是，经济环境一变天，模仿这招就不再管用了。靠模仿起家、靠低成本优势支撑、缺乏自主技术的中国制造，在国际经济衰退、中国经济增速放缓、各种原材料成本上涨等因素影响下，被打了个措手不及。

几乎所有企业都知道，要走出困境，就要进行技术创新；几乎所有企业也都知道，想要赚取更多利润，具备更强的市场竞争力，也需要创新。对处于困境的中小制造企业来说，创新更是一项迫在眉睫的任务，说得壮烈一些，已经到了"不创新，毋宁死"的地步。但是，创新谈何容易！

对中小制造企业来说,创新一直都像是萦绕在耳旁的一首好听的歌曲,虽然听起来无比动人,听别人唱起来也令人心醉,但是"五音不全"、先天不足的它们,要怎么才能唱得出来? 在乌云压顶、别人的枪口已指向自己心脏的危急时刻,创新到底还来不来得及?

笔者可以肯定地表示,处于困境中的中小制造企业现在创新还来得及。

虽然对习惯于"拿来主义"、沾染上惰性的中小制造企业来说,创新的确不是一件容易完成的任务,但是,正如一只张开血盆大口的老虎来到面前,你除了奔跑外还有其他选择吗?

谁都知道创新不容易,但是与其什么都不做,被动等待死亡,还不如在保存"体力"的情况下,开动脑筋,做研发、专注创新,成为企业过冬的"棉衣"。

对制造企业来说,只要没有倒下,就有通过创新获得生存发展的可能。

不努力尝试就轻易放弃的人生,是不值得过的人生。中小制造企业只要现在没有倒闭,只要还保留着一口气,就有通过创新获得新生的可能。退一步来说,即使创新未必就能挽回企业倒闭的命运,你照样可以通过已经取得的创新经验东山再起。

对于学生,迟到总比缺课强;对于一个人来说,任何时候努力都不晚;对于一家企业,即使在最后一刻进行创新,都有可能让自己反败为胜。

一家生产散热器的中小企业,和其他同类企业生产相似的产品,在外贸订单纷纷涌入中国时,依靠充足的订单,每年都能获得可观的利润。随着国外订单的骤减,这家企业和同行一样,跌入深深的困境之中。

经济和企业经营不景气,有些同行企业选择停工,遣散了工人;有些同行在顽强支撑,老板四处去拉订单,结果却常常无功而返。这家企业老板是个头脑灵活的有心人,认定天无绝人之路。每次,当其他老板拉订单回来,他总会前去和他们聊天,以询问市场对散热器产品的反馈情况;同时,他还带领公司几个技术骨干,寻找、研究国内外散热器相关技术资料,并鼓励员工多发现、多尝试。

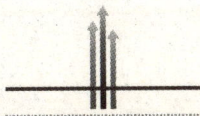

在其他企业被动等待的那段时间，这家企业老板带领员工开发出了十几项创新技术，并一一运用到其新生产的散热器产品中。结果，经过技术创新后的散热器，不再是原来简单的模仿，更加符合消费者的使用习惯，为人们生活提供了更多便利。

当其他企业寻找不到订单时，这家企业却活了过来。很多国外厂家慕名而来，前来订购他们生产的散热器。一时间，这家企业忙都忙不过来，在别人收缩战线时，又轰轰烈烈地扩张起来，兼并了原来的几家同行。

因为技术创新，这家企业没有被市场淘汰，反而在寒冬中寻找到最温暖的处所。类似的企业不止有这一家，那些在困境中保持生命力甚至反败为胜的企业，多是因为掌握了核心技术或积极进行了创新。

一家重型机械企业，因为成功研制出中国第一台 20 立方超大型矿用挖掘机，改写了我国特大型挖掘机依赖进口的历史，一跃而成为世界制造大型挖掘机三大厂家之一，在国内市场占有率达 95％以上，并畅销巴基斯坦、越南、秘鲁、印度等地。

一家塑料企业，拥有自主知识产权的"一管多腔"技术，生产的一根直径 5 毫米的多腔体医用塑料管，成本价不足 10 元，却可以替代价格为 1000 美元的同类进口产品，凭借价格优势，这种医用塑料管的市场被全面打开。

这样的例子还有很多很多。

"来不及"是失败者的墓志铭，而创新是成功者的通行证。对于任何一家中国制造企业来说，只要没有倒下，就有通过创新获得生存发展的可能。

中国制造并没有被世界"抛弃"，也没有被"东南亚制造"赶超，且还在不断改善和提升，身处中国制造的中小企业积极创新当然来得及。

问题出现了，并不意味着就应该否定一切。虽然来自国外的订单渐渐变少，一些国外大牌企业选择离开中国，到东南亚、非洲等成本优势更明显的地方建立工厂。但是，种种情况并不表示，中国制造已经被世界所抛弃，对于世界市

场而言,中国制造仍然不可或缺,仍然有较大吸引力。

在世界很多国家,如美国,无处不在的中国制造已经成为中低阶层消费者无法离开的一部分。在美国,中国制造产品占据了美国生产的同类产品的三分之一,如果拒绝使用中国制造,失去中国物美价廉的商品,美国消费者肯定吃不消增加的消费支出。

客观看待中国制造,除了价格低廉之外,也并非没有任何质量可言。中国产品的高出口率就是最好的证明。而且,随着中国制造的升级,质量也在一步步提升。2013 年 9 月 1 日,国家质检总局抽查数据显示,中国制造产品合格率已从 1993 年的 70.4% 上升至 2012 年的 89.8%。20 年间,合格率上升了将近 20%。

虽然中国制造现在面临着"东南亚制造"的强势追赶,但从目前来说,后者仍然无法撼动中国制造的地位。在阿迪达斯关闭一家中国工厂后,中国仍然是其最大的生产基地。而且,尽管越南、柬埔寨等东南亚国家比中国更有成本优势,它们在物流等基础设施方面却远不如中国。更何况,中国还有广阔的市场,海量的市场需求也是东南亚国家所不能比拟的。

但是,对于中国制造身上存在的问题和面临的危机,我们不能视而不见、听而不闻。无论对中国制造还是中国制造企业来说,认识到问题的严重性,加入到创新的队伍中来,并非为时过晚。

创新,未必就是大刀阔斧的变革

> 行之有效的创新在一开始可能并不起眼。
>
> ——彼得·德鲁克

不少企业抱怨,创新固然重要,但创新并非朝夕之功,需要耗费大量的时间和精力,资本实力弱的企业根本耗不起,换言之,"不创新是等死,创新是找死",

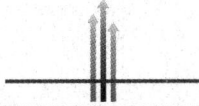

这无疑是一种极其消极和错误的想法。

制造企业要明白一个概念,即并不是所有的创新都是大刀阔斧式的变革。很多时候,即使是一个细微的创新,也会扭转产品的市场竞争力,将企业带入一个新的市场制高点。有相当多取得成功的企业,并不在于取得多么大的创新突破,而在于它们虽只是改变了一点点,但恰恰是这细微的部分,使它们的产品更贴近客户的消费需求,获得了消费者的青睐。

一本美国时尚杂志曾对已结婚多年的男性做过一项调查。令人惊讶的是,他们在 10 多年后依然记得与伴侣第一次见面时的种种细节场景,而其中的一些片段,正是促使他们选择现在伴侣的核心动因。

一位男士这样回忆和妻子初次见面的场景:"我看到她走上台阶,阳光洒在她的身上,感觉特别美好,虽然我们都是刚入校的新生,但我觉得我和她很有缘分,虽然那时候还不知道我们未来会是同班同学。"

这项调查并不是论证"一见钟情"的现实意义,而是讲述了细节的重要性。很多时候,我们关注的往往不是他人的整体面貌,而是一个个鲜活的细节:一个会心的微笑、一个轻柔的动作、一句关心的话语……正是基于这一点,我们对很多事物的喜爱和厌恶,往往只在一念之间。

有人说这是一个细节制胜的时代,不仅体现在人与人相处上,还体现在企业运营和企业竞争中。

企业运营成功与否,固然与战略决策、商业模式等大方向的因素有关,但更在于是否将每一个细节执行得足够好。纵观许多企业,虽很热衷于制定大战略,做大事情,却因为不注意细节而最终走向了失败。

与此同时,也有一些企业凭借对细节的考究而成长为国际知名大企业。例如,凭借"一英寸之间一定缝满八针"的细致规格,国际知名品牌 POLO 皮包在 20 多年间立于不败之地;依靠附加一个小小的 F4 彩壳,德国西门子 2118 手机也演绎过 F4 一样的热潮……

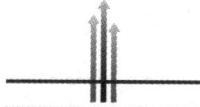

又如,在 18 世纪后期,棉花是美国最大种植物之一,但依靠手工从籽棉中剥出棉花的效率却很低。于是,很多人千方百计地琢磨提高剥离棉花效率的方法和途径,也设计了很多工具和器械,却没有起到明显效果。一天,康涅狄格州一个叫惠特尼的人,看到一只猫在追赶铁丝网后面的小鸡,尝试多次后仍然没有捉到,仅用爪子抓下了小鸡身上的一些羽毛。

仔细观察后,他发现原因是铁丝网将猫和小鸡隔开,由此联想到剥离棉花的工具和机械。棉花桃相当于小鸡,棉花就是小鸡身上的羽毛,如果隔着铁丝网使用一种类似猫爪的工具,就可以有效地分离棉花。于是,他在轧棉机上设计了有铁丝钩子的滚筒,把棉花从棉籽上迅速撕下来,再用刷子对钩子上的棉花加以收集,成为当时最先进的剥离棉花的机器,使清除棉籽的效率提高了1000 倍,并使美国超过印度,成为世界上最大的棉花出口国。

一个微小细节的改变,带来的可能就是企业的大改变。传统行业的价值链在不断细分和拆解,也在不断进行要素的重构和融合。在企业经营的各个环节和要素中,对任何一个环节或要素的创新,都可能产生天翻地覆的变化。日本商业地产就是因为对细节方面的关注,将细节做到精致,而取得巨大成功。

随着人民生活水平的提高,逛商场已经从单纯的购物上升到一种生活或娱乐方式,甚至是一种交友方式。所以,未来的商业竞争,可能并不是地段和商品等方面的硬性竞争,而是服务、环境、氛围、细节或营销个性传达等方面的软性竞争。如果开发商不能提供给消费者以上增值服务,就不可能实现价值的最大化。这些都要求商业地产必须朝着多元化和高端化方向发展。

日本商业地产的运营模式,基本符合这些趋势。在日本,购物商业的目标客户基本上都是女人,这与该国传统有关,即一般她们结婚后就会成为专职太太,是购物消费的主体人群。但是,这部分人群的年龄、收入、阶层并不固定,并非只有收入高的家庭才会有专职太太,与这一特征相对应,商业购物中心在室内装饰、色彩表现、品牌组合和比较灯光等方面,都进行了细致配置。如此一

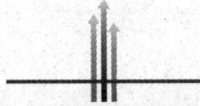

来，各个年龄阶段、阶层的消费者，就都能无一例外地被吸引至此。

吸引顾客来购物一次并不是最终目的，还要有第二次、第三次……为达到这一目的，日本一些购物中心的细节服务体现了浓浓的人性化。例如，在某个阴雨天，一位顾客购完物时，售货人员打完包装后又在外面附加了一层塑料膜。顾客觉得颇为诧异，表示没有必要，售货人员则提醒说："对不起，先生，我们听到广播说外面可能要下雨，所以又加了一层塑料膜。"

这个细节很小，却将商家服务的细致程度和人性化展现无遗，这种人性化体现在方方面面：在卫生间专为带男孩的母亲设置小男孩坐便器，开设女性特色温馨停车区，等等。

盛大网络陈天桥用种菜的农民和炒菜的厨师比喻两种不同的创新。第一种是从无到有的创新，如技术和软件的发明与创新，就像种菜的农民，这些菜不能直接食用，需要经过烹调才可食用；第二种是从无序到有序的创新，如利用互联网和新技术的发展，将游戏、电影和歌曲放到网络上，就像炒菜的厨师，从不同的地方买菜回来，然后根据顾客口味烹调出成品。

从无到有的创新固然重要，从无序到有序的创新也不可小视。现实生活中，很多大获成功的产品在技术上并没有多大创新，只是赢在细节上，即仔细研究顾客需要及应用后给出的反馈和修正。而一些商业模式创新，也多是形式创新、方法创新，并不一定要做翻天覆地般完全原创的模式创新。

有人对各国创新模式进行了研究，发现日本人最擅长工艺创新，他们做事细致，喜欢钻研，擅长在生产现场一点一滴地改进，一些产品经过他们生产，就会变得更加小巧、精致。

正如日本的商业地产模式，与其他国家并没有颠覆性的差别，只是着眼于细节的改变。

粗略看来，中国的商业地产模式与日本并无二致，但在细节方面却有着明显的差别和差距。日本商业地产将运营模式做到如此细致，恰恰是中国商业地

产所欠缺的,国内商业地产行业标准化、专业化系统不够完善,亟待加强。

而如何激起闲置的、沉睡的购买欲望,则是商业地产运营成功与否的关键。这与因文化、年龄、背景和性别等不断细化而出现的分层消费现象息息相关,在中国城市化的推进过程中,运用细节差异来吸引消费者无疑是一种可行的方法。

首先,细节创新要有一个明确的、客观的创新理念。

创新并不局限于某一领域,也不只是科研、技术人员的"专利";它不是高高摆在"庙堂之上"的神圣不可侵犯的词汇,也不只存在于生产领域。只要企业中的每位员工立足于自己的工作岗位,善于从工作中发现问题,勤于思考,就有可能找到解决问题的新方法,这就相当于完成了一次创新。

因此,企业中的每位员工都是创新的源泉,都可以成为从细节中寻找到"天使"的人,成为推动企业发展的中坚力量。

其次,创新时不能忽略"细"和"节"。

"细"是指细微之处,"节"是指关键环节。在企业运行中,一些大问题容易引起人们关注,一般也会在第一时间被解决。而部分细微问题,却因为种种因素制约,被忽视或者搁置一旁。

然而,这些细微问题频繁出现的几率往往很高,一些关键环节的毛病经常会困扰企业的正常运作。问题虽息犹繁,虽小犹大,因而通过创新解决这部分问题,其功劳不亚于一项技术发明。

天下大事必作于细。一个不起眼的细节,往往会造就创新的灵感,从而让一件简单的事务发生一次超常规的突破。

被忽视的致命缺陷:中小制造企业的管理并非可有可无

笔者的朋友王先生经营着一家小企业,整个公司员工人数不到30人。10

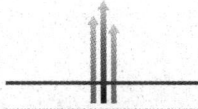

余年来，公司年利润从最初的几十万元，发展到最近的几百万元。但是，近几年公司利润一直没有提升，只能算是勉强维持经营，最近一两年则更是因为经济大势不佳而有些萎缩。

为了改变这种状况，王先生从高薪从外面请来一位资深 HR 经理。没想到，这件事情却像扔进公司的一颗炸弹，把整个公司都炸开了。他的家人和公司员工达成"统一战线"，纷纷反对，有员工还提出辞职相威胁。他们的理由是：小企业没有多少人，根本不需要管理，花这么多钱请管理人员是一种浪费！

遇到这种问题，王先生很是困惑。这也是很多中小制造企业老板心中的难题。在现实中，几乎有 90% 的小企业老板认为管理不重要，也不重视管理。事情真的如此吗？笔者认为完全不是。

与大企业相比，中小制造企业尤其是小制造企业更需要管理。正如每个人都要吃饭，大人需要吃饭维持体力，小孩更需要吃饭来补充营养。

中小制造企业实力弱，摊子小，一旦管理不善，就可能满盘皆输。

在来势汹汹的风暴面前，一座根基牢固、占地面积大的城堡，和一座四处漏风的茅草屋相比，哪个更容易倒下？毫无疑问，肯定是后者。和实力雄厚的大企业相比，中小制造企业尤其是小制造企业就像那座四处漏风、根基尚浅的茅草屋，随时可能面临被"刮倒"的风险。

即使大企业也不能完全幸免，遭到暴风雨的袭击后损失惨重。但中国有句俗语说，瘦死的骆驼比马大，大企业损失肯定还是比中小制造企业要少得多，因为其承受能力要强得多。

同理，体现在企业管理上，大企业家大业大、实力雄厚，拥有很多分公司，或拥有很多收入来源，即使某个部门内部管理不善，也不会在一夜之间崩塌，而是在砍去"变坏"的部门或业务后还能维持数年。中小制造企业却不同，只有几项业务，只有几个部门，只有几十位甚至十几位员工，一旦管理不善，"全船人"或整个企业就可能遭遇灭顶之灾，掉入水中被"活活淹死"。

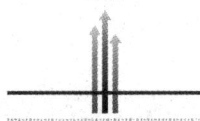

即使没有危机,中国每年仍有相当多的中小企业倒闭,其中的原因来自诸多方面,但缺乏管理或缺乏有效的管理必定是最重要的因素之一。缺乏科学有效的管理,导致中小制造企业不仅无法长大,而且极容易被风暴摧毁。

笔者认识一位从事化工产品加工企业的老板,他是一位50多岁的温州人。在没有任何背景、没有高学历的情况下,年过半百的他依然创建了这家规模不大的企业,着实令人佩服。

但奇怪的事情是,虽然经营了几年,这家化工加工企业却始终没有做大,可以看得出,这位老板做得还特别辛苦。当别人去度假旅游时,他却在公司里加班。笔者虽与这位老板没有深交,却经常听到他的一些事情。比如他疑心重,为了预防员工顺手牵羊带走公司原材料,员工下班时都要被"搜身";他喜欢独裁,每当员工提出不同意见时,他必然会大发雷霆;为防止客户被"带走",他坚持自己"跑业务"……

渐渐地,企业里的员工开始不断流失,只剩下老板的几位亲戚。这几位亲戚凭借和老板的关系,并不认真拉业务、搞生产,由此导致产品质量急剧下降,原来几个稳定的老客户也被"吓走"了。

老客户另寻合作伙伴,新客户又难以拓展,这位老板很不解,为什么自己那么努力,却依然经营失败? 其实,不懂管理,不注重管理,是这家中小企业最大的弊端,就像一条绳索扼住企业的脖子,不是被危机吹倒,而是被自己"勒死"。

中小制造企业在产品、技术、市场、人才等方面,不能和大企业比,想要在大企业的夹缝中生存并得到发展,就要依靠管理水平的提升和管理创新。

不可否认,中小制造企业即使胸怀大志,意气风发,仍难以避免自己实力不济。而且,这种实力的追赶也不是一朝一夕之事,需要以强大的经济实力作为铺垫。当大企业构筑起一座有技术、产品、市场等几个"重兵"把守大门的竞争壁垒时,却仍有一扇"大门"难以形成竞争优势,容易留给中小企业反超的机会,那便是管理。

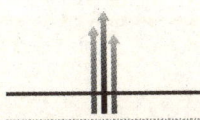

同技术、产品、市场等企业外向型要素相比，管理面对的是企业内部员工，没有一定之规，没有高低之分，只有是否合适之别。在管理上，中小制造企业更容易出奇制胜，更容易通过管理来提升企业。

例如，一家五金加工企业，或许是因为创建时机选择不佳，刚刚初创就陷入激烈的市场竞争中。在同行大企业的进攻和同行中小制造企业的追击下，这家企业濒临破产，资产负债率竟然高达 99％。

老板当然不甘心企业倒闭，于是聘来一位专业管理人士配合领导团队，看是否能挽救企业。企业领导团队和管理人士对企业进行深入调查后，决定改变原来老板自己说了算的管理方式，转向民主管理，即让员工参与企业管理过程中。企业的各项费用，包括原材料采购价格、业务招待费等，都在员工内部公开，以接受监督；公司要招聘管理人员，先在员工内部公开，优先提拔内部员工，等等。

结果，调整后的管理方式赢得了员工的支持和配合。在员工工作积极性提高的基础上，一年之后这家企业就扭亏为盈，此后不断发展壮大。在出口订单减少的近些年，这家企业的产品依然能够远销日本、东欧等国家。

由此来看，中小制造企业不仅需要管理，还要学会管理创新，用适合企业的管理方式来激活企业的每一个细胞。

家族企业与合伙制企业，有多少管理创新的空间？

2011 年春节，远东皮业集团创始人王敏和妻儿在外地过年，没有给温州老家的父母和兄弟发一条问候短信。对王敏来说，家庭的温暖早已在家族成员争权夺利的内耗中消失殆尽。

"远东"的故事发展脉络和中国商业史上家族争斗的范式如出一辙，在商业气息日益浓烈的现代社会尤显沉重，使小企业家族式管理的弊端尽显无遗。

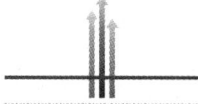

1993 年,王氏家族的二儿子王敏创立广告公司,为当地企业拍制产品录像。由于没有竞争,生意十分红火,"一年赚个一二十万不成问题"。王敏说,这些钱多数交给了父亲王大同,自己并无多少积蓄。因此,1994 年成立远东皮业公司时,不得不卖掉广告公司,从信用社贷款,才开始了皮革生意。

生意壮大后,王敏力不从心,让几个兄弟过来帮忙,自任公司董事长,负责市场拓展,兄弟则在温州负责生产。公司先后兼并当地企业,建成平阳远东工业园,年产值达 20 亿元。巅峰之际,"远东"曾包揽中国进出口猪皮业务一半以上份额,以至于"远东说价钱要涨,全世界猪皮立马就涨;远东说要降,马上就降"。

企业日益壮大后,家族成员便开始争权夺利。1998 年,家族成员之间的矛盾爆发,并最终以王敏退让、重新划分企业股权结束。这让王敏意识到家族企业在管理上的种种缺陷。2004 年,他高薪聘来副总裁、一位财务总监和一位人力资源总监,希望规范企业管理,不料却引起了更大的家族矛盾。

远东几个亿的资金分散在几个兄弟手中,王敏准备收回财务大权,推行财务管理透明制。执行两年,磕磕绊绊。2006 年年底,副总裁和两位总监匆匆辞职。

兄弟们的不配合激怒了王敏,他开始干涉其他家族成员的正常业务,时不时流露出要独揽公司大权的意图。王怀、王楚等兄弟几人也暗中策划,偷偷领取王敏二代身份证,企图更改公司股权。2006 年 12 月,王敏发现此事,向温州公安机关报案。事情败露,兄弟几人主动上门示好,签署股权协议。然而,仅仅 3 个月后,王敏去温州开董事会议,被家人强制送往温州市民康医院精神病院,医院的病历本上确诊为"目前未见精神病性症状"。

从此,王敏与家族彻底决裂。无休止的争斗中,名列中国民营企业 500 强的庞大集团步履维艰,前途扑朔迷离。

草根是众多中小制造企业洗脱不掉的身份底牌,有其敢为天下先、市场嗅

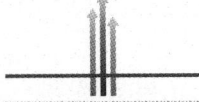

觉灵敏、土生土长等优势。草根以其顽强的生命力，一有土壤就发芽，一见阳光就灿烂，经历着喜怒哀乐后的锤炼和磨砺。

然而，不可避免地，草根出身也存在着难以抹去的消极因素，即家族企业的盛行。不可否认，家族企业是民营企业一种最有效的原始积累方式，但这并不意味着其局限与隐忧可以被忽视。

目前，中小制造企业管理方式主要有单人业主制、合伙制和股份制三种。合伙制企业又分为朋友合伙和家族合伙两种。家族企业的决策权和管理权往往集中在一个人手里，没有人约束，没有人监督，往往容易形成集权，也容易出现决策失误。

在家族企业安全度过"婴儿期"、企业规模不断壮大后，权力却可能更加集中，约束机制缺乏，企业内部缺乏民主作风，这就使企业决策风险加大，很难做到科学化、合理化决策。尤其是财产上混为一体，家事公事区分不清，极易产生各种问题。

另一种是几个意气相投的朋友合办的企业。开始时合伙者之间情重于法，一心扑在创业上。一旦创业成功，问题就出来了。在合伙之初，每个人投资不同，在企业中的贡献也不同，到底按什么进行分配，难免会发生冲突。合伙者之间对经营方向也会有不同看法，谁说了算又是冲突的一个来源。其结果要么是因内部产权争执而使朋友变成仇人，企业走向衰落，要么是四分五裂，另起炉灶。

在家族企业和合伙制中小企业中，经营者真正懂得管理的并不多。他们往往将历史甚至神话传说中的智慧当作管理王道，据此对企业发号施令；他们还可能常常顾此失彼，忽略企业赖以生存的商业规则。

随着中国民营经济的发展，家族企业和合伙制企业的管理弊端已经一一显现，在企业面临生存困境时，这种弊端更是被放大，甚至成为绊倒企业"石头"中最大的一块。

例如,一家运动鞋生产销售企业,以不到 4 万元起家,从 2005 年起不到 7 年的时间里,在全国建成数十家连锁鞋店,最多时曾超过一百家。企业拥有的总资产曾达到数十亿元。

但是,2012 年这位企业家却因借高利贷而拖垮整个企业,并最终导致企业倒闭。表面看来,这家企业的失败是由于资金链紧张而借高利贷,后来因为企业利润下降,无法按时还贷,但深层次的原因却是这家企业采取的缺乏制约和规范的家族企业管理模式。

这家企业实行典型的家族式管理,几乎所有的核心部门和管理层职位都由老板的亲戚朋友担任。他们相互之间缺乏监督和制衡,由此导致企业内部管理混乱,问题重重。企业的配货中心由老板的几位亲戚控制,经常发生大吃回扣、中饱私囊的现象。对此,老板也有所耳闻,但他碍于亲戚朋友"面子",无法进行制度性惩罚,只是在开会时不点名地大发雷霆。

这种不痛不痒的方式,自然无法有效管理这家企业,加上此前老板采取的赊销模式出现问题,最终导致企业倒闭的悲剧。而这位企业家的悲剧,也揭示了家族企业面临的带有普遍意义的困境:创业时期,企业规模小,人手少,容易控制;企业做大后,人手多,共同创业的亲戚朋友的想法发生了变化,企业不易于控制。此外,家族企业将最终决定权系于老板一身的决策机制,也极容易使企业陷入生死存亡的危险。

对于家族企业的管理弊端,很多中小制造企业不是不知道。但是,对于家族企业和合伙制企业来说,又有多少管理创新的空间?能不能通过创新来避免管理上的短板?如果可以的话,到底该如何进行管理上的创新呢?

首先,实行股份制改造,明确企业内部各合伙人的产权。

家族企业与合伙制企业之所以在管理上漏洞百出,最根本的原因是产权不清晰。产权制度具有界定和规范财产关系的作用。明晰的产权制度能够增进资源配置效益,形成有助于稳定预期和完善效益的产权制度,有利于激发产权

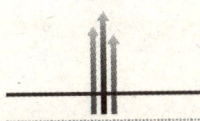

主体的积极性。

但是，家族企业明晰产权，不能简单地按初始投资份额来分配，需要解决许多实际问题。明晰产权可以从以下两点入手：一是强化对产权制度的认识。作为企业的立命根本，产权制度在创业之初就应该得到规范，明确规定对合伙创业的所有成员的权、责、制。二是科学估算股份价值。合理评估价值是产权明晰化的前提。未上市家族企业和合伙企业的股份价值往往由资产评估机构来评估，由于无形资产的评估较为复杂，资产评估可能会出现偏差。因而，家族和合伙企业应借助更为专业的评估机构，对自身资产做出合理的估价。

其次，引入家族外部或合伙人之外的股东。

为破除家族企业一人或一家人"独断专行"的局面，不妨吸收家族和合伙人之外的股东。股东既可以是外来投资者，也可以是企业内部员工，最好是企业管理和技术人才。

企业经营好坏与否，很大程度上取决于企业管理人员和技术人员的素质、能力与积极性。为调动管理人员、技术人员和普通员工的积极性，完善公司管理，不妨在企业内部设置管理股、技术股和岗位股，所占份额各企业可根据具体情况来确定，但应以既要保证投资者的利益，又能激励管理人员、技术人员和员工的积极性为原则。

仔细考察成功的企业会发现，它们当中绝大多数都已稀释了家族或个人的股权，通过吸收社会力量改组成具有现代气息的公司组织形式，如正泰集团和吉利集团等，都已经从家族企业过渡到股份制企业，突破了草根出身的成长天花板，正在沿着规范化的道路走下去。

再者，引进职业经理人，完善职业经理人的激励和约束机制。

要真正实现家族企业的管理创新，就应将所有权和经营权分离开来，引进职业经理人，赋予职业经理人一定的经营权，并建立相应的经理人激励和约束机制。

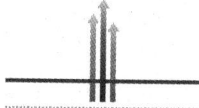

职业经理人有专业的管理知识和丰富的管理经验,是适合企业管理的专业人才。引进外来的职业经理人,既要坚持对其进行监督,也要利用其对家族成员进行监督。

为此,家族企业和合伙企业应该坚持职业经理人向董事会负责制及董事会向股东大会负责制,同时强化监事和监事会的权力。此外,还要建立相应的激励机制,给予职业经理人在经营管理方面最大的自由,使他们能更好地发挥自身的管理才能,更好地配置企业的资源。而对于经营业绩突出的职业经理人,则要给予适当奖励,以提高其经营管理的积极性和创造性。

最后,加强企业文化建设,利用文化来管理企业。

与制度等有形的管理相比,企业文化对员工的影响是无形的,同时也是最深远的,能起到一种润物细无声的作用。企业文化可以通过对员工心理和态度的影响,来影响或规范员工的各种行为。

积极的、凝聚力强的企业文化,能在企业内部营造出轻松向上的工作氛围,调动员工的积极性,激发员工的创造力和潜能。家族企业和合伙企业,要在管理上进行创新,就应在企业内部建立和培育"以人为本"的积极企业文化,推动企业往更好的方向发展。

在利用企业文化来管理方面,格兰仕无疑是一个典范。格兰仕是一家家族企业,其在内部营造的"从优秀到卓越"、"努力让客户感动"等人性化企业文化,让格兰仕企业内部充满凝聚力和活力,打破了家族企业的束缚,最终成长为一家极具竞争力的现代企业。

家族式管理,在企业初创时期立下了汗马功劳,但某种程度上已不再适应于竞争环境更加险恶的今天。中小制造企业要想突破经营困境,获得更长远的发展,必须突破家族管理的局限,进行管理模式创新,通过提升管理水平来提高经济效益。

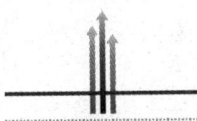

Chapter *9* | 第九章

产业转型，就要更换产业？

高科技的"银子"真的好赚吗？

当前，很多急于转型的制造企业走入了一个误区，认为转型就是放弃制造行业，转向高科技等新兴产业。

确实，以高科技为首的新兴行业对许多企业都具有难以抵抗的魅力和吸引力。对行走在拥挤、狭窄竞争道路上的制造企业来说，更是如此。

在命运的转折点上翘首未来，本就是一件令人激动不已的事情。特别是在一些政策出台前后，那些超乎政策本身之外的东西，无疑将散发出更深远的意义。

金融危机爆发后，各国纷纷提倡要大力发展绿色经济。我国也提出包括新能源、节能环保、新能源汽车、生物、新材料、新一代信息技术和高端装备制造等七个重点领域在内的战略性新兴发展产业。这对于制造企业来说是一个难得的发展机遇。

首先，新兴产业市场环境相对公平。

在中国，民营企业发展面临的一个重要障碍就是行业空间不足，大量垄断尤其是国有企业的垄断依然存在。尽管市场经济日益开放，但市场之手时不时会被垄断之脚踩到。大量国企依靠"国"字号背景，凭借"身份"、资本和政策优势，在很多行业处于垄断地位。

一个"新"字，将民营资本和国有资本拉在了同一条起跑线上。不管是环保产业、新能源汽车还是生物产业、新材料产业，对于民营资本是新的，对于国有资本也是新的，它们都需要摸着石头过河。站在同一条起跑线上，有利于民营资本获得更为公平的市场竞争环境。

国家在制定战略性新兴产业振兴规划时，也不会"一边倒"地为国有资本开绿灯，否则既不符合改革开放的旋律，更不利于新兴产业的发展。因而，国家在

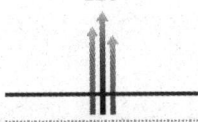

制定战略性新兴产业振兴计划时，更倾向于鼓励多种资本共同发展，降低民营资本的进入门槛。

其次，民营企业自身已经积累了一定的资本和经验。

虽然制造企业发展遭遇了挑战，但一个不可忽视的状况是，经过30多年的改革开放，民营企业的发展已然气势磅礴。在市场的锤炼下，民营经济积累了大量的资本及丰富的技术、资源和企业家人才，培育了广阔的海内外市场，这些都为民营经济在新兴产业施展拳脚奠定了坚实的基础。

再者，新兴产业发展也是民营资本实现转型的机会。

"新兴"意为将最新的科技成果产业化，已成为各国一项重大战略选择，具有巨大的市场前景和发展潜力。其对于处在转型瓶颈的民营资本而言，也是一个加速转型的良机。

金融危机以最直接的方式结束了中国企业赖以生存的低成本优势，促使后者被迫告别传统的增长模式，艰难地寻找新的增长模式。中国的民营资本有很多课要补，创新、市场、文化、多元化与专注等都是企业需要锻造的核心能力。然而，转型虽已喊了许多年，但却是"雷声大，雨点小"，大部分企业在转型的泥沼中踯躅不前，找不到清晰的发展脉络。

对于在传统行业中摸索多年而不得要领的民间资本，新兴产业注重技术和商业模式创新的高门槛，加上巨大市场潜力的诱惑，或许能倒逼民营资本实现转型。

宏观力量永远无关主观喜好，不以个人意志为转移，民营资本最好的应对方式是主动实现蜕变。国家扶持战略性新兴产业发展的机会难得，民营企业应积极抓住这一机遇。因为一旦错过，很可能过了"新兴产业"这个村，就没有"蓝海"这个店了。

于是，一些中小民营企业在原本资金有限的情况下，还是费尽心思地四处借钱，购买昂贵的自动化设备。一些企业甚至在没有搞清楚市场需求、没有了

解技术风险后，就贸然投资、生产，结果可想而知，以失败告终。

一哄而上的光伏太阳能产业就是突出的例子。光伏太阳能无疑是看上去很美的产业，在21世纪初其广阔前景就已经显露无遗。上千亿、上万亿元的市场空间，加上头顶着"高科技"的帽子，使很多制造企业将其视为转型升级的重要目标。但是，从实际效果来看，真正转型成功，享受到光伏太阳能"盛宴"的企业屈指可数。

不妨以浙江嘉兴为例。2000年以前，嘉兴仅约有300家太阳能热水器企业。2001年之后的短短一两年内，迅速增加至700多家。之后，又发展到数千家。在嘉兴，太阳能中小制造企业已经形成集群：50余家真空集热管企业，15个坏窑，拥有450余条生产线，占全国太阳能总产量的1/5。

太阳能企业数量虽然众多，但经过数年的发展，截至2012年10月，仅有50%的企业依旧存活且开工，当中90%的企业处于亏损状态，只有寥寥数家能够盈利。一些生产支架等配件的企业，由于追不回欠款而选择半开半关；500余家水箱厂，在销量"腰斩"、原材料成本和人工成本几乎等同于产品出厂价的状态下无利可图，更难以顾及售后服务。

为数几家能够盈利的企业也是困难重重。由于专门为大品牌提供配件，加上本身具有一定的技术水平，其生存优势较为明显。但是，在大量拖欠款的"连累"下，他们的发展即使不是难以为继，也可以说是步履维艰。

明明从事高科技行业，明明从事前景无限的"朝阳产业"，太阳能产业中小制造企业的日子为什么如此难过？

或许，我们可以从一些太阳能企业身上看出端倪。在一间约20平方米的街边临时住房里，有两三个工作人员，地上零散地堆放着真空集热管、电子控制器等工具。这就是太阳能整机装配厂，当地人戏称之为："一间房，两三个人，卷帘门一拉。"

显然，这样的"家庭作坊"毫无技术优势，生产的产品高度重复，市场同质性

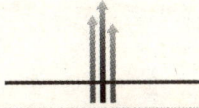

极高。企业之间为提高销量展开恶性竞争，铤而走险、使用质量差的原材料以降低成本。最终把自己逼进了"死胡同"。

没有金刚钻，揽不来瓷器活。不掌握关键技术，没有技术优势，制造企业虽已涉足高科技产业，却仍然因循旧思路经营，相当于只披上了高科技的外衣，骨子里还是毫无科技含量的、再低端不过的"零科技"。

由此可以看出一个再真实不过的事实，那就是对制造企业来说，高科技产业的"银子"看上去白花花且堆积如山，却并不是轻轻松松就可以囊入口袋。

创新传统产业的盈利模式，也是一种转型

一些企业适合更换行业，也能迅速适应新行业中的游戏规则，另一些企业却不适合更换行业，或者根本不想更换行业。这样的企业要转型，除了进行技术创新、提高产品技术含量，或跻身产业链上游、提高产品附加值外，还可以通过创新盈利模式来实现。

创新盈利模式，是指保持原有产品不变，在赚钱方式上进行创新。在我们的惯常思维中，企业盈利可能就是企业把产品提供给销售者、销售者把钱交给企业式的"一手交钱一手交货"。互联网企业的出现，打破了这种惯有的传统盈利模式，使创新盈利模式成为一种可能。

互联网企业通过提供新闻或其他内容，供网民免费浏览和使用，来赚取点击量。网站点击量高，就会吸引企业前来投放广告，这样网站便可通过收取广告费来实现盈利，而不必对浏览网站内容的网民收费。这就是一种盈利模式的创新。

哈佛大学商学院教授唐纳德·苏经过 10 多年的研究，在《优秀的承诺》一书中提出了"积极的惯性"概念。其具体内涵为：经营之初，企业依靠大胆行动取得成功，成功让企业经理人相信自己找到了正确方法，于是企业投入更多，成

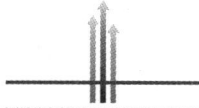

功的商业模式也越来越完善，以至于成功模式自己产生了生命。

换言之，沿着某种成功模式大规模发展下去，而不考虑外部环境已经发生根本变化，这就是所谓的"积极的惯性"。但现实情况却是，企业生存的市场环境经常发生变化，很可能使过去有效的商业模式不再适用。所以，积极谋求盈利模式创新，才是企业发展王道中的王道。

做企业，不能躺在已经取得的利润上吃老本，现代化社会，一劳永逸的想法已经失去了生存的土壤。商业世界永远是一个变化迅速的世界，任何盈利模式都不会恒久有效，即使是被认为最优秀的盈利模式，也终会有不合时宜的一天。

当一种曾被视为新的商业模式变成企业成长的桎梏时，勇于改变的魄力最为重要，当变不变只会束缚企业的发展脚步；而在改变之后，企业的发展空间可能就会被放大，帮助企业达到另一个高度。

对中国制造业来说，在传统行业演绎新的盈利模式，也是一种转型。要在传统行业进行盈利模式创新，制造企业就不能停留在过去的经营思路上，而要有勇气打破现有的商业模式和思维习惯，进行破坏性创新。

首先，时刻关注顾客价值需求的变化。

传统的商业观念多以产品驱动型为主，这种以产品为导向、以企业为中心的思维，在供给小于需求的卖方市场表现出了一定的生命力和价值。但随着商业环境的变化，企业所面对的是需求已经发生变化的消费者，他们从之前只关注产品本身转变为更关注产品所能满足的需求和带来的消费体验。此时，企业的商业观念也应做出改变，转为以顾客价值为中心，为顾客提供整体解决方案。

企业价值来源于顾客价值，关注顾客价值才能带来企业价值的提升。例如，一家生产母婴用品的企业就是围绕顾客价值，改变原有思维习惯，在传统的母婴用品零售行业创造出了一种新的盈利模式。

当这家企业进入市场时，母婴用品市场已经是"诸侯割据"，而且几家前辈企业霸占了大部分市场份额，只留给后来者极小的生存空间。经过市场分析，

这家企业老板得出结论:要想抢占市场,在产品上很难再有创新,只能在盈利模式上下工夫。

通过对客户群,即准妈妈和婴儿妈妈以及竞争对手的观察,这家企业认识到,客户大多不太方便亲自去门店选购,而准妈妈或新妈妈又急于为婴儿购买衣服等用品,其他竞争同行采取网站销售,但送货时间无法保障。

所以,这家企业的老板采取了网站销售的方式,并提前把货物配置到物流系统,这样客户既能够在家挑选商品,又可以在第一时间收到货物。此外,在了解客户对母婴用品性价比的需求后,企业还通过送赠品的方式来提高产品性价比。

分析消费者的需求,了解消费者遇到的困难,为他们解决问题,也就提供了消费者没有满足的价值需求,提供给顾客更新、更快、更好的产品和服务,从根本上创新了企业盈利模式,最终让这家企业收获了丰厚的利润回报。

其次,改变提供产品或服务的路径。

企业生产商品的目的是通过销售换取货币。因此,提供产品或服务的路径,即营销,是与生产同等重要的环节。彼得·德鲁克曾这样表示:"凡是愿意把营销作为战略基础加以运用的企业,就有可能以最快的速度、最小的风险获得产业或市场的领导地位。"

企业之间的竞争就像一场没有硝烟的战争,各个企业将自己的商品陈列在市场上,等待消费者的选购。通常而言,同行业的企业会将相同或相似的产品放在同一类型的市场领地上销售,如面包放在食品店或超市销售、彩电放在家电商场销售等,这是经过时间累积形成的一种习惯,但却不一定是企业必须遵守的规则。有时,换一个角度思考问题,或者打破某种习惯,可能就会起到意想不到的效果,企业的销售路径也是如此。

例如,一家生产护肤品的公司,创造性地改变产品服务的路径,把护肤品放到药店销售,取得了巨大成功。与一般化妆品集中在百货商店、超市、专业店等

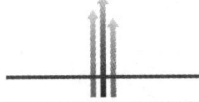

市场销售不同,该企业以药店直销模式这一独特的渠道形式,建立了专注于护肤的企业品牌形象,在引起业内人士的关注之余,取得了惊人的市场业绩。

将化妆品放在药店销售,这家企业开创了一条销售新渠道,为众多化妆品营销提供了新思路,也开创了一种新的盈利模式。

这种新的盈利模式的优点表现为:一是树立了专业形象,药店是一个专业性很强的销售场所,护肤品选择进入药店,在显示其护肤专业性之余,又增加了购买者的信任感;二是吸引消费者的眼球,在一堆堆药品中,这家企业的护肤品以专柜形式陈列化妆品,其出众的形象对消费者产生强大的视觉冲击力,加上高质量的专业服务,自然赢得了消费者的好感;三是开辟了化妆品市场的销售"紫海",即避开了与其他同类产品的正面竞争和冲突,又减少了市场压力和经营风险。

再者,改变收入模式。

传统的企业经营模式是"一手交钱一手交货",比如快餐店将食物摆放在顾客面前,顾客在吃之前或吃完后把相应的货币付给经营者,经营者收取的是食物和服务的费用,利润也是来源于此。

但是,改变一下收入模式或许企业就能创新盈利模式,收获更多的利润。以连锁快餐企业麦当劳为例,其主要收入并非来自汉堡、薯条等食物的利润,而是有90.%的收入来源于房产租金,即麦当劳将租来的房产转租给加盟店,通过赚取租金差额来获得大量利润。

作为全球最大的快餐连锁企业之一,麦当劳更是被誉为"史上最牛的房地产公司"。之所以有如此称号,是因为麦当劳经营房地产的手法颇为高明。麦当劳成立了一个连锁房地产公司,负责寻找适合的开店地点,或者与原来的土地所有者签署20~30年的长期租约,或者买断整片土地并建造房屋,或者转租加盟商。此后,麦当劳通过经营自己的餐饮文化,营建麦当劳商业圈,不断拉动更多人到此消费。这样就会直接推动附近房地产价格的上涨,其营造的巨大房

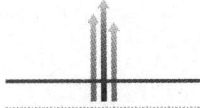

地产升值空间为麦当劳带来了巨额利润。

由此，麦当劳表面上是一家以销售汉堡为主的快餐连锁企业，但其本质上却是一家房地产公司。麦当劳公司有1/3的收入来自于直营，2/3的收入来自于加盟费，而在加盟费里收取的主要收入便是房产增值收益。

随着市场竞争的日趋激烈，很多行业步入了微利时代，但低收益率未必等于低收益，通过对收益模式、收益环节、收益阶段的重组和改变，既可获得创造性的利润获取方式，又可创造性地为竞争对手设立一个高竞争门槛，这种盈利模式的改变，远远超越了传统的盈利模式。

思维习惯是一把双刃剑，在借鉴以往经验的同时，也可能形成一种局限，让企业困于其中而找不到出路。打破现有的思维习惯，可能就会突破思维的牢笼，在更广阔的范围内思考，企业可能就会获得新生。

船小好调头，经常换产品是盈还是亏？

> 一家企业不可能在方方面面都领先，因此，你必须学会专注。
>
> ——诺基亚前全球总裁奥利拉

有家企业老板问笔者："现在中小制造企业日子不好过，我们要不要发挥'船小好调头'的优势，采取'游击战'的方式，随市场和政策变动，不断更换行业，见哪个行业赚钱就迅速进入这个行业？"

关于这个问题，还真是不好回答。长期以来，人们在形容中小制造企业有活力时，常用的一种表述就是"船小好调头"。但是，"调头"到底指的是什么，是指更换行业或产品吗？同时，"好调头"是否真的是一项优势，在困难时期，"调头"还能否解决问题？

不可否认，中小制造企业确实存在"船小好调头"的优势。不妨以温州中小制造企业为例。对于温州人，外界有这样一种说法：温州人的每根头发都像是

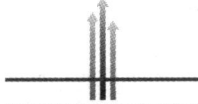

一根天线,随时随地捕捉着外来的商机。这种评价一点也不为过。

1992年,温州乐清五金机械厂朱厂长,不再满足于仅限于本地的生产经营,踏上了去上海寻找新商机的道路。在上海,当看到人们排队买糖炒栗子、用牙咬栗壳时,他心里马上产生制造"剥栗器"的想法。凭借敏锐的市场嗅觉,朱厂长找到了工厂的"第二个春天"。最终使购买糖炒栗子的人,大多数都会随手购买一只"剥栗器"。

天生敏锐的市场嗅觉,让温州人抓住时代变化带来的无限商机,成为中国民营经济"棋盘"上举足轻重的一颗棋子。

但是,随着时代的发展,如今的经济环境已经迥异于民营经济发展初期。不仅国外经济大势波诡云谲,国内经济的"海洋"也不再风平浪静。随着企业数量不断增多,同类产品日益丰富,企业间的竞争进入了白热化。

现在,中小制造企业这些"小船"已经驶入一片汪洋大海,稍有不慎就可能翻船。此时,只能明确目标,将船造大,才能乘风破浪继续前行。而怎样才能把船造大呢?在笔者看来,不是经常调转船头,变换方向,而是找准自己的方向,看清楚自己的优势或劣势,然后深挖自己的优势,并一直坚持下去。

否则,明明是一条抵抗力不强、速度不快的小舢板,在平静的水面上尚且可以顺风顺水,而如果见到远处漩涡中有多条"鱼"游过,就贸然调转小舢板划过去,很可能不但摸不到鱼,反而会被漩涡"吞噬"。

2011年,温州老板"跑路潮"震惊全国。为什么那些"跑路"企业老板的资金链会断裂?有的是因为放高利贷,有的却是因为盲目"调头"所致。前文提到的胡福林和他的信泰集团就是最好的例证。

1993年,胡福林创办了眼镜手工作坊。随着眼镜行业利率越来越低,胡福林开始踏足地产业。2008年,见光伏新能源产业风生水起,加上当时房地产行业在国家宏观调控下"一片阴霾",胡福林又大举进军光伏太阳能行业。他投资数亿元,组建了多家光伏太阳能企业。

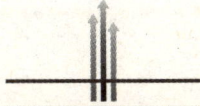

在数亿元投资中，并不全然是自有资金。所以，当银行前去"抽贷"时，胡福林的信泰集团资金链便出现了断裂。无奈之下，胡福林只好选择了"跑路"。

只有倒掉的企业，没有倒掉的行业。在眼镜行业，胡福林赢得了一定的市场影响力，其旗下的自主品牌"海豚眼镜"已经成为中国眼镜行业最有号召力的品牌之一。虽然眼镜行业利润不如房地产、光伏太阳能行业高，但却是胡福林的特长所在。如果继续坚持下去，把"海豚眼镜"做大做强，今天胡福林可能做不出眼镜第一品牌，但却肯定不至于因为银行"抽贷"而"跑路"。

"剩"者为王：守住自己的"一亩三分地"

"行路难！行路难！多歧路，今安在？"一句古诗，道出了很多制造企业主的复杂心情。

在原材料价格上涨、用工成本急剧上升和人民币升值"三座大山"的压迫下，在国家银根紧缩造成的"钱荒"的影响下，制造企业的生存压力越来越大。如何进行自救？是不是应承认失败或另选他路？笔者开出的"药方"是：守好自己的"一亩三分地"，以免在"兵荒马乱"时误入歧路。

不想当将军的士兵不是好士兵，不想做大做强的企业也不是好企业。即使小得不能再小的企业，都怀有一个大大的梦想：冲击纳斯达克最顶点，做成世界级航母企业，成为流芳百世的百年老店。

市场是块诱人的蛋糕，但任何企业都不可能手脚通天，满足所有消费者的需要。企业要做的就是集中人力、物力、财力去满足消费者某一方面的需要，如果产品线太长、产品结构太复杂，则会陷入错综复杂的产业链条中无法自拔。所以，企业要做的是聚焦的凹透镜，而不是散焦的凸透镜。

世界上轰轰烈烈的大事业，可能都始于微乎其微的小事。超级市场沃尔玛，曾经只是一个坐落在街角的小商店；快餐连锁巨头麦当劳，起源于一家简陋

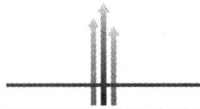

的汽车餐厅；游戏产业大亨任天堂，当初只是一家印制扑克牌的小作坊……

面对广阔且看不到边际的市场，许多中小制造企业主心中难免会涌起万丈豪情，欲与国际巨头"试比高"，恨不得将全人类都看成自己的目标客户。但是，无论市场怎样广阔，企业发展怎样迅速，进入市场去和对手相竞争，仍旧困难重重，因为消费者可能只是以某种方式，尽管可能不是最佳方式，来满足自己的需要。

因此，从这种意义上而言，在消费者中根本没有新市场可言，一些抱着"我们没有竞争对手"想法的企业家更是一厢情愿。大多数成功的企业家，并不会去谋划整个市场，而是在整个市场中瞄准一小部分消费者。

传统意义上的市场是指进行商品和服务买卖的交易场所，但时至今日，"市场"已经从场所转到了"人"，即某一特定产品或服务的潜在购买者群体身上。事实上，你不可能把所有的产品都销售给所有人，所有人都适用并愿意接受的产品是不存在的。

如果将某一行业市场视作一个橘子，那么一个细分市场就是其中一瓣，是对一个群体的确认，这个群体由不同个体组成，但他们会对产品产生相似的反应。

笔者熟悉的一家网络公司，在 2010 年 2 月 11 日登陆内地创业板，成为继几大网游公司之后挤进资本市场的网游"新贵"。其后，这家公司的股价一路高歌猛进，加上近 100 倍的市盈率，再创投资神话，4 月中旬股价最高达到 40 多元。

事实上，网游行业一直被视为最能赚钱的行业之一。同时，在网游市场，也矗立着几棵"超级大树"，占据了绝大部分的市场空间，只留给其他企业方寸之地。

要在这样残酷的市场下生存并茁壮成长，借用对网游行业颇有研究的一位朋友的话来说，是因为"它代表了网游行业目前向细分市场发展的趋势"。

与处于第一梯队的网游运营商不同，这家公司的产品颇具特色——以民族

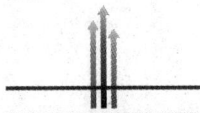

网游为主打品牌，找到了属于自己的网游细分市场。公司以"执民族文化旌旗，振名族网游强音"的理念，坚持做民族原创网游。根据赛迪顾问的研究报告，其在全部网游企业的综合排名为第 15 位，位于第二梯队的第 5 位。但在网游细分领域——战国历史、抗战历史题材等方面，却占据着最大市场份额。

与众不同方能一枝独秀，与其在大而宽泛的市场里与其他企业争得你死我活，倒不如另辟蹊径，找到自己的细分市场，成为第一个或前几个吃螃蟹者，成功的概率当然也就更高。可以想象，这家网游公司如果不假思索就进入游戏巨头的市场领域，或许经过若干年的潜心"修炼"后能够杀出一条血路，但商业战场上，企业的选择从来都是博弈的结果，拿着鸡蛋去碰石头，争取微不足道的生存机会，还是找到一个无人占领的山头，迅速进入并树牢自己的大旗，明智的企业无疑会选择后一条路。

只是，你所做的每一项选择，都要面对伴随而来的风险和收获，细分市场也是如此。首先，你要清楚如何找到细分市场；然后，你要对此进行评估，以确保自己找到的细分市场不是一片"死海"。

一般来说，企业在进行市场细分时，可以参考以下几个因素：

其一，相似利益，即追求相似利益的人群。例如，低收入者或中年家庭妇女喜欢追求便宜产品，高收入者喜欢高价格、高品质的产品，时尚的年轻人喜欢个性化的产品和服务……针对追求不同的相似利益的人群，企业可以集中资源研究和生产具有显著特征的产品，将产品优势体现在某一方面。

其二，人口统计，即以不同的人口统计特征来区分市场。例如，按照性别可以分为男性市场和女性市场，按照年龄可以分婴幼儿、青少年和中老年市场。不同性别、不同年龄组的消费者在产品选择上，会有不同的需求和偏好。

其三，职业特征，即具有相同职业特征的人群。例如，根据社会工作来区分的所谓金领、白领、蓝领、灰领等，金领追求高端，白领注重体面，蓝领、灰领注重经济实惠。

其四,地域区分,即在相同地区具有相同特征的人群。不同地区的人所形成的不同习惯对产品需求是有所差别的,如四川人、湖南人喜欢吃辣,将其视作辣椒的销售地,业绩应该会比在广州、海南等地高。

当然,这些只是常用的几种细分市场方法,此外还可以从教育程度、使用程度、生活习惯等方面,再结合企业自身的行业特点和产品特性,最终决定选用其中一种或几种不同的标准组合来进行细分。

市场细分揭示了企业面临的细分市场机会,在找到细分市场后,还要对其进行评估,此时必须考虑的三个要素是:细分市场的规模和发展、细分市场结构的吸引力,以及公司的目标和资源。

如果一个细分市场的规模极为有限,且已是明日黄花,那么对于想要扩大销售额和增加利润的企业来说,不宜贸然进入。

但即使是具备理想规模和发展特征的细分市场,也不一定会对企业形成吸引力。管理大师波特认为,决定整个市场或其中任何一个细分市场的长期的、内在的吸引力,主要来自于五种力量,即同行业竞争者、潜在的新加入的竞争者、替代产品、购买者和供应商。

如果某个细分市场已经有众多强大的或者竞争意识强烈的竞争者,如果某个细分市场可能吸引、增加大量有能力争夺市场份额的新的竞争者,如果某个细分市场存在着替代产品或者有潜在替代产品,如果某个细分市场中购买者的讨价还价能力很强或者正在加强,如果公司的原材料和设备供应商、公用事业、银行、工会等,能够提价或者降低产品和服务的质量,或减少供应数量,那么该细分市场已经没有吸引力。

此外,即使某个细分市场具有一定的规模和发展特征,且其组织结构也具备相当的吸引力,企业也还要结合自身的目标和资源进行合理权衡。

当某个细分市场发展潜力巨大,但不符合企业长远目标,甚至可能会分散企业精力时,企业就应该选择放弃;当细分市场发展潜力巨大且符合企业目标

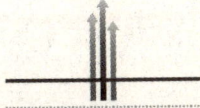

时,也不一定就是皆大欢喜的场面,企业还必须审视自身是否具备在该细分市场取胜所必需的技术和资源。企业具备必要的能力但仍欠火候,无法在细分市场中奠定优势地位,则在进入细分市场时应该三思而后行。

寻找细分市场就是寻找生存的空间,行业巨头有时难免仗势欺人,但这就是活生生的竞争规则。寻找细分市场则是战局改变之后的生存法则,无论企业大小,都要找准方向拼命向前跑。

不管是人生还是企业,方向找对最重要。站在十字路口选择实现目标的路,方向对了,每迈出一步就接近目标一步,方向错了,速度愈快只会离目标更远。

对于一家财不大、气不粗的企业来说,高调踏足各企业间刀光剑影的行业里抢蛋糕,往往头破血流。而如果低调地选择一个细分市场,坚持在细分市场的领域里长流不息,并称王争霸,才能获得长久的生命力。

有的时候,做小池塘里的大鱼比做大江大河里的虾米更为惬意。

Chapter *10* | 第十章

塑造自我品牌，
不甘于为人做"嫁衣"

习惯了代工,还敢追求品牌吗?

在很多人眼里,"中国制造"和"代工"是一对同义词。客观来讲,中国制造之所以实现了巨大发展,和为国际品牌代工确实不无关系。

20世纪80年代,日本、韩国等亚洲国家在代工中,本国品牌迅速崛起。不仅挤压了欧美品牌市场,本国人工成本等也不断高涨。此时,人工等各种成本低廉的中国,开始向世界敞开大门,也就自然而然地接过日、韩手中的"接力棒",成为欧美品牌的"代工厂"。

这种现状一直持续到了2008年。为海外品牌代工,撑起了中国制造的大半壁江山,吸纳了数以亿计的劳动力,更是成为中国30多年来经济高速发展的重要动力之一。

但现如今大局已变,处于产业链低端、技术含量低、毫无品牌和创新优势的代工企业,正遭遇着一场空前浩大和残酷的大洗牌。

自2008年以来,越来越多的外资,如阿迪达斯、耐克、佳顿、卡特彼勒等奏起了"离歌",代工厂的昔日辉煌不复存在,中国制造这个曾经风靡全球的"远东之兽"已褪去荣耀光环。

国外企业的转移只是中国代工厂没落的背影之一,更多中国代工厂的倒下为中国代工厂抹上了更多的悲凉色彩。

早在6年前,随着新一轮金融风暴的肆虐,一些苦苦挣扎的代工企业因为无力回天而轰然倒下。2008年10月,全球最大玩具代工商之一——合俊集团旗下两家工厂倒闭,6500名员工失业。由于成本上涨、人民币升值、融资无门、对美洲市场过分依赖等负面因素一齐发力,这家已是三大世界玩具知名品牌代工厂的"玩具大亨"在2008年上半年就亏损2亿港元,金融风暴则在其难以愈合的伤口上撒了一把盐。

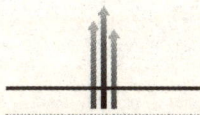

合俊集团旗下部分工厂的倒闭，并没有让中国代工厂的厄运终止。2012年，有17年历史、位于广东虎门镇的玩具巨头冠越玩具厂宣布关门大吉。尽管被誉为"经营之神"的李嘉诚曾经是这家玩具厂的幕后老板，但却仍然没能阻止其倒闭。

2013年5月，港资企业金顺台玩具有限公司突然倒闭，并引发了大规模劳资纠纷。这家位于深圳宝安区的玩具厂是1992年创办的"三来一补"①企业，主要生产玩具和圣诞用品，且曾有一个闻名于世的大客户——迪斯尼。

2013年7月，长期为劲霸男装代工的服装厂——佛山亿海服饰有限公司倒闭。和这家企业在同一镇上的超过600家服装工厂也随即待机停业。

中国代工的集体"沦陷"，让人怀念当年的"美好时光"。在中国，代工厂是中国制造、实体经济的重要组成部分，以温州为例，有60%以上的企业都在做代工业务。

曾经，代工厂的风生水起，得益于中国的低成本优势。劳工成本低、原材料价格低、人民币币值低……一系列因素使外资企业青睐中国这块风水宝地。代工厂只要拿到授权企业的订单，且授权企业守信用，能及时回款，它们的生意也能过得去，甚至做得顺风顺水。

2004年，佛山亿海服饰有限公司依靠"代工＋设计"起步。2006年至2008年间，这家公司处于黄金时期，接到的订单根本做不完，还能间接"养活"其他10余家小代工厂。

然而，"美好时光"总是无可奈何地随着时间的流逝而一去不返。代工厂从

---

① 三来一补指来料加工、来样加工、来件装配和补偿贸易，是中国大陆在改革开放初期尝试性地创立的一种企业贸易形式，最早出现于1979年。

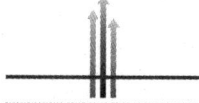

辉煌到落寞，是中国经济发展的必然趋势。我国目前正处在刘易斯转折点①上，而几乎每个迅速发展中的国家都会经历刘易斯转折点。从欧美到日本、韩国，到我国香港、台湾，再到中国大陆，最后转移到印度、越南和柬埔寨，是全球代工产业链转移路线图。

在中国，不但人口红利消失，原材料等要素成本也在不断上涨，代工厂利润薄如刀片，之前的低成本优势渐行渐远。

当中国不再是低成本洼地，非洲国家和菲律宾等地向资本伸出橄榄枝时，海外企业开始见异思迁，将订单转移到成本更低的国家和地区。再加上债务危机的影响，海外市场萎缩，中国代工厂接到的订单顿时骤减。

不仅如此，海外企业还打着如意算盘，想通过压低加工费、采购价等，迫使代工厂主动与它们终止合同，从而保证它们有机会将订单转移到成本更低的地区。在温州，代工业务的年利润率普遍只有1％～3％，致使许多代工企业不得不忍痛终止与授权企业的合作。

作为阿迪达斯中国区最大的帽子加工商，敏恒实业有限公司旗下一家服装厂的产能100％依赖阿迪达斯，而且为了配合阿迪达斯对代工厂的高要求，他们在2003年新建了6000多平方米的厂房，并引进了昂贵的生产设备。后来，阿迪达斯单方面的撤单让这家公司吃尽了苦头。

一旦各种成本上涨导致竞争优势消失，代工厂令人担忧的地方还在于，除了代工外别无所长，既无品牌优势也无技术优势，生存环境一发生变化，它们只有等死的份儿。

经济学家杨小凯曾讲到"后发劣势"，即落后国家由于是后发国家，可以在

---

① 美国经济学家刘易斯认为，在二元经济结构中，剩余劳动力消失之前，社会能够源源不断地为工业化提供劳动力，同时工资还不会上涨，随着剩余劳动力越来越少，劳动力工资水平逐步提高，最终达到一个从具有劳动力优势转为不具有劳动力优势的临界点，这个临界点被称为"刘易斯转折点"。

没有基础制度的情况下通过技术模仿实现快速发展。但是，落后国家模仿技术比较容易，模仿制度却比较困难，因为改革制度必然会触犯一些既得利益，因此落后国家多倾向于技术模仿。然而，落后国家虽可以在短期内取得快速发展，却可能会给长期的发展留下许多隐患。

这些代工厂恐怕只模仿了品牌企业的皮毛，连硬件技术也没学到家，更别提制度、文化等软件。事实证明，代工厂已走到了末路，单纯靠代工发展不可持续，如果坚持代工模式，还会有更多代工厂倒闭，代工厂除了转型外别无选择。

代工厂应该如何转型？创建自主品牌当然是不二选择。代工厂要实现转型，就不能再无名无分地为别人做"嫁衣"，而要培育自己的品牌。自己企业的品牌，不仅永远不会丢弃自己，还能够提高产品附加值，提升企业利润。

不过，树立自主品牌可谓知易行难。2008年金融危机爆发后，在深受无品牌之苦的代工厂中间，打造自有品牌的呼声就很高，但真正实现转型的并不多。

在我国台湾这个"代工厂大本营"，"代工企业做不好自主品牌业务"的怪圈已经困扰台湾经济多年，似乎也变成了一条不成文的魔咒。有人甚至发问：看着苹果公司大赚其钱，为什么替苹果做代工的台湾企业就不能成功创立自主品牌呢？

或许，从鸿海这家台湾最大代工厂的经历可以看出一些端倪。鸿海等几家代工大企业也曾尝试过打造自主品牌，但终因国际大客户的撤单威胁而不了了之。

由此可见，做惯了代工厂后想要追求自主品牌，已经不是一件简单的事情。一旦创建自主品牌，便意味着订单被撤。除此之外，另一个不可忽视的问题是，培育自主品牌需投入大量资金和人力，培育出知名度、美誉度高的自主品牌绝非易事。

企业经营原本就是一件充满不确定的事情，我们所能确定的是，如果企业继续走代工这条路，或许暂时能够勉强糊口，但在成本上涨等因素的影响下，获

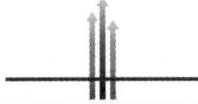

取的利润只能越来越微薄。安心做一家代工厂的命运将会如何？合俊集团、冠越玩具厂、顺台玩具有限公司的下场，就是最好的回答。

这些代工经验丰富、容易接到订单的大代工企业都已倒下，很多代工"资历"尚浅、早已经"断顿"的中小代工企业，如果再不敢于创建自主品牌，接下来的境况可想而知！

无论你是否有信心，也无论你是否愿意，想要继续生存并发展下去，绝不能甘于做代工厂，而是应该行动起来，积极谋求创建自己的品牌。

什么时候塑造品牌最合适？

2013 年 4 月，国际市场营销公司 HD Trade Services 经过调查发现，有94％的美国人说不出一个中国品牌，一些人甚至把索尼、丰田等日本品牌误认为中国品牌。

不想做将军的士兵不是好士兵。做代工厂，即使不缺订单，只能获得微薄的利润，看着品牌企业享受高额利润，心里肯定不会平静如水。任何一家企业，即使规模不大、实力再弱小，都会梦想着有一天能成为享誉全球的知名品牌。可是，对于什么时候创建品牌合适、企业生存困难时是否适合塑造品牌等问题，很多制造企业又搞不清楚。

任何一家大企业都经历过从小变大的过程，没有一家企业"生"下来就已经是人人皆知的大品牌。一些拥有知名品牌的大企业，如果在初创时没有创建自己的品牌，可能早已经在竞争中被其他企业打败。

因此，笔者对制造企业的告诫是，从创办第一天起就应该创建自主品牌。如果还没有创建品牌，从现在开始就要开始着手创建，否则你会发现，没有品牌的企业越来越寸步难行。

人民币升值，使一向肥沃的海外市场渐趋贫瘠。很多企业开始考虑"墙内

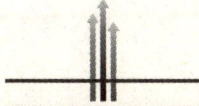

开花"，在国内市场"揭竿而起"，开始内销、外销两条腿走路。例如，在泉州，已有 20 多年运动鞋制造史的精益鞋服，在国内推出了"悦仕"户外运动品牌，开始主攻国内市场；童装企业格林集团计划"使内外销能够平衡走路"，把内外销售比例从原来的 3∶7 调整为 4∶6。

对于中国市场，惠普中国战略规划总监高建华有一个贴切的比喻："西方的营销是 80％的科学加 20％的艺术，而中国本土企业的营销则是 20％的科学加 80％的艺术。"这固然是中国企业"摸着石头过河"积累经验所必须经历的发展过程，却也显示了中国市场的复杂和混沌。那么，和中国人做生意真的比和外国人做生意难吗？

内销转向外销，绝不是从接海外的单转到接国内的单那么简单。当国内很多企业向"扩大内销"高歌猛进时，它们已经意识到，在开始国内市场的征途上，有品牌、渠道、市场等重重障碍，内销的路并不好走。

许多外贸企业做的都是贴牌生产，在国外，贴了国外的牌子，自然可以在海外市场长驱直入；而在国内，没有牌子可以贴，自己的牌子又叫不响，甚至连牌子都没有，显然很难有消费者对凭空钻出的"杂牌军"刮目相看。

做外贸时，渠道似乎并没有那么复杂，只要与外商洽谈完毕，就可以拿到单子，然后根据订单按时把货发过去就好了，宣传推广费用很低。但在国内，如果只顾埋头生产，恐怕会面临大量商品积压的尴尬。从产品研发到被消费者认知，再到消费者产生购买行为，其间涉及消费者、经销商和代理商等多个环节，这都是让外贸企业摸不着门道的"渠道经"。

而且，国内市场也不是处女地，国内外知名品牌林立，个个都在挖空心思，试图占领每一块市场领地，甚至连夹缝都不放过。竞争如此激烈，如果没有镀金的品牌、充裕的资本，恐怕一个来回就不得不趴下了。

要做内销，品牌至关重要，外贸企业应该摆脱对"贴牌"生产的依赖症，打出自己的牌子，打响让消费者认可的牌子。例如，一家出口瓷器的企业，受海内外

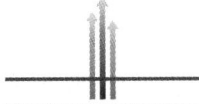

经济形势的影响，海外订单锐减，"接到的海外订单只有 30 万美元，而且违约率在 80％以上，有的国外企业定金不要了，也不再履约"。但在国内市场，由于有自己的核心技术和品牌，这家企业很快站稳了脚跟，"几天时间我们拿了 270 万元订单，大家高兴得都快流泪了，要知道这可是在我们海外市场'滑铁卢'之后的首个大捷呀"！

曾有人问世界上极富传奇色彩的亿万富翁理查德·布兰森："你的知名度可以为你带来什么帮助？"他的回答颇具深意："当你能直接打电话给尼日利亚总统的时候，那么你就能很快解决常人所没有办法解决的问题。"

看似再简单不过的对话，显示出了个人品牌"常人所不能及"的作用。

马云曾说过：什么是"品牌"？"品牌"就是当别人都死掉的时候，你还活着，你就成了"品牌"。作为企业的一张名片，品牌这一软性资源能够为企业带来的优势不言而喻。

品牌是企业的免费广告，一句"可口可乐"可能相当于某不知名小饮料公司街头成千上万张小广告；品牌是企业的无形资产，企业在进行并购、品牌转让时，一个优秀品牌的价值甚至会超过一家工厂；品牌还是企业的粘合剂，能够提高员工对企业的归属感和忠实度。

对于那些"放长线钓大鱼"、在若干年前就费时费力塑造品牌的企业，2008 年的金融危机反而成了它们最好的试金石。

企业应该从现在开始，从意识到品牌重要性的那一刻开始，积极塑造自主品牌，为企业找到一条极具杀伤力和突破性的转型之路。

一包榨菜凭什么价值过百亿？

2010 年 11 月 23 日，一家专门做榨菜的公司登陆中小板挂牌上市。它的发行价是 13.99 元，上市当天以 25.5 元开盘，却以 40.8 元收盘。与发行价相比，

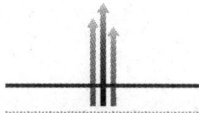

当日收盘价上涨 191.63％；与当日开盘价相比，上涨 60％。这包涪陵榨菜，俨然是股市跑出的一匹黑马。

和很多中小制造企业生产的鞋子、衣服、指甲刀相似，在我们日常生活中，榨菜属于最不起眼的一类商品。甚至于榨菜更为普通，价格也更低。一包榨菜的价格，最低不到 1 元，价格高者也不过两三元，利润能有多高？据涪陵榨菜工作人员表示，每包榨菜的利润在 3.5 分钱左右。

同属于制造业，而且利润极低，涪陵榨菜凭什么能够上市？又凭什么能够吸引众多人的追捧？在诸多因素中，品牌是不可忽略的一环。不要小看一包涪陵榨菜，价格虽然只有 1 元左右，其品牌价格却已经超过百亿元。涪陵榨菜上市前，在"2009 首届中国农产品区域公用品牌建设论坛"上公布的全国农产品区域公用品牌价值榜中，涪陵榨菜名列第二，品牌价值达 111.84 亿元。

品牌帮助涪陵榨菜赢得了市场的认同，所以企业得到国家领导人的多次视察，并被选为"航天食品"和杨利伟一同进入太空，还成为上海世博会志愿者的"配餐"食品。品牌还帮助涪陵榨菜显著增加了产品附加值，除了我们在超市看到的售价 1 元左右的榨菜外，涪陵榨菜还有一款沉香榨菜，每盒 600 克售价却高达 2200 元。

在中国，榨菜是一种再普通不过的廉价食品，为什么涪陵这包榨菜的价值能过百亿元？靠的就是品牌的力量。

品牌对于企业的重要性不言而喻，其价值不仅在于有品牌后可以获得更高的溢价，还在于品牌可以使其所有者在未来获得较稳定的收益，更是企业竞争的决胜因素之一。

首先，品牌企业能够享受高附加值，享受高定价。

作为企业的一张脸，品牌彰显的不仅是企业的文化和品质，还是维系市场和消费者的粘合剂。拥有品牌的企业，可以理直气壮地以原材料涨价为由提价，在订单萧条时仍然能够拥有忠实的老客户。

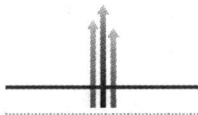

品牌是公众认识产品的一张名片，是一笔无价的财富，更是从中国制造到中国创造转型的助推器。如前文所引马云的通俗阐述：什么是"品牌"？"品牌"就是当别人都死掉的时候，你还活着，你就成了"品牌"。危机面前，品牌成了最后一件救生衣。

有不少制造企业之所以能在经济变局中安然无恙，大多是因为它们亮出了品牌利剑。在东莞，当许多玩具制造企业遭遇滑铁卢时，哈一代玩具厂却仍然保持一贯的生产态势。这是因为，早在多年以前，哈一代就不再为世界知名品牌做"嫁衣"，突破了贴牌生产的模式，向自主品牌进军，直接接受国外采购商的订单。该厂负责人告诉笔者："我们的展览室这么多，全都是自己开发、设计、生产的，这是哈一代自己的品牌，这里大概有1000多个品种，不仅可以出口，还供全国1000多家加盟商、专卖店销售。"没有国外知名品牌的大树可以乘凉，哈一代的订单少了不少，厂子小了不少，工人也少了不少，但利润却呈直线上涨，因为他们"一千件订单抵得上过去三万件"。

品牌能让一些企业获得生存的法宝，还是企业在行业洗牌中坐收渔翁之利的杀手锏。一家在2000年年底就脱离了贴牌模式的服装企业，期待着让暴风雨来得更猛烈些，因为"实际上，许多小企业倒闭后，它们的部分订单会转移到我们这样的品牌企业来"。

其次，品牌奠定企业的地位。

每一家企业都可能面对成千上万的竞争者，要奠定自己的地位，保证自己的先进入优势，就要让品牌成为你的左膀右臂。

一般而言，品牌拥有物质和心理两个范畴，产品本身、包装设计或商标字体、形状、美术图案和颜色等属于物质方面，心理方面则主要是消费者赋予商品的感情、价值观、信念和个性等。一旦与消费者建立感情，企业产品就会成为他们购买的首选。市场调查显示，品牌知名度和市场占有率是两个极为接近的元素。品牌知名度越高，会吸引更多消费者的注意和购买，市场占有率就会上升。

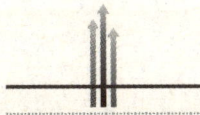

若企业成功实施了品牌战略，则很容易便会达到这样的效果。如同人们将可口可乐视为可乐的代名词、将耐克视同于运动服饰一样。一旦市场地位确立，企业生存就相对轻松许多。

利用品牌奠定市场地位时，需注意品牌的确定除了要体现产品特征外，还要力求简单、易于记忆。市场上的商品林林总总、名目繁多，相对而言，消费者的记忆力却十分有限。要想抢占消费者有限的记忆空间，就必须在打造品牌时运用智慧和技巧，引起消费者的消费意愿。

农夫山泉的品牌确定，就显示了非凡的智慧。"有点甜"三个字既简单，又将一种味觉表达而出，让人在听到这三个字时就仿佛产生一种直接的感觉体会，在消费者心理抢占了制高点。此外，"有点甜"也向消费者透露出这样的信息：农夫山泉是天然的、健康的，与纯净水相比，农夫山泉是一个既无污染又含微量元素的天然矿泉水品牌。这种感觉无疑具有强化记忆功能，让人们在回忆起"有点甜"的时候就想起农夫山泉。因此，农夫山泉以简单取胜，既让自己产品的内涵和优势轻松表达出来，又使消费者轻松记住，可谓一举两得。也正是凭借农夫山泉的品牌定位，奠定了其国内纯净水市场前三名的地位。

再者，品牌是决定企业竞争成败的关键因素之一。

有这样一组数据：全球知名品牌的数量只占全球品牌总数的3％，但市场占有率却占全球的40％，销售量也超过50％。这就是品牌的巨大影响力！

实力不同的企业之间进行竞争，决定胜负的可能是实力；实力相近的企业之间进行竞争，决定胜负的则可能是品牌等因素。

对企业来说，创造强势品牌是一件意义深远的事情，也是获得核心竞争优势的基础。消费者往往只会记住市场前几名的企业，而在这些企业中，拥有强势品牌优势自然就处在了有利地位。我们身边的许多企业短短几年间就倒下了，一些产品广告一停销量马上下滑，一些品牌昙花一现，究其原因，正在于它们没有打造出强势品牌。

　　企业要打造强势品牌,就必须提炼企业或产品个性鲜明的核心价值,并持之以恒地加以维护。例如,舒肤佳的品牌内涵是"有效去除细菌、保持家人健康",多年来电视广告换了许多次,但广告主题却一直没变。提炼出个性鲜明、有差异并对消费者具有感染力的品牌,意味着迈出了第一步,还必须对品牌进行全面规划,实施强化品牌个性化形象的配套工程,积极做好品牌的传播等工作。

　　品牌之间的较量,是一场没有硝烟的战争,极具杀伤力,其可能会是一场决定胜负的战役。企业要掌握好品牌这把旗杆,在其引领下勇往直前,打出自己的一番天地。

　　品牌是企业渡过危机、发展壮大过程中不可或缺的一张王牌。对于中国制造而言,品牌是公众认知企业或产品的一张名片,既是一笔有形财富,也笔一种无形财富,更是从中国制造到中国创造转型的助推器。

善于借势,打造自我品牌

　　没有恰当的理论支撑,没有合适的数据描述,没有合理的战略架构,对于塑造品牌,很多企业拥有的只是一厢情愿和想当然。大部分制造企业实力弱小,在先天不足的情况下,如何才能冲破大企业、大品牌的"封锁",打造自我品牌?

　　对此,中小制造企业要学会借势,借大企业、大品牌、大事件、大人物等"势",打响自己的品牌知名度。

　　在中国演艺界,张艺谋和赵本山是两张最耀眼的品牌。谁要是能和他们"攀上关系",立即会沾染上层层星光,由"麻雀"变成"凤凰"。因为出演了张艺谋导演的影片,巩俐、章子怡成了享誉海内外的华人女星。就连长相再普通不过的魏敏芝,也因为张艺谋的品牌效应,成为耀眼的明星,人生轨迹被彻底改变。而借赵本山之势声名大噪者也不在少数。小沈阳就是其中一位。拜赵本

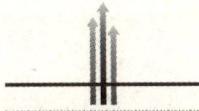

山为师，借助赵本山，他连续两年出现在春晚小品中，迅速在全国演艺界走红。

在打造自主品牌时，中小制造企业不妨学学巩俐、小沈阳，顺势而为，借势而行。一般来说，适合中小制造企业的借势方法有以下几种：

首先，与强势品牌合作。

中小制造企业与强势品牌合作的方法有很多种。例如，既可以承接强势品牌的某项任务，也可以做强势品牌的产品代理商或配套产品，或者可以和强势品牌联合经营，还可以出让部分股权给强势品牌，甚至由后者控股。

博彦科技公司就是借势微软公司发展起来的一个品牌。随着承接微软公司越来越多的外包任务，博彦品牌效应开始显现，其他跨国公司巨头，如IBM、索尼、英特尔、惠普等，都纷纷上门寻求合作。

凭借与大品牌的合作，博彦走上了由小变大之路，公司员工从最初的几个人发展到后来的3000余人，年复合自然增长率高达70％。三十年河东，三十年河西。现在博彦已成为很多小公司的借势对象，它们借与博彦的合作来提升自己的品牌和市场地位。

中小制造企业在借势大品牌时不可忽视的一个问题是，要坚持自己的品牌，切勿在合作中丢失或放弃自主品牌。否则，当被大品牌企业"榨干"后，自主品牌没建立，仍等同于没有走出代工厂的怪圈，迟早又会面临被淘汰的命运。

其次，借品牌出海。

中小制造企业要想走出国门，打造国际品牌，从零开始做起恐怕并不容易。此时，直接收购海外品牌不啻为一种直接而有效的方法。

例如，早在前几年，温州商人就将触角伸向海外品牌并购中。2009年7月，温州企业家叶茂西旗下的西京集团全资收购英国本土一家卫星电视台；2009年7月，在俄罗斯最大电网公司的电网改造中，正泰集团击败欧洲著名电力设备企业，获得110KV和350KV共4个变电站改造项目工程；2010年年初，4位温州企业家联手，以3.7亿元入股皮尔·卡丹在中国的业务，正式取得皮尔·卡丹

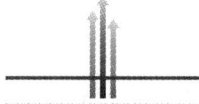

大中国区皮具、针织服装、皮鞋等部分商标的使用权。

相对于单纯以获利为目的的投资,收购海外品牌将大大提升我国企业在国际市场的占有率。长期以来,由于缺乏品牌的支撑和包装,中国民营企业在国际市场上从来没有定价权,而收购国际品牌在一定程度上可以弥补这一劣势,有助于提高企业的核心竞争力。

再者,借力盛事。

每当发生大事件时,人们的眼光便会被吸引过去并聚焦在上面。企业若能参与其中,在大事件中"露头露脸",便会被人们注视,进而被公众所熟知。

早在1915年,在巴拿马万国博览会上,名不见经传的茅台酒就"一摔成名"。当时中国神盛酒的陶罐因外表乏善可陈而无人问津。在移酒架的过程中,工作人员不小心把一罐茅台酒摔破,散发出的酒香立即吸引访客争相品尝。结果,不仅中国馆人气高涨,茅台酒也被授予"荣誉奖章",一举成为全球知名品牌。

茅台酒借助世博会成功打造品牌,是近百年前的事情了。时至今日,借力盛事打造品牌的例子仍屡见不鲜。例如,作为中国诸多涂料公司中的一员,三棵树涂料在2002年以"新人"姿态进入市场。2005年,三棵树赞助中国航天基金数百万元,成为"神舟六号"唯一搭载的涂料品牌。伴随着"神舟六号"顺利回归,三棵树一飞冲天,与神舟六号"共腾飞",成为家喻户晓的涂料品牌。

此后,三棵树又继续搭乘"神舟七号"、北京奥运会、上海世博会等大事件的"东风",成为名副其实的著名品牌。公司销售额连续多年翻倍增长,从几千万元增长到十几亿元。

无论通过何种方式打造自主品牌,也无论是否已经成功打造了品牌,对中小制造企业来说,还要学会保护自己的品牌。

即使在市场经济日趋规范的现在,据国家知识产权局统计,中国仍有99％以上的中小企业从来没有申请过专利,只有万分之三的企业拥有核心知识产

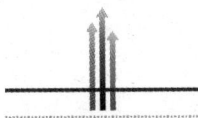

权。除温州中小制造企业之外，整个中国的中小制造企业基本上都处于知识产权真空地带，这不能不说是中小制造企业的一个致命不足。

例如，章光 101 是由乐清企业家赵章光创办的一个有着多年历史的品牌。20 世纪 80 年代末，"101 毛发再生精"在北京热卖，产品刚出厂就被门外等候的买家一抢而空。当时，为了满足消费者需求，章光 101 只好规定每人每次限购两瓶。然而，刚刚成立的章光 101 并不知道保护商标的重要性，在"章光 101"最热销时风险也悄然而至。

20 世纪 80 年代末，"101"商标在国外被人抢先注册，同时市场上也涌现出各种打着"101"旗号的生发产品。由此，章光 101 企业年销售额从上亿元萎缩到 1500 万元左右，一度走到了生死边缘。

为保护"101 品牌"，赵章光四处奔波注册新商标，同时准备花钱把别人抢注的商标买回来。但无论将价格谈到多高，抢注者就是不卖，无奈之下他只有寄希望于顺利注册新商标，向国家商标局递交了"章光 101"的注册申请。

时间持续了一年。1989 年 11 月 4 日，"章光 101"商标注册公告会在北京隆重举行。一场"商标大战"到此硝烟渐退。然而，商标争夺战的阴影还未散去，日本"101"再起药效风波。

1988 年 6 月 18 日，日本《朝日新闻》晚刊发表文章，标题为"日本几家大学附属医院对乱用 101 毛发再生精敲响警钟"，对"101"药效提出质疑。文章称"101"起火，会烧掉头发。虽查明罪魁祸首源自"101"的假冒产品，但赵章光却对此无能为力。因为"101"只是通过民间组织方式进入日本，并没有获得日本政府部门审批。

面对近乎失控的日本市场，赵章光不得不叫停产品在日本民间的销售。虽然此举断绝了假冒品的市场空间，可这一停就是 10 多年。直到 2006 年，赵章光才打算投入 6 亿元开发日本市场。显然，由于时间的延误，他必须付出更多的成本和努力。

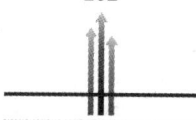

对企业商标的忽略，让温州企业家品尝到了苦头，也敲响了中小制造企业重视品牌的警钟。

孟子曰："君子登高而呼，其声远，非为声巨，擅假于物也。"如果想要让自己的声音传得更远，不用声嘶力竭地呼喊，只要站在比别人高的位置即可。"欲穷千里目，更上一层楼。"所谓登高望远，大体意思也是如此，只有站在比较高的位置，才能够看得比别人远。所以，站在巨人的肩膀上，既能弥补自己所缺，又能吸取他人所长。

19世纪，中国有志之士就提出"师夷长技以制夷"，站在经济全球化的今天，这个思想难免存在民族狭隘心态，"全盘西化"自然更不可取。但西方先进的科学技术和管理经验，中国企业无疑值得好好学习和借鉴。

与其独自在方向不清的黑夜中徘徊和踟蹰，不如牵手巨人，与其同行，让其为自己指明前进的道路。携手，不是为了依附，而是为了学习，更是为了超越。巨人的力量，能使柔弱者有力，使有力者强大，使强大者更卓越。

中小制造企业只有学会借势打造属于自己的品牌，才能有成长为"巨人"的一天。

资历浅，不妨做做"黑马"

中小制造企业在打造自主品牌时，除了要善于借势外，还要学会出奇制胜。毕竟，不是每家企业都能够攀上"大树"。当无枝可依时，中小制造企业只能使尽浑身解数，挖掘自身潜力，采取切实可行又能够让人眼前一亮的品牌策略，争取在同类企业中突出重围，做一匹品牌"黑马"。

在食品行业，喜之郎品牌曾创造了一个奇迹：1993年以40万元在深圳起家，2012年销售规模已经超过80亿元。现在，喜之郎已经成为果冻布丁的代名词，"果冻就要喜之郎"的品牌优势，让喜之郎荣登全球最大果冻生产企业宝座，

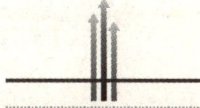

成为果冻行业绝对的第一品牌。

纵观喜之郎的发展历程，品牌战略的成功实施最为关键。但是，在喜之郎进入果冻行业之初，被饮料、奶制品等传统食品行业包围的消费者对果冻的概念认知并不清晰，加之果冻行业的技术含量和门槛较低，行业竞争呈现出一片白热化。在如此"艰苦"的条件下，喜之郎是如何打响自主品牌的？

在对行业和自身能力进行评估后，喜之郎及时进行定位，即销售的不是产品，而是品牌，首先从观念上转变，将销售产品转换成销售品牌。

在品牌战略实施中，喜之郎善用广告提升知名度，尤其是在 20 世纪 90 年代高速成长的 4 年中，喜之郎连续采用了三大系列——童趣系列、家庭系列、节日系列的广告来进行品牌塑造，并且在 CCTV 等主流媒体大量投放，在消费者心目中留下了深刻的印象和难以取代的位置。

尽管喜之郎广告片的系列不同，但都使用了相同的广告语——果冻布丁喜之郎，把果冻布丁与喜之郎划上等号。这种品牌传播方式并非定位于产品本身，而是聚焦于消费者的心理认知。在果冻行业，有众多可替代产品，"果冻布丁喜之郎"却让喜之郎建立起了不可替代的品牌概念。

在市场和消费者尚未对果冻产品形成认知或关注时，喜之郎即用巧妙的品牌塑造，有效地扩大了产品基础，为自己带来了更高的关注度。此后，喜之郎就能享受高品牌知名度带来的竞争优势：可以节省大量的市场营销费用；消费者愿意购买企业的产品，从而在与分销商和零售商的谈判中处于有利地位；由于品牌代表着很高的信誉，企业很容易就进行品牌扩展。

这便是喜之郎果冻制造企业走出的品牌之路。或许很多中小制造企业没有喜之郎那般强大的资金实力，不能在强势媒体投放广告，而且也可能不像喜之郎那样占据产品"概念不清阶段"的发展优势，但是别忘了，果冻行业技术含量和门槛低，喜之郎当初面对的行业竞争也是异常激烈。喜之郎之所以能够脱颖而出，并不是全靠资金实力和先发优势，而是靠准确的定位。

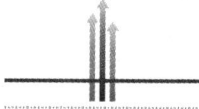

这里说的准确定位，并不是普通意义上的准确定位顾客人群，即定位于儿童食品或年轻人食品等，希望在细分市场占据一席之地；而是采取直接简单的方式，将产品销售和品牌销售合二为一，用品牌来定位产品，甚至定位整个行业，以强势姿态攻占消费者的心理区间。以至于当人们再次提及某产品时，脑海中会同时想起自身品牌。

除了喜之郎使用的这种方式外，还有以下几种较为适合中小制造企业的品牌塑造方法：

其一，打造区域强势品牌。

再强大的企业也不可能抢占所有市场，让自己的品牌被全部人所知。在夹缝中生存的中小企业，更是力有不逮。一些中小企业脚步还未走稳，就试图要做全国或全球知名品牌。且不论企业是否有实力做到，这份雄心壮志固然值得佩服，却也容易引起大企业的关注而被其剿灭。

中小制造企业要塑造品牌，既要权衡自身实力，又要识时务。起步之初，不妨先做一个区域品牌。相对于全国来说，区域范围更小，便于企业获得一席之地，在区域品牌打响之后，再去谋取更大的市场，做受众范围更广、影响力更大的品牌。

例如，史玉柱在巨人"倒下"后开始做脑白金，当时没有资金，他便向朋友借了 50 万元。史玉柱拿出 10 万元用于打造品牌。10 万元并不是一个大数目，用作广告宣传更是捉襟见肘。于是，他选择先在江阴做品牌。当成为江阴名牌之后，脑白金便产生联动效应，开始进军江阴周边的无锡、上海、浙江等地，一年多后就在全国市场打响，成为享誉全国的强势品牌。

新希望集团在刚刚起步时，也是定位于四川市场。当时，在全国范围内，正大是饲料行业的强势品牌，为避开与正大的正面冲突，当新希望集团资产达到数亿元时，还是把目光放在四川的区域市场，全力将自身打造为四川的强势品牌。等新希望集团逐渐在四川、贵州、云南西南三省站稳脚跟后，就开始向全国

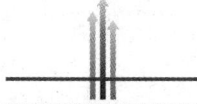

市场进发,并迅速成为中国饲料行业的领导者。

新希望凭借"以区域包围全国"的战术,最终从一个区域品牌成长为全国知名品牌。随着现代媒体越来越发达,信息传播变得越来越容易,从区域走向全国的难度日益减少。中小制造企业与其幻想"一举成名天下知",倒不如稳扎稳打,先沉下心来做区域名牌。

其二,走趣味品牌之路。

在人们的观念里,企业打造品牌最常用的两种方式是在电视上投放产品广告和请明星做产品形象代言人。众所周知,这两种方式都需要以雄厚的资金为支撑,中小企业很可能既无能力花重金在电视上做广告,又请不起明星做形象代言人。此时,不妨尝试走趣味品牌之路。

所谓趣味品牌,就是给企业产品赋予一个生动形象的故事,赋予产品生命,以此来吸引消费者,让他们觉得产品很有意思,记住这个品牌并愿意购买企业的产品。这种方法的重点是要让消费者觉得产品有意思,这样就等于成功了一大半。

在如今的牛肉干市场,绿盛已经是一个响当当的品牌。不过,在刚进入市场时,绿盛只是一个无名小卒。从默默无闻到人人所知的转变,就是因为绿盛会讲故事,让大家觉得他的牛肉干与其他同类产品不一样。

绿盛的做法是把牛肉干完美融入美国小说家海明威的名著《老人与海》的故事中,那么绿盛是怎么做到的?

在我国,《老人与海》是一部几乎尽人皆知的小说。它讲的是一位古巴老渔夫圣地亚哥,在离岸很远的湾流中与一条巨大的马林鱼相搏斗的故事。以这个故事为基础,绿盛问道:如果圣地亚哥有绿盛牛肉干补充体力,划桨速度更快,拖回来的还会只是一幅鱼骨吗?这样一来,人们就会感觉这个问题很有意思,也就很容易记住绿盛牛肉干。在全国诸多牛肉干品牌中,《老人与海》的故事无疑让绿盛品牌更有吸引力。

趣味品牌打造法，不一定花费太多成本，但却一定要有奇妙的创意。产品本身也不一定非要有特色、够另类，即使再普通不过的产品也能在创意的"打扮"下变得生动有趣。想利用这种品牌打造方法的中小制造企业，必须先找到一个能和产品产生完美结合点的故事。

其三，用微博做品牌营销。

现代新媒体的发展，使得信息沟通和交流变得更加方便、简单、快捷。尤其是微博、微信等新型平台的出现，让一切更加透明，使每个人都变身为主角，可随时随地发表自己的观点，分享各种想法和信息。

使用微博和利用微博已经成为一种新生活方式。在微博上，"草根"们可以"晒"心情，"晒"家人和朋友，"晒"浪漫和幸福，还可以发表观点，找工作、找房子等，甚至还可以求婚。于是，一些有特色、有个性、有观点的"草根"，便成为微博达人。

在微博上，明星们更是可以大展拳脚，向"粉丝"报告自己的行程，向观众宣传自己的新作品，向公众展示自己的观点和想法等，以积累人气，获得更多人的支持。除个人之外，政府部门也加入进来，纷纷开通了官方微博，以回应公众的疑问，塑造亲民形象。

营销已经成为微博的一种主要功能，中小制造企业打造品牌不妨也多多借助微博平台。这样做既无需花费太多资金，品牌塑造效果还不受地域限制。现如今，越来越多的企业已加入微博营销大军，利用微博来打造或推广自己的品牌。

例如，名声大噪的"绝味鸭脖"，就利用微博成功打响了自己的品牌。2011年3月8日到3月14日，"绝味鸭脖"在微博上开展了一场"晒浪漫，爱分享"的活动。活动宣布：只要关注"绝味鸭脖"，成为其粉丝，参与"晒浪漫，爱分享"的话题讨论或"晒"出浪漫照片等，就可能成为每天随机抽取的三位幸运者，获得绝味浪漫大礼包。

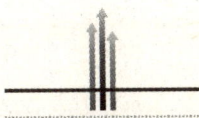

这项活动推出之后，一时间引来无数"博友"围观，并引起了大家的热烈讨论。人们在"晒"幸福、浪漫的同时，也"晒"获得的"绝味鸭脖"，为"绝味鸭脖"做了一次次免费宣传。在活动期间，绝味鸭脖的销量倍增，门店网点排起了长队。很多人表示他们在微博上第一次得知绝味鸭脖后，便决定过来尝试一下。

利用微博，在微博上发起活动，发起契合年轻人想法和喜好的活动，绝味鸭脖没有花费重金，就在微博上成功推广了自己的品牌。但这并不是说，只要开通微博，在微博上发起一项活动，就可以帮助企业一炮走红。利用微博推广品牌需要一定的技巧，如要紧抓流行元素，使其与产品实现完美结合。绝味鸭脖正是抓住了年轻人爱在微博上"晒"浪漫和幸福的特质，并将其与鸭脖完美联系在一起。

利用微博推广品牌和其他推广方式也有相似之处，即抓住目标客户的特点，设计出符合客户喜好的活动，使用符合客户身份的语言表述等。例如，针对鸭脖类大众消费品，企业就不宜发起太过偏离生活的活动。

其四，联合起来，共同打造一个品牌。

2012 年，宜家的 300 家中国代工厂以"被压榨"为由，纷纷宣布停止为"东家"宜家供货。在此之后，其中的部分企业联合起来，"抱团"创建了一个品牌——嘉宜美家居，直接和宜家唱起了对台戏。

除了和宜家一样发展实体体验店外，嘉宜美家居还寻求与天猫、淘宝等电商平台展开合作。在电商上销售，既可以缩短工厂和消费者的距离，还能够节约成本，以比宜家更低的价格销售给消费者。以一把阶梯凳为例，宜家的价格是 99 元，嘉宜美只需要 59 元。低价的诱惑力加上宜家代工厂的质量保证，让嘉宜美品牌一开始就赢得了消费者的支持。在天猫上销售短短 10 天，就引来 3000 余份订单。

单家中小制造企业实力弱，想要创立品牌的确不是一件容易的事情。中小制造企业的群体联合被称为"蚂蚁雄兵"，创立品牌也可以考虑"蚂蚁雄兵"，即

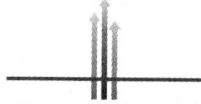

多家企业联合起来创立品牌。

逐渐走下坡路的宜家代工厂就通过联合起来,脱离"东家"自立门户,自创品牌。其实,很多一线品牌的代工厂掌握了不少先进的技术标准,一旦联合起来更容易创立品牌,在市场竞争中拥有更多的博弈筹码。

对中小制造企业来说,塑造、打响品牌的道路有千条万条,就是不宜走最寻常的几条。在拼实力、拼资金、拼资历、拼人脉都会处于下风时,只有另辟蹊径、发挥创意,中小制造企业才能闯出一条"黑马"之路。

没有好产品,品牌就是空壳

品牌对企业生存的重要性,制造企业不是没有意识到。1987 年杭州武林广场上的那把"耻辱之火",在烧得温州企业心寒的同时,也点燃了温州企业的品牌梦和"质量梦"。

现在的温州制鞋企业,恐怕都忘不了 1987 年 8 月 8 日的那场大火。杭州武林门广场,一场大火将 5000 多双从南京、上海、湖北等地"查抄"的温州鞋烧成灰烬。自此,温州鞋以质量差而臭名远昭,被消费者打入"冷宫"。

在一片嘘声中,温州各界加入了"以质量兴温州"的卧薪尝胆地历练中,一大批驰名商标、免检产品等鞋业品牌涌现而出。说到底,还是质量为温州企业扭转了名誉乾坤,是质量让温州品牌重新获得了人们的信赖。

创建和塑造企业品牌,是一件需要技巧、颇有难度的活动。想尽各种方法和策略,经过一段时间努力后,都不一定能"功成名就"。但是,当有一天成功就要如期而至时,一场"质量问题大雨"就可能将品牌之花击得七零八落。

企业之间的品牌竞争,归根结底还是产品质量的竞争。品牌可以吸引消费者前来购买产品,但消费者不会轻易对品牌产生忠诚度,只有使用产品并感受到产品质量之后,才会出现重复购买行为。

也只有当消费者重复购买时,品牌的作用才会真正显现。由此来看,产品质量就是决定企业生死的关键因素,即使是百年老牌,也要靠质量来博得"上帝"对其产品的绝对信任和真诚。随着人们的消费行为越来越理性,单纯追求品牌的狂热行为已开始降温,一旦发现所购买的商品质量处于下风或者损害自身利益,人们便会果断抛弃。

遭遇此类状况的品牌不胜枚举:三鹿的悲剧已经不用多提,蒙牛的遭遇我们也早已看到。在一些国内品牌吃尽质量差的苦头时,惠普、丰田等享誉全球的知名品牌,也不能保证在产品出现问题后仍然能赢得消费者的忠诚。

在汽车领域,丰田是一个不折不扣的大品牌。2008年,丰田一举打败美国通用汽车,登上世界汽车霸主地位,销量一路高歌猛进。丰田为什么能够做到这些? 除了营销得力之外,其精益生产和"零瑕疵"管理才是真正的"幕后功臣"。

但是,此后以质量著称的丰田汽车却因接连出现质量问题而深陷"质量门"。2009年4月,中央电视台报道了丰田凯美瑞刹车失灵;2009年8月,由于出现零部件缺陷导致内部短路、车窗无法升降等质量问题,丰田汽车又宣布召回部分凯美瑞等车型;2009年9月,丰田北美公司被指控为隐瞒车辆在工程设计和安全测试中的违规行为,并隐瞒了300多起翻车事故;2009年12月,丰田又再爆"爬坡门",一辆2.7升的丰田汉兰达却爬不上仅30度的小山坡。

2009年之后,丰田汽车仍然不断曝出各种质量问题。2013年4月,本田技研工业(中国)投资有限公司,因质量问题又要求召回2312辆汽车。自2010年以来,丰田汽车在全球已经召回超过一百万辆汽车。(《本田召回2132辆汽车》,人民网,2014年4月12日)

召回举措或许能够修补问题汽车,但却不能挽回自身品牌在消费者心中的形象。随着丰田汽车因质量问题一次次冲击消费者的心理防线,消费者逐渐开始不信任丰田汽车,纷纷表示"信心下降"。2008年,丰田出现创建70年来的首

次亏损。此后，丰田汽车在中国的销量一路下滑。

品质，是为人处世之本；质量，是企业安身立命之源。缺乏质量支撑的品牌，无异于弱不禁风的空壳。

企业若想在市场中获得持久占有率，就要誓死守住质量关，并且精益求精，不断进行质量改进和升级。除了质量外，没有其他更好的让消费者和企业共舞的灵丹妙药。产品质量好，消费者赞不绝口，产品市场占有份额不断扩大，品牌知名度也就越高。随着消费者理性水平和购买力的提高，对某一品牌忠贞不贰的时代已经一去不复返，人们随时处在各种各样的选择之中。

当产品质量每况愈下，尤其是损害到消费者的利益时，消费者就会拂袖而去。今日他们还在你的阵地摇旗呐喊，明日也许你便会发现他们已走进对手的阵营，为产品的胜利欢呼雀跃。市场就是如此残酷，而正是这种残酷，企业才不敢频频"作秀"，才会有动力不断提高质量。

1962 年，萨姆·沃尔顿开了一家取名为沃尔玛的连锁零售店，他坚信，"只要商店能够提供最全的商品、最好的服务，顾客就会蜂拥而至"。他对员工提出两条要求——"太阳下山"和"十英尺态度"。"太阳下山"是指员工必须在太阳下山之前完成任务；"十英尺态度"是指只要顾客走进员工十英尺之内的范围，员工就必须主动为顾客提供服务。如今的沃尔玛已成为世界著名的超市巨鳄。

产品是提高顾客满意度最重要的载体，而要让顾客完全满意，除了提升品牌的价值和吸引力外，产品的售后服务同样重要。

有一对美国夫妇，驾驶劳斯莱斯到欧洲旅行，当开到法国一个村庄时后车轴忽然断裂。这对美国夫妇非常生气，给劳斯莱斯在伦敦的总部打电话。几小时后，劳斯莱斯工作人员乘飞机赶到现场，为其换上了新的后车轴。几个月后，这对夫妇专程跑到伦敦向公司支付修理费，但公司负责人这样告诉他们："我们的车轴折断是创业以来第一次。我们强调绝对不会发生事故，所以我们应该向你们更换一根永远不会折断的车轴。"

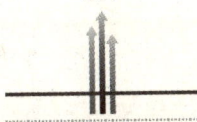

将欲取之，必先予之。在经营企业、经营品牌时，企业要学会"以小失换大得"。很多时候，"小失"是一粒种子，也是成本，只要肯"舍"合适的"舍"，"小失"这粒种子就会长成参天大树，带给企业不菲利润，提升企业品牌价值。

企业生产的不仅仅是商品。消费者是"上帝"已成为市场铁律。想要铸就企业的品牌，就要学会笼络"上帝"的心。然而，笼络"上帝"之心的方法成千上万。过硬的质量、声势浩大的媒介宣传，都可能切中消费者的购买心理。努力同消费者做朋友，提供超增值服务也是不错的笼络"上帝"之心的方法。

所谓"超增值服务理念"，就是除了为客户提供优质的产品和服务外，还要和客户建立良好的长期合作关系，赢得客户的信任，即和客户长期交上朋友。

谈生意的场合，最常见的就是"桌上相互吹捧，桌下相互诋毁"。虽然常言说"买卖不成仁义在"，但天生逐利的商人，很多时候却是"成了买卖，丢了仁义"。这样的情况最常见于做"一锤子买卖"的"散兵游勇"身上。而超增值服务，则可以把"散兵游勇"变成企业产品或服务的忠实粉丝。

印第安谚语有云："如果我们走得太快，停一停，让灵魂跟上来。"企业想方设法塑造品牌，等于是在一条大路上狂奔。在狂奔的同时，企业永远不要忘记，做好产品、提供让消费者满意的服务，才能夯实、铺平脚下的道路。只有为消费者提供质量过硬的产品、让消费者满意的服务，企业才能够在塑造品牌的道路上跑得更快，跑得更远。

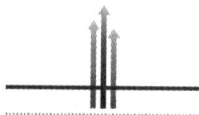

中国制造到底有没有前途？

竞争力与廉价劳动力之间并无必然联系。产业竞争中，生产要素非但不再扮演决定性的角色，其价值也在快速消退中。以生产成本或政府补贴作为比较优势的弱点在于，更低成本的生产环境会不断出现。今天以廉价劳动力看好的国家，明天可能就会被新的廉价劳动力国家取代。由于新科技的快速发展，以往被认为不可能的、不经济的资源异军突起，同样也让一个以传统资源见长的国家一夕之间失去了竞争力。谁能想到黄沙遍地的以色列竟然能成为高效率的农业生产国？

——迈克尔·波特：《国家竞争战略》

过去 30 余年，中国迅速崛起为世界最大的制造业大国，中小制造企业无疑在其中扮演了非常重要的角色。可以说，中小企业是中国制造的主力军，在中国制造走向世界的过程中发挥了重要作用。如在温州 40 多万家小企业中，就有 70％左右是出口外向型企业，它们中大部分生产的是轻工业产品，并源源不断地销往世界各地。

物美价廉的中国制造确实深受国外消费者的喜爱。在 2012 年伦敦奥运会上中国制造大放光彩，伦敦奥运会专卖店里，"中国制造"的标签几乎无处不在。伦敦奥运会几乎就是一个"Made in China"的盛会，开幕式上用于燃放的烟火都是来自中国制造，奥运会上很多国家的队服也是由中国制造。中国多家体育用品企业为多个国家的奥运代表团官员和运动员提供出场服、领奖服等专业装备。

2012 年伦敦奥运会上，有 5 类毛巾床上用品、19 类杯子、11 类玩具车、190 类别针、23 类服装、4 类毛绒玩偶吉祥物以及共 18 类徽章、腕带和手环，是由中国制造的。人造草坪来自北京，主体育馆椅子来自上海，参赛国国旗产自武义。

在曾是世界第二大经济体的日本，如果没有了中国制造，民众生活将会变

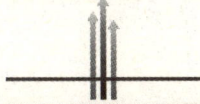

得麻烦不断。日本人刷牙用的牙具、洗脸用的毛巾、身上穿的衣服、上班用的办公用品、家里陈设的家具,甚至户外的烧烤用具和帐篷大多是由中国制造的。

但是,我们必须清醒地认识到,中国制造业的发展依然局限于"世界工厂"的地位,其产品研发和销售两端均无比较优势。处于被动地位的中国制造,一旦遭遇经济变局,很容易就被打击得七零八落。

早在 2008 年 11 月的《每日经济新闻》报道中,就出现了这样一个场面,一场危机正在温州制造业的各个领域快速蔓延。订单做完了,外商却迟迟不打钱过来,看着车间里堆压的几千件西装,这家企业的老板一脸无奈。再过两天,他的这家贴牌加工厂即将停产,运气好,如果一个月后接到新订单的话,就能恢复生产。否则,300 多名工人将面临失业。

6 年多的时间过去,情况似乎并没有太大好转。金融危机过后,世界经济在债务危机的阴云下步履蹒跚,中国经济也在高速发展后迎来增速减缓的时期,同时各方面成本却在不断上涨。在内外部环境恶化的前提下,隐藏在中国制造"机体"中的各种矛盾更是浮出水面。

在超越美国成为世界最大的制造国仅仅两年后,中国制造就快速走到十字街头,中国的"世界工厂"地位承受着极其严峻的挑战。

人民币升值、成本上涨的压力,迫使一些国际大品牌,如耐克、阿迪达斯等企业,纷纷把工厂搬离中国。一些美国企业将工厂搬回自己国家。据美国某智库的报告预测,到 2015 年,在美国销售的商品中,美国本土制造的产品将可能领先于中国。

国外企业不断搬离中国、美国等老牌制造强国逐步复苏、东南亚等"制造新秀"正凭借成本优势奋力追赶,这些都使中国制造在经历来势汹汹的外部危机的同时,内部危机不断彰显。

低成本优势一消失,中国制造就颓势尽显,其背后当然是缺乏自主核心技术、缺少创新精神和品牌等因素所致。回顾以往的成绩,我们只能说中国是制

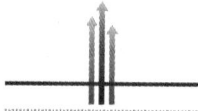

造大国，远不能称作制造强国。而现在，即使"大国"的身份，也可能被其他国家"抢走"。

面对在内外交困中苦苦挣扎的中国制造，我们不禁要问：中国制造业到底还有没有前途？

面临困境并不意味着跌入爬不出的深渊，走入深水区也不表示必定会被淹没。对中国制造的态度，我们不能使用简单的二分法，即在盲目乐观之后又迅速陷入盲目的悲观中。客观的态度应该是，在中国制造飞速发展时，不骄傲自大，看清身上的种种软肋；在中国制造遭遇挑战时，不妄自菲薄，忽略其可取之处和已经取得的成绩，更不要轻视其深藏的发展潜力。

虽然中国制造身上存在诸多弊病，面临包括生存危机在内的重重危机，亟待完成一场救赎，但也要看到中国制造取得的成果，即已获得的市场份额、优秀人才、管理经验等。我们不要低估中国制造，因为中国制造依然前途无限。

在市场经济下，市场无疑是生存或发展的决定性因素。已经占领的海外市场、渐渐打开"口子"的广阔的国内市场，均为中国制造发展奠定着坚实的基础。

虽然中国制造已经失去绝对的价格优势，时不时被扣上质量问题的"帽子"，但在海外市场，凭借名目繁多的种类和相对的物美价廉，中国制造仍然深受众多消费者的欢迎。在美国，中国制造的商品价格，一般只有美国自己生产的三分之一，如果拒绝使用中国制造，丧失中国物美价廉的商品，美国消费者肯定吃不消由此增加的消费支出。

与海外市场相比，广阔的国内市场更是中国制造成长的"沃土"。拥有13多亿人口的中国，其市场空间和潜力让每一个国家和企业都不能小觑。而且，国内劳动力成本上涨，表面上看起来让中国制造丧失成本优势，却能够提高国内消费者的消费能力，让国内市场变得越来越"厚实"。再加上中国城市化进程的脚步仍在加快，也会释放出更多的消费潜力。

现如今，中国作为制造基地对外国企业的吸引力虽在降低，但其作为市场

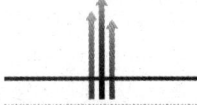

的吸引力却在上升。耐克在关闭太仓的制造工厂后，花费巨资在太仓建立一个全球第二大物流中心，并计划在中国开设更多门店。阿迪达斯也是如此，在把工厂搬离中国的同时，却在天津新建北方物流中心。

随着中国制造的质量不断提升，设计更加符合"本地口味"，再加上国内消费者日趋理性，消费观念正在发生转变，他们对本土品牌的好感度也正在提升。

中国制造不仅拥有海量市场，在长期的发展过程中，还积累了大量的优秀人才、丰富的管理经验，这些因素都会支撑中国制造继续前行。

固有观念是阻挠人们更新认识的障碍。一提到中国制造，很多人可能会想到代工厂、价格低廉、质量差和农民工。

随着在华外企为提升竞争能力，把更多的研发中心、管理中心设在中国，它们在使用中国人才的同时，也在为中国培养着无数具有技术创新能力和国际视野的各类人才。

此外，随着国人受教育水平的迅速提高，中国劳动力素质越来越高，越来越多具有高等学历的年轻人开始加入到制造业大军中。

中国本土制造企业培养的人才，在中国的外企培养的人才，均为中国制造的后续发展提供了丰富的人才资源。

在发展过程中，中国制造不仅积累了大量的优秀人才，还积累了丰富的管理经验。虽然一大批中小制造企业实行家族式管理或粗放式管理，管理观念落后，但不可忽视的是，中国制造的快速发展也证明了很多中国式管理经验的可行性和有效性。

在重视管理和管理创新的基础上，更多的中国制造企业在借鉴西方现代管理经验、建立现代企业管理制度的同时，还善于把中国传统文化、本土管理经验融入企业管理中。由此，"催生"出了许多在国际市场具有强大竞争力的企业，如华为、联想等。

中国制造对中国经济发展有着不可替代的重要性，必定会获得国家更多相

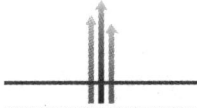

关政策的扶持。在强有力的国家政策扶持下，中国制造的前景更是可期。

中国经济离不开制造业。作为国民经济的支柱产业，制造业是我国经济增长的主导部门，也是中国经济转型的基础，更是解决城镇就业的主要渠道，还是我国国际竞争力的集中体现。

对于深陷困境的中国制造业，政府并没有坐视不管，而是出台了各项政策措施。例如，2012 年 3 月，科技部印发了《智能制造科技发展"十二五"专项规划》和《服务机器人科技发展"十二五"专项规划》，提出要发展培育一批高技术核心企业；2012 年 9 月，中共中央组织部等 11 部位联合出台《国家高层次人才特殊支持计划》，向国内遴选 1 万名左右自然科学等领域的杰出人才，并给予特殊支持……

2013 年是本届政府任期的第一年。面对中国经济增速放缓，中国制造遭遇困境，政府开始积极部署各项扶持政策：为引导资本流向制造业等实体经济，2013 年 6 月 19 日，国务院总理李克强表示，要优化金融资源配置，用好增量、盘活存量，有力地支持经济转型升级；为减轻中小制造企业负担，2013 年 7 月，国务院出台政策，从 2013 年 8 月 1 日起，对小微企业中月销售额不超过 2 万元的，暂免征收增值税和营业税……

政策的效果已经显现。国家统计局数据，2014 年 7 月中国制造业 PMI（采购经理指数）为 51.7％，连续 5 个月回升。2014 年第二季度中国 GDP 增长7.5％，略高于第一季度。

市场、人才、政策等各项要素一起发力，为中国制造打造出了一个规模庞大的温床，推动着中国制造业继续向前发展。再加上中国制造企业自身的努力，相信在危机中锻造而出的中国制造不仅不会消亡，还会踏上更加宽敞的发展之路，变身"中国创造"，继续引领世界制造潮流。

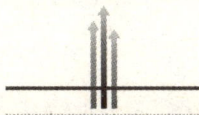

图书在版编目（CIP）数据

如何救赎中国制造？ / 周德文著 . —杭州：浙江大学
出版社，2014.11
ISBN 978-7-308-13973-1

Ⅰ.①把… Ⅱ.①周… Ⅲ.①制造工业－工业企业管
理－研究－中国 Ⅳ.①F426.4

中国版本图书馆 CIP 数据核字（2014）第 246678 号

如何救赎中国制造？

周德文　著

策　　划	北京奇正博文广告有限公司	
责任编辑	陈丽霞	
文字编辑	姜井勇	
出版发行	浙江大学出版社	
	（杭州市天目山路 148 号　邮政编码 310007）	
	（网址：http://www.zjupress.com）	
排　　版	杭州中大图文设计有限公司	
印　　刷	浙江印刷集团有限公司	
开　　本	710mm×1000mm　1/16	
印　　张	17.75	
字　　数	234 千	
版 印 次	2014 年 11 月第 1 版　2014 年 11 月第 1 次印刷	
书　　号	ISBN 978-7-308-13973-1	
定　　价	45.00 元